INHALT

PROLOG

Mahatma Gandhi lächelt milde vom Torbogen, der die Brüder und Erzfeinde Pakistan und Indien voneinander trennt. Ein Grenzbeamter in schnieker kakifarbener Uniform mit Bügelfalte steht neben dem Durchgang. Ein dekorativer Turban schmückt sein Haupt. Passkontrolle, strenge Blicke: »*Where do you come from?*« »*Pakistan*«, erwidere ich, nein, »*sorry, Germany.*« Oha, noch nicht einmal richtig im Land und schon das erste Fettnäpfchen. Indien verunsichert mich. Die Geschichten von Arm und Reich, Slums und Bollywood, Kastensystem und Karma, heiligen Kühen und roher Gewalt haben schon weit vor der Grenze meinen inneren Kompass auseinandergenommen. Beim Gedanken an Indien verliere ich die Orientierung.

Der dekorative Turban reicht unsere Pässe zurück. »*Welcome to India.*« Und über seinem nun freundlichen Lächeln biegt sich ein buschiger, an den Seiten nach oben gezwirbelter dunkler Schnurrbart. Es gibt kein Zurück mehr.

Da stehen wir nun. Rochssare: lebensfrohe Reiseenthusias-tin, Hundestreichlerin, kreative Problemlöserin und verliebt in die Sonnenaufgänge nach durchtanzten Nächten. Morten: sympathisch-hanseatisch, fahrlässig unerschrocken, Menschen-freund und verwurzelt an den Meeren der Welt. Gemeinsam sind wir weit gekommen. Aus dem Norden Deutschlands ins Ruhrgebiet, wo wir uns kennenlernten und die gemeinsame Liebe zur Ferne entdeckten. Häufig unterwegs, bis wir ganz weg waren. Südamerika hieß das Ziel, der Traum einer großen Reise. Es hätten neun Monate werden sollen, und es wurden zwei Jahre zwischen Feuerland und Karibik. Damals schon per Anhalter. Damals schon mit einer Begeisterung für Menschen, Kulturen und Bräuche.

Das Reisen hatte Besitz von uns ergriffen, und nur zu gern ließen wir uns einnehmen. Zurück in Europa war der weitere Weg bereits klar. Per Anhalter nach Indien; durch die Türkei, Iran und Pakistan. Ohne abgesteckte Grenze, einfach schauen, was passiert.

Nun sind wir also da: *Incredible India!* Faszinierend und abschreckend, magisch und angsteinflößend, herzerwärmend und entsetzlich, werden wir feststellen. Und egal, wie wir es betrachten: Indien ist extrem. Alles ist potenziert, viel heftiger, als wir es uns vorgestellt haben; im Guten wie im Schlechten.

Indien lässt keine lauwarmen Emotionen zu. Entweder man verliebt sich in das Land, oder man nimmt Reißaus – oder ent-wickelt eine Hassliebe, die ruhelos im Herzen köchelt, in alle Richtungen ausschlägt und in jeder Faser des Körpers brennt. So wird es uns ergehen.

Alles in diesem Land ist anders. Die Distanzen zwischen den Orten sind gigantisch groß, zwischen den Menschen dagegen oft winzig klein. Heilige Bettelmönche pilgern durch Wüsten, Wälder und den mächtigen Himalaja. Jahrtausendealte Ruinen und Megastädte stehen in unmittelbarer Nähe zueinander. Metropolen wie Neu-Delhi, Mumbai oder Kolkata lassen den Puls vor Freude und vor Schreck rasen. Ein Strom der Menschenmassen. An anderen Orten kaum gekannte Abgeschiedenheit.

Per Anhalter machen wir uns auf durch dieses gewaltige Land. Mal im heißen Fahrtwind auf schmutzigen Ladeflächen, mal in weichen Ledersitzen klimatisierter Nobelkarossen. Es sind fast ausschließlich Männer, die uns mitnehmen. Das Verhältnis zwischen Mann und Frau im indischen Alltag und in der Öffentlichkeit entspricht einem Kodex, den wir nach und nach begreifen: Das Patriarchat ist stark – Frauen sind zweitrangig, haben keine öffentliche Stimme. Töchter sind, vor allem im ländlichen Raum, eine potenzielle Armutsfalle. Wir werden feststellen, dass wir ausgesprochen selten mit indischen Frauen ins Gespräch kommen. Wenn wir es tun, dann gehören sie meist zur jungen, urbanen Generation, einer Randerscheinung in diesem noch immer von Traditionen und Bräuchen bestimmten Land.

Indien ist ein Gegenentwurf, das wussten schon die Hippies, als sie in den 1960er-Jahren den langen Weg über das eurasische Festland wählten, um der bürgerlichen Enge ihrer Generation zu entkommen. In Indien fanden sie hervorragende Bedingungen. Cannabis, das seit Urzeiten an den Hängen des Himalajas wächst, ist fester Bestandteil der indischen Kulturgeschichte. Shiva, Herr über Zerstörung und Neubeginn, der wichtigste und mächtigste Gott in den hinduistischen Religionen, macht sich das Gras zu eigen.

Die Hippies waren Vorreiter. Heute ist Indien in aller Munde. Meditation, Yoga, Goa, Kerala. Und doch ist vieles unbekannt. In der Weite des Landes ist es ein Leichtes, sich zu verlieren und neu zu finden. In vielen Momenten fühlen wir uns wie Außerirdische, und jeder Schritt wird zu einer Reise in neue Welten.

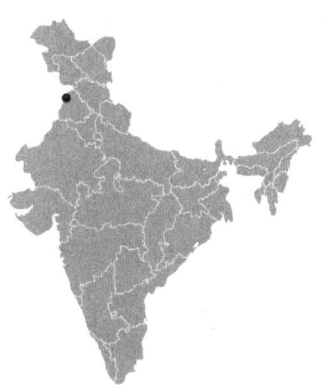

AMRITSAR UND DAS WUNDERLAND INDIEN

MORTEN

50 Kilometer in östlicher Richtung hinter der Grenze zwischen Pakistan und Indien kommen wir in die Millionenstadt Amritsar. Hier verläuft die Grand Trunk Road. Eine historische Handelsstraße, die von Kolkata über die Gangesebene bis nach Lahore und weiter nach Kabul führt. Ganz in der Nähe endeten einst die Eroberungszüge Alexanders des Großen. Von hier ging 1919 der gewaltfreie Widerstand der indischen Unabhängigkeitsbewegung aus, nachdem britische Kolonialtruppen in Amritsar 400 Demonstranten erschossen und weitere 1500 verletzt hatten.

Es ist heiß, das Thermometer zeigt weit über 30 Grad Celsius an. Staub bedeckt Straßen und kaputte Gehwege, bedeckt verwaschene Mauern und bröckelnden Putz. Es hat lange nicht geregnet. Motorräder knattern unentwegt hupend durch die Gassen. Ein Knirps mit speckigem Haar und dreckigem Shirt reckt uns die leere Hand entgegen. Der erste Mensch, dem wir in Amritsar begegnen, ist ein bettelndes Kind. Es bleibt nicht das einzige.

In einer Ecke sitzt ein Mann mit einem wulstigen Ödem auf der Straße. Aufgebläht wie ein länglicher Luftballon, liegt sein Bein vor ihm, drei Mal so dick wie das andere. Er braucht Geld für Medikamente, steht auf einem Schild vor seiner Brust.

Hunde streunen durch die Stadt. Indien erschlägt uns. Schweiß steht auf meiner Stirn, und ich bin mir nicht sicher, ob er allein durch die Hitze des Subkontinents dorthin gelangt ist. Das hektische Hupen des chaotischen Verkehrs animiert mein Herz zu Stakkatoschlägen. Ich bin nervös. Heruntergelassene Bahnschranken bremsen einen Teil der quäkenden, stinkenden Blechlawine. Doch wer sein Gefährt unter den Schranken hindurchschieben kann, lässt sich nicht aufhalten. Selbst das dröhnende Horn des nahenden Zuges kümmert nur die wenigsten Rad- und Motorradfahrer an den Gleisen.

Die Bahnschienen teilen die Stadt in den hektischen, modernen Norden und das hektische, historische Viertel im Süden mit den vielen verwinkelten Gassen, Märkten und Tempeln. Amritsar ist intensiv – lauter, wuseliger und schmutziger als alles, was wir bisher kennengelernt haben. Ein Stimmengewirr aus Punjabi, Hindi und Urdu ist allgegenwärtig. Es vermischt sich mit dem Motorenlärm der Mopeds und geht letztendlich im schrillen Hupkonzert auf den vollgestopften Straßen unter.

Die Luft steht schwer wie Blei, hitzegeschwängert und toxisch. Männer und Frauen schieben sich durch bunte, lebendige Sträßchen. Das wilde Durcheinander überfordert uns, wirkt reizvoll auf unbekannte Art. Amritsar ist der Kaninchenbau, durch den wir in die verrückte Welt des Wunderlandes

Indien fallen. Von nun an verdreht uns der Subkontinent den Verstand.

In einem alten, mehrstöckigen Gebäude mieten wir ein Zimmer. Unter der hohen Decke rotiert ein schwerer Ventilator. Langsam wälzt er die warme Luft über einer durchgelegenen Matratze um. Ein wurmzerstochener Kleiderschrank steht in einer Ecke. Wir bestellen Essen im hauseigenen Restaurant. Zimmerservice. Bereits die ersten Stunden in Indien erschöpfen uns. Den Weg nach draußen trauen wir uns heute nicht mehr zu, aus Angst, in der tumultartigen Wirklichkeit unterzugehen.

Hinter den verschmierten Fensterscheiben ziehen schwarze Wolken über den Himmel. Plötzlich rütteln Sturmböen an den Fensterläden. Staub und Dreck werden in die Luft gewirbelt und von einem heftigen Platzregen sogleich wieder auf die Erde gespült.

Am nächsten Morgen strahlt die Sonne über Amritsar. Müll brennt in den Straßen, und was mitten in der Stadt nicht verbrannt werden kann, holt wenig später ein rostender Traktor mit klapperndem Anhänger. Männer, die ihre Gesichter mit bunten Tüchern schützen, sammeln mit Schaufeln und Schüsseln den übrig gebliebenen Abfall auf der offenen Ladefläche.

Enge Gassen führen zu Märkten, auf denen Obst und Haushaltswaren, religiöse Dolche und Medaillons verkauft werden. Schneider fertigen aus farbenfrohen Stoffen elegante Saris. Unter hölzernen Balkonen präsentieren Juweliergeschäfte ihre goldglänzende Auslage, geschützt durch dicke Glasscheiben. Immer wieder tauchen kleine Tempel und Schreine im Schatten der Häuser auf. Glocken läuten, Gläubige murmeln Mantras, falten die Hände vor der Brust, wischen sich über Gesicht und haarige Ohrläppchen. Männer mit Turbanen und prächtigen Bärten sind hier unterwegs. Fahrradrikschas und Motorräder drängeln sich zwischen den Ständen hindurch. Dutzende Stromkabel hängen bedrohlich ineinander verknäult darüber.

Aromatisch duftende Rauchschwaden ziehen vorbei. Sie stammen von den handgedrehten Bidis, den Zigaretten des Subkontinents, die mit Vorliebe von Chai-Wallahs und Rikschafahrern geraucht werden. Ihr starker, würzig-trockener Geschmack gehört zu den ureigenen Sinneseindrücken Indiens.

Dhabas, die großen und kleinen Straßenrestaurants, sind überall in der Stadt verstreut. Sie versorgen die Menschen in Amritsar mit der Küche des Punjabs, die weit über die Grenzen des Bundesstaates und selbst über die Grenzen des Landes hinaus berühmt ist. Punjabi Dhabas sind der Inbegriff der Vielfalt und Intensität der nordindischen Küche. Chili, Zitrone, Knoblauch und Ingwer gehören hier zu den meistgenutzten Gewürzen. Mattar Paneer, Naan aus dem Lehmofen, Dal Makhani und viele weitere Gerichte, die heute überall in Indien verzehrt werden, stammen aus dem Punjab.

In Amritsar muss gegessen werden – viel und reichhaltig. Thalis sind der ideale Einstieg in die faszinierende Geschmackswelt Indiens. Dabei werden, oft auf einer runden Platte, zu Reis oder Chapati, einem Fladenbrot, verschiedene Currys serviert. Thalis vereinen wie kaum ein zweites Gericht die verschiedenen gastronomischen Freuden des Landes. Traditionell vor allem vegetarisch, zaubern die Köche mit wenigen Zutaten seit Jahrhunderten für europäische Gaumen oft ungewohnte Leckereien. Dabei ist die indische Küche für uns Ungeübte extrem. Wichtig ist die Balance: Gegen brennende Chilischärfe hilft nur klebrig süßer Chai.

Zurück in den Straßen Amritsars suchen wir noch immer Sinn in all dem Chaos. Wir brauchen eine Konstante, etwas Verlässliches, etwas, was uns zuruft: »Seht mich an! Hier bin ich, so wie ihr mich kennt.« Wir finden es nicht. Stattdessen hören wir *»Welcome to Amritsar«* und geraten noch tiefer in den Strudel des Sonderbaren.

Richtig schräg ist der hinduistische Mata-Lal-Devi-Tempel. Über dem Eingang empfangen zwei bekifft dreinschauende Löwenköpfe die Besucher. Dahinter öffnet sich eine Halle mit goldenen Schreinen, bunten Stoffen und schweren Glocken. Gläubige Hindus verbeugen sich vor Altären. Eine unauffällige Seitentür führt in ein Labyrinth aus schmalen Korridoren und Treppen, die in bizarre Räume mit irrwitzigen Götzenfiguren und Fabelwesen münden. Manche Gänge sind so schmal, dass wir nur auf allen vieren durch sie hindurchkriechen können. Weit geöffnete Mäuler wilder Tiere bilden Pforten und Tore.

Dieser Tempel ist ein architektonischer LSD-Trip. Gleich mehrere Realitäten sind hier miteinander in Ekstase verschmolzen. Eine Explosion an kitschig bunten Farben und Formen, zerrissen und neu zusammengesetzt zu wundersamen Gestalten und verrückten Wesen. Es heißt, der Tempel könne Wunder vollbringen und sei ein Ort der Fruchtbarkeit. Aus ganz Indien pilgern kinderlose Frauen hierher und bitten um baldige Nachkommen.

Der Mata-Lal-Devi-Tempel versetzt uns in einen Rausch, der auch auf den Straßen Amritsars nicht nachlässt. Wir raunen uns immer wieder verblüfft ein »Guck mal da!« oder »Hast du das gesehen?« zu. Mit großen Augen betrachten wir eine fantasierende Wirklichkeit und torkeln, geführt von der mächtigen Hand Indiens, durch die Gassen. Widerstand zwecklos.

KARMA-KRIEGER IM GOLDENEN TEMPEL DER SIKHS

MORTEN

Mitten in der staubigen, hektischen Altstadt Amritsars erhebt sich der elegante Harmandir Sahib vor einem weiten Hof, der umgeben von den schmalen Gassen Platz zum Atmen bietet und den Blick auf das palastähnliche Gebäude lenkt. Menschen strömen ein und aus. Sie tragen Turbane, Schals, Kopftücher. Männer mit langen Bärten und ernsten Blicken betreten das weiße Gemäuer, in dessen Innerem sich das höchste Heiligtum der Sikhs befindet, das in der Welt als der Goldene Tempel bekannt ist.

Amritsar, 1577 von Guru Ram Das gegründet, ist sowohl politisches, religiöses als auch geografisches Zentrum des Sikhismus. Etwa die Hälfte der Stadtbewohner gehört der Religionsgemeinschaft an, die weltweit rund 30 Millionen Mitglieder zählt. Für sie ist der Harmandir Sahib so wichtig wie Mekka für Muslime oder der Vatikan für Katholiken.

Je näher wir dem Tempel-Heiligtum kommen, desto greifbarer wird die besondere Aura, die hier herrscht. Plötzlich begegnen sich die Menschen mit einer Extraportion Respekt. Das Drängeln und Schubsen, die Rufe, das Hupen, selbst der penetrante Geruch bleiben in den umliegenden Altstadtgassen zurück. Niemand raucht, nicht einmal der starke Duft der handgedrehten Bidis liegt in der Luft. In den nahen Restaurants wird ausschließlich vegetarische Küche angeboten. Das gilt auch für Pizza Hut und Subway. Alkohol ist in einem weiten Radius um den Tempel herum verboten.

Wer vor das weiß-goldene Gebäude tritt, hat ein erwartungsvolles Leuchten in den Augen. Darin spiegeln sich Vorfreude und Ehrfurcht. Der Gurdwara, so nennen die Sikhs ihre Tempel, darf nur barfuß und mit bedecktem Kopf betreten werden. In einer mit Wasser gefüllten Mulde werden die vom indischen Leben eingestaubten Füße gesäubert. Hinter dem Eingang öffnet sich ein riesiger Innenhof. Dort führt ein breiter, marmorner Rundgang um ein ausladendes Wasserbecken. Karpfen tummeln sich darin. Hier ist es plötzlich ganz ruhig. Die Hektik, der Lärm und Schmutz der Stadt bleiben vor den Mauern zurück. Eine friedliche Atmosphäre liegt über dem Harmandir Sahib. Sie steht ganz im Gegensatz zu dem auf allen Sinnesebenen rücksichtslos intensiven indischen Alltag.

Tempelwächter sind an den Eingängen postiert, die den Harmandir Sahib zu allen Himmelsrichtungen öffnen. Sie gehören zur Sikh-Bruderschaft der Khalsa, die im Tempel beheimatet ist. Ihre selbstsicheren Blicke schweifen über die Anlage. Geschmückt mit blauen Turbanen, orangefarbenen Kleidern und bewaffnet mit einem Speer, wirken sie wie stolze Krieger einer vergangenen Zeit. Ab und an patrouillieren sie um das

Wasserbecken. Ein leichter Windstoß lässt ihre langen Kleider wallen. Ein Dolch, der Kirpan, hängt von der Schulter herab. Er ist eines der wichtigsten Symbole der Sikhs, mit ihm verteidigen sie die Armen und Schwachen.

Die Besucher des Harmandir Sahib verteilen sich um das Wasserbecken. Jeder Mensch ist im Gurdwara willkommen; ganz unabhängig von Religion, Herkunft oder sozialem Stand. Schon am frühen Morgen sind Hunderte gekommen. Unter ihnen sind nicht nur Sikhs, sondern auch Hindus und Muslime und auch ausländische Besucher.

Als offensichtlich Fremde werden wir schon bald von einer Gruppe junger indischer Männer angesprochen. »Snap«, »Snap shot«, »You, snap shot« – unsere Gegenüber sind Sprachpuristen. Sie halten sich nicht mit höflichen Formulierungen auf. Innerhalb weniger Sekunden sind wir umringt von Pilotensonnenbrillen und bunten Hemden. Handykameras sind auf uns gerichtet, und Dutzende Selfies verschwinden in internen Speichern. Das wirkt befremdlich, fordernd. Doch dann schieben die jungen Männer ein breites, über und über strahlendes Lächeln hinterher, dem wir nichts entgegensetzen können.

Es bleiben nicht die einzigen Fotos. Eltern drücken uns Babys in die Arme, stellen ihre oft widerwilligen Kleinkinder in unsere Mitte, holen Freunde und Bekannte dazu, damit auch sie Bilder mit uns knipsen können. Ob wir zustimmen oder nicht, ist dabei oft egal. Wir sind noch ungeübt mit der indischen Mentalität und bald schon an der Grenze unserer Geduld. »Wollen wir so langsam weiter?«, lachen wir uns öfter zu, als wir es gern hätten. So exotisch Indien auf uns wirkt, so exotisch wirken wir auf die Menschen in Indien. Natürlich. Reisen ist keine Einbahnstraße.

So viel unaufgeforderte Aufmerksamkeit sind wir nicht gewohnt. In Indien herrschen andere Verhaltensregeln, und das Konzept der Privatsphäre ist in diesem überbevölkerten Land schon lange überholt. Und doch: Ein Lächeln ist immer dabei, und auch das typisch indische Kopfwackeln, das wir noch nicht richtig deuten können, gehört dazu. Indiens Ellenbogengesellschaft wird vom Herzen bestimmt. Ohne es zu begreifen, ist das die erste Lektion, die uns das Land nahebringt.

Wir spazieren auf Gummiläufern um das große Wasserbecken. Sie schützen die nackten Fußsohlen vor dem vom Sonnenlicht aufgeheizten Marmor. Die gesamte Tempelanlage ist sauber und gepflegt. Ein ungewöhnlicher Kontrast zu den verdreckten Gassen nur ein paar Meter hinter den hohen Mauern des Tempels.

Während der Mittagsstunden ist es ausgesprochen heiß. Lächelnde Menschen sitzen in den Schatten spendenden Arkaden um das Wasserbecken. Mit ihren leuchtenden Saris, bunten Turbanen und Hemden setzen sie Farbkleckse in die puristische Gestaltung der Tempelanlage. Jemand zeichnet mit Pinsel und Farbe feine Linien auf weiße Wände. Sie verbinden sich zu Zeichen einer Sprache, die ich nicht verstehe, und dennoch erfreuen wir uns an ihren leichten geschwungenen Formen. Es gibt nicht viel zu tun außer die Reflexion des Goldenen Tempels, der sich aus der Mitte des Wasserbeckens erhebt, mit seinem glänzenden Original zu vergleichen. Beide sind wunderschön, über und über mit Blattgold verziert.

Eine nie enden wollende Menschenschlange wartet auf der schmalen Brücke zum Goldenen Tempel, um einen Blick auf das kostbare Innere, das heilige Buch »Granth Sahib«, zu erhaschen. In ihm sind die Schriften der ersten Gurus und die wichtigsten Glaubenssätze des Sikhismus niedergeschrieben. Das Buch zitiert auch aus anderen Religionen und ist offen für die Erkenntnisse der Welt. Für die in ihm enthaltene Weisheit wird das Granth Sahib seit 1708 als Guru verehrt. Das Buch gilt der Sikh-Gemeinde als Lehrer und gesellschaftlicher wie moralischer Kompass.

Im Goldenen Tempel werden pausenlos Verse und Hymnen aus dem Buch vorgetragen und von Musikern mit leichten Melodien untermalt. Über Lautsprecher gelangt die Musik, die Gurbani Kirtan, von den frühen Morgenstunden bis spät in die Nacht hinaus in die Außenbereiche. Wohlwollende, warme Rhythmen wiegen durch die Luft. Es sind die Ragas der klassischen indischen Musik, die der ohnehin friedlichen Stimmung noch mehr Ruhe verleihen. Im Klang der Musik gehen die Stunden dahin, verlieren sich unbemerkt wie die sanften Wolken am Himmel.

Immer wieder werden wir von freundlichen Mitgliedern der Sikh-Gemeinde angesprochen, die uns das Tempelareal zeigen wollen. Sie alle suchen das Gespräch. Der etwas untersetzte Mister Singh mit dem grauen Bart ist der Erste, der uns durch die Anlage führt. Aufmerksam erklärt er uns die wechselhafte Geschichte des Harmandir Sahib, erzählt vom Frieden innerhalb der Mauern, aber auch vom Angriff des indischen Militärs unter Ministerpräsidentin Indira Gandhi 1984, ihrer anschließenden Ermordung und den darauf folgenden Pogromen gegen die Sikhs. Mister Singh lächelt gutmütig. Uns schwirrt der Kopf. Für die Geschehnisse um Gewalt, Separatismus und unnachgiebige Politiker reicht eine Runde durch die Tempelanlage nicht aus.

Täglich marschieren freiwillige Putztruppen um das Wasserbecken. Die Helfer fegen und wischen den Boden, sind Ansprechpartner für die Orientierungslosen. Kaum jemand ist hier angestellt, denn an Freiwilligen hat es im Tempel noch nie gemangelt. Für die Sikhs ist es eine religiöse Pflicht, im Harmandir Sahib zu helfen. Mit großer Freude machen sie sich ans Werk und belohnen sich mit Karma, Glück, Zufriedenheit.

Auch Gastfreundschaft ist ihnen eine Selbstverständlichkeit. Diese Grundhaltung haben sich die Sikhs seit der Religionsgründung durch Guru Nanak Dev im 15. Jahrhundert trotz aller Widerstände erhalten. Als neue Religion stand ihnen der Mogulkaiser Akbar, der zu jener Zeit auch über den Punjab herrschte, friedlich gegenüber. Der Sikhismus wuchs, entwickelte sich im Punjab zu einer religiösen und politischen Macht, die bestehende Traditionen kritisch hinterfragte. Okkultismus, Aberglaube, Askese, Kastensystem, selbst das Priesterwesen lehnten die Sikhs ab. Stattdessen stellten sie Mann und Frau gesellschaftlich gleich und protestierten damit gegen den religiösen Standard der Zeit.

Allerdings war ihr Streben nach religiöser und politischer Eigenständigkeit gefährlich. Schon Akbars Nachfolger Jahangir setzte die Sikhs gewaltsam unter Druck, ließ ihren Anführer, Guru Arjan, wegen Gotteslästerung foltern und töten. Die Sikhs wurden nun als religiöse Minderheit verfolgt.

Doch sie wehrten sich, führten Schlachten und entwickelten eine Haltung des Kriegertums, für die sie bis heute verehrt und gefürchtet sind. In ihrem Selbstverständnis setzen sich die Sikhs noch immer gegen religiöse und politische Intoleranz ein.

Die Sikhs sind Krieger, kämpften für die Briten im Ersten und Zweiten Weltkrieg. Doch nach der Unabhängigkeit Indiens verlagerte sich ihr Schlachtfeld wieder in den Punjab. Als religiöse Minderheit politisch benachteiligt, verlangten sie ihre Souveränität und zahlten dafür einen hohen Preis. Während der Operation Blue Star attackierte die indische Armee mehrere Gurdwaras im Punjab. Im Harmandir Sahib, der bei den Angriffen massiv beschädigt wurde, starben etwa 1000 Personen. Es folgten Gewalt und Gegengewalt, Tausende Sikhs starben, und viele weitere mussten aus ihrer Heimat nach Europa und in die USA fliehen.

Anstatt zu verbittern, wandte sich die Gemeinschaft der Welt zu. »Ein Sikh muss anderen ein Vorbild sein«, sagen sie, jemand, der freundlicher, hilfsbereiter, aber auch erfolgreicher und wohlhabender ist. Disziplin und Reinheit, Respekt und Treue sind für die Sikhs elementar. Ihr Glaubensbekenntnis verpflichtet sie zu einem ehrlichen Leben, verbietet Betrug und Bettelei. Die Sikhs sind stolz auf ihre Nächstenliebe, aber auch auf ihre Geschäftstüchtigkeit, die es ihnen ermöglicht, anderen zu helfen. Die Gurdwaras sind dabei zentrale Anlaufstellen, so auch der Harmandir Sahib in Amritsar.

Dort, wo es klappert und kracht, wo es scheppert und klackert, da ist die Menschlichkeit. Im Harmandir Sahib heißt dieser Ort Langar und ist die Großküche des Tempelkomplexes. Die riesige Kantine ist eine Essensmanufaktur. Hier sitzen Küchenhelfer in kleinen Gruppen zusammen und ziehen vergnüglich Häute von Knoblauchzehen, schälen Kartoffeln, schneiden Karotten.

Morgens, mittags und abends wird hier gemeinsam gekocht und gegessen. Vegetarisch, einfach und in unfassbaren Mengen. Es ist eine der größten Küchen der Welt, in der mehr als 80 000 Mahlzeiten täglich gratis verteilt werden. Vom Bettler bis zum Millionär wird hier jeder bedient. Einheimische, Pilger und Touristen essen gemeinsam. Die Gastfreundschaft der Sikhs ist blind gegenüber sozialen oder religiösen Unterschieden. Jeder ist willkommen, und alle kommen. Um die Mittagszeit ist es deshalb auch im Harmandir Sahib mit der Ruhe vorbei. Tausende Menschen strömen in den Tempel, um sich an einer warmen Mahlzeit zu laben.

Hunderte Freiwillige sind an der Zubereitung der Lebensmittel beteiligt; und eine Handvoll Festangestellte, die Aufgaben verteilen und vor allem den Reiskochtopf, einen gigantischen Kessel, im Blick haben. Männer und Frauen jeden Alters sitzen hier zusammen. Zwischen ihnen türmen sich Gemüseberge. Da sind der Mount Möhrenscheibe, der sich über die Kartoffelklippen erhebt, und das Zwiebelgebirge mit den Knoblauchausläufern. Sanfte Chilihügel schmiegen sich daran. Vier Tonnen Gemüse werden hier jeden Tag verarbeitet.

Das funktioniert, weil alle zusammenarbeiten – schneiden, hacken, walzen, kneten, zerlegen. Nicht weit von den Gemüsebergen entfernt rollen Dutzende Freiwillige kleine Teigkügelchen zu breiten Fladen, die anschließend auf vier brennend heißen Eisenplatten zu Chapatis gebacken werden.

Acht Freiwillige sitzen sich dabei gegenüber. Jeder von ihnen hat bis zu 20 Fladenbrote gleichzeitig im Blick. Mit langen Pfannenwendern flippen sie die Chapatis auf der Platte fröhlich hin und her, bis sie goldbraun gebacken sind und im hohen Bogen auf einem Haufen auf dem Boden landen. Standventilatoren sorgen dafür, dass die Hitze der Backstationen etwas erträglicher wird. Nebenan hocken weitere Freiwillige, die rohe Chapatifladen wie Frisbees auf die frei gewordenen Flächen der Eisenplatten werfen.

Unterdessen werden die Gemüseberge in großen Blecheimern abgetragen und zu den Kochstellen gehievt. Hier brodelt es bereits in vier jeweils mehr als einen Meter hohen Töpfen auf gasbetriebenen Feuerstellen. Ein dickbäuchiger Mann mit festem Turban und prächtigem, grau meliertem Vollbart beugt sich darüber. In der Rechten hält er einen Rührlöffel, so lang wie ein Speer. Schweißtropfen stehen auf seiner Stirn. Darunter fixiert ein grimmiger Blick das herbeigeschaffte Gemüse. »Alles viel zu langsam«, beschwert er sich, »wir müssen uns beeilen.« Der Mann ist Profi. Ein Gemüsechefkoch, der Anweisungen knurrt und dann zusieht, wie Karotten und Kartoffeln auf zwei kochende Töpfe aufgeteilt werden.

Nur ein paar Schritte weiter, in einem angrenzenden Raum, ragen sechs weitere Hexenkessel empor. Ihre Durchmesser kann ich gerade so mit der Spannweite meiner Arme erfassen. Darin wirft milchig brauner Chai Blasen und dampft dabei wie ein Zaubertrank.

Neben der Küche befindet sich der Essensraum. In der großen Halle sitzen die Hungrigen im Schneidersitz auf langen Läufern. Freiwillige reichen Teller und Schüsseln, servieren aus Kübeln Curry und Linsen. Andere verteilen frisch gebackene Chapatis. Chai schwappt in riesigen Kanistern.

Das Essen ist einfach und lecker. Liebe und Zuneigung sind darin verarbeitet. Aber auch Trauer und Wut, Freude und Hoffnung, Behaglichkeit und Nervosität gehören zu den Zutaten. Jeder Helfer fügt dem Essen seine eigene Geschichte, seine eigenen Gedanken hinzu. Das Küchenpersonal wechselt ständig. Nicht nur täglich, sondern stündlich, und mit ihm wandelt sich auch das Essen.

Finanziert über Spenden, werden an geschäftigen Tagen durchaus mal 100 000 Mahlzeiten verteilt. Jeder Sikh gibt etwa zehn Prozent seines Einkommens an die Kassen der Gurdwaras weiter. Es ist ein privat finanziertes Sozialsystem. Vom Staat erwartet in Indien sowieso niemand etwas.

Der Gemeinschaftsdienst der Sikhs ist in Amritsar ein wichtiger Bestandteil des städtischen Lebens. Denn es kommt nicht nur, wer sein Seelenheil verbessern möchte. Die Rikschafahrer und Tagelöhner der Stadt sind regelmäßig hier. Hunger und Armut sind groß. Wer keine Arbeit findet, kommt zum Harmandir Sahib, um wenigstens eine Mahlzeit am Tag zu ergattern. Manche Sorgen lassen sich an den alten, ausgemergelten Gesichtern derjenigen ablesen, die um die Mittagszeit in der

Großküche sitzen. Sie sind in die Lücken fehlender Zähne und tiefen Augenhöhlen geschrieben, sie balancieren über die endlosen Furchen auf sonnengegerbter Haut.

In den langen Reihen des Speisesaals sitzen wir auf dem Fußboden und schlürfen Chai. Wir sind mittendrin. Keine exponierte Position, sondern Teil des Ganzen. Wir betrachten unsere Nachbarn, die Alten und Gebrechlichen, die Familien und Pilger, die eng um uns herum sitzen. Manchmal treffen wir ihre Blicke, ein flüchtiges Lächeln, ein freundlicher Blick. Ein junger Mann, der sein Haupt mit einem wild gemusterten Kopftuch bedeckt, reckt fragend seinen Daumen in die Höhe. »*Good?*«, lächelt er uns an. »*Very good!*«, strahlen wir zufrieden zurück.

Nach dem Essen gelangt das ganze benutzte Geschirr in die Waschstraße. Auch hier engagieren sich bereits Hunderte Freiwillige. Jeder hat eine Aufgabe. Essensreste werden in einem großen Bottich entsorgt, Edelstahlteller und Schüsseln schwirren durch die Luft, landen scheppernd in für sie vorgesehenen Metallkörben – oder auf dem steinernen Boden. Nicht alle Freiwilligen haben die notwendige Wurfgenauigkeit. Ein weiterer Helfer sortiert das Geschirr in den Körben und muss aufpassen, nicht selbst von heranfliegenden Tellern getroffen zu werden.

Von hier wird das schmutzige Geschirr zu den Waschbecken gebracht, wo vor lang gezogenen Wannen bereits ein dichtes Gedränge herrscht. Unter riesigen, surrenden Ventilatoren spülen Freiwillige Teller und Schüsseln, reichen sie weiter, sodass sie erneut gespült werden. Tausende Einzelteile werden so gereinigt, und weil es schnell gehen muss, klappert und lärmt es hier besonders laut. Von Tempelruhe ist nichts zu spüren. Am Ende wird sauberes Geschirr an Träger übergeben, die es zum Trocknen in große Rollwagen stapeln.

Scheidet ein Helfer aus, wird er von einem neuen Freiwilligen ersetzt. Hier stehen die Menschen Schlange, um das Geschirr der anderen zu spülen. Auch die Tempelwächter beteiligen sich immer wieder am Küchendienst. Ihre würdevolle Haltung zeichnet sie selbst beim Spüldienst aus. Der spirituelle Beschützerdolch hängt für jedermann sichtbar an der Taille.

Am späten Nachmittag kehrt wieder Ruhe ein. Die Geräusche aus der Küche ebben ab. Die Tempelmusik klingt sacht durch die Anlage. Einige Sikhs steigen mit Turbanen und knielangen Unterhosen ins Wasserbecken. Mütter baden ihre Kinder. Sie glauben an die heilenden Kräfte des Wassers und an den damit verbundenen Zugewinn an Karma.

Die Sonnenstrahlen hüllen den Goldenen Tempel in warmes, funkelndes Licht. Wenn es Abend wird, bestrahlen Scheinwerfer den Tempel, der dann wie ein goldener Mond schimmert. Die drückende Hitze des Tages ist verschwunden. Menschen versammeln sich am Rand des Wasserbeckens und genießen die Ruhe der einfallenden Nacht.

Weit über uns leuchten die Sterne. Das heilige Buch Granth Sahib wird in einer langsamen Prozession aus dem Goldenen Tempel in ein nahes Gebäude getragen. Wie ein König, der vom Thron steigt und sich nun in seine privaten Gemächer zurückzieht. Begleitet wird es von einer sich hin und her wiegenden Menge. Jeder möchte dem Granth Sahib so nah wie möglich sein.

Früh am nächsten Morgen wird das Buch zurückgebracht. Die heilige Schrift ist wieder im Dienst. Die ersten Sonnenstrahlen erhellen das Wasserbecken. Viele Besucher haben auf dem marmornen Rundweg die Nacht verbracht. Eingeladen von der Sikh-Gemeinde, darf jeder Gast im Tempel übernachten. Nicht nur auf dem harten Marmorboden, sondern auch in bereitgestellten Räumen und Mehrbettzimmern.

Wir bleiben drei Tage im Harmandir Sahib, lauschen den Melodien der Musiker und dem säuselnden Stimmengewirr, machen Fotos und werden fotografiert. Immer wieder posieren wir mit völlig Fremden für unbekannte Familienalben. Wir genießen die Ruhe, das einfache Essen, ein paar glückliche, zufriedene Stunden. Wir sammeln Kraft für die Außenwelt, denn am Morgen des vierten Tages ist es so weit. Wir kehren zurück in den hektischen, lauten, bunten und verrückten Alltag Indiens.

KURIOSES AUS INDIEN: SCHICK IM ALLTAG

Das beliebteste Kleidungsstück für Männer in Indien ist das geknöpfte Hemd. Das gilt für Kinder, Jugendliche sowie Senioren. Mit einem Hemd ist man in fast allen Situationen des Lebens passend und schick gekleidet. Dabei erfreuen sich besonders wild gemusterte Stoffe großer Popularität. Einfarbige Hemden gelten als langweilig. Je wirrer das Muster, desto besser. Besonders gefragt sind Drucke mit Hunderten klitzekleiner Schneeflocken, Kringel, Punkte oder Blüten. Da bekommt man extraviel für sein Geld. An zweiter Stelle der Beliebtheitsskala steht das breit geringelte Polohemd. Bunte Querstreifen in zwei bis fünf Farben werden ebenfalls gerne getragen.

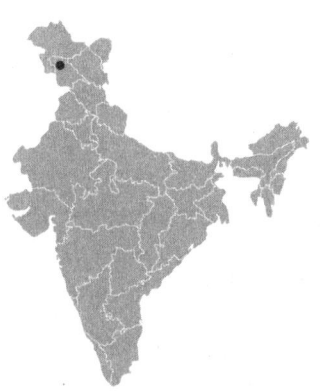

KASCHMIR UND WIE SRINAGAR ZU SEINEN HAUSBOOTEN KAM

MORTEN

Bombay, 19. Jahrhundert. James und Terry sitzen in ihrem schwülen Büro der East India Company am Arabischen Meer. Das Kontor ist voll. In kurzer Zeit haben die beiden Geschäftsmänner ein kleines Vermögen auf dem fernen Kontinent erwirtschaftet. Indien sollte ihnen Glück bringen, und es brachte ihnen mehr, als sie zu hoffen gewagt hatten. Dennoch: James und Terry leiden. Seit Wochen sind sie lethargisch, träge – erdrückt vom heißen, feuchten Klima Indiens, ermüdet vom nicht enden wollenden Monsun.

Die weißen Leinenhemden kleben ihnen schweißgetränkt am Körper, das nass geschwitzte Haar fällt in Strähnen über die Stirn. Immer wieder wischt sich erst der eine, dann der andere mit einem seidenen Taschentuch über das Gesicht.

»Was können wir nur tun?«, brummt Terry und reißt James damit aus einem Traum vom wolkenverhangenen London und einer kühlen Kutschfahrt entlang der Themse. James öffnet die Augen. Vor ihm auf dem massiven dunklen Holztisch stapeln sich Handelsbriefe, Lagerlisten und Korrespondenzen. Sein schummriger Blick bleibt an einer Depesche hängen. Kaschmir, steht dort geschrieben. Kaschmir.

Hatten die Freunde im Klubhaus nicht von dieser nördlichsten aller indischen Provinzen erzählt? Von dem beschwerlichen Weg, aber auch von den guten Geschäften und vor allem dem milden, europäischen Klima? Der Plan ist gefasst, die Vorbereitungen nach wenigen Tagen abgeschlossen. James und Terry fliehen vor der Hitze und reisen nach Kaschmir. In Srinagar, einem jahrhundertealten Handelsplatz und Verkehrsknotenpunkt zwischen Vorder-, Zentral- und Südasien, wollen die beiden Freunde neue Geschäfte abschließen, ein zweites Standbein aufbauen und vor allem endlich weniger schwitzen.

Mit britischer Zuversicht erreichen James und Terry nach tagelanger Reise ihr Ziel. Doch endlich angekommen, stoßen sie auf ungeahnte Schwierigkeiten. Die lokale Gesetzgebung in Kaschmir hat auf die vielen ausländischen Handelsreisenden, Geschäftsmänner und Invasoren jeglicher Art reagiert. »Grund und Boden nur für Kaschmiris«, lautet die Parole. Wer nicht aus der Gegend stammt, darf weder ein Grundstück kaufen noch pachten.

Schlechte Neuigkeiten für James und Terry, als sie am Ufer des weitläufigen Dal-Sees sitzen und auf das spiegelglatte Wasser schauen. Doch befreit vom schwülen Klima hecken die beiden Freunde eine kongeniale Idee aus. Wenn nicht auf dem Land, dann eben auf dem Wasser, denken sie sich. Ein Hausboot ist die Lösung ihrer Probleme.

Geräumig soll es sein, einladend und natürlich richtig britisch. Schwere Kronleuchter muss es haben und dicke Polstermöbel, weiche Teppiche, reich verzierte Möbel, Deckenvertäfelungen aus Walnussholz und eine Veranda.

Gegenwart. James und Terry waren erfolgreich. Nicht nur als Geschäftsmänner für die East India Company, sondern auch mit ihrer schwimmenden Wohnidee. Heute liegen in Srinagar Hunderte Hausboote am Ufer des 21 Quadratkilometer großen Dal-Sees, mitten in der Stadt. Es sind längst nicht mehr nur britische Geschäftsmänner, die hier dem heißen indischen Sommer entfliehen. Einheimische und ausländische Reisende sehnen sich gleichermaßen ins Kaschmirtal. Auch uns begeistert der Gedanke, einmal von der Terrasse eines Hausbootes auf die schneebedeckten Berge des Vorderen Himalajas zu schauen, dabei Kashmiri Kahwa, einen goldfarbenen Tee, zubereitet mit Safran, Zimt und Mandeln, zu trinken und in orientalisch-kolonialem Ambiente ein paar Tage die Seele baumeln zu lassen.

Wie damals ist der Weg nach Kaschmir auch heute noch lang und beschwerlich. Als wir mit unseren Rucksäcken in der Morgensonne am Straßenrand stehen, vergisst die Belegschaft einer nahen Tankstelle minutenlang ihre Arbeit. Immer mehr Menschen gesellen sich zu ihnen, und bald werden wir von allen Seiten wie eine Rarität beobachtet. »Where are you from?«, »Where are you going?«. Dass wir von Deutschland per Anhalter gekommen sind, scheint in diesem Teil der Welt allerdings unbegreiflich.

Auch Ram, der für uns am Straßenrand hält, glaubt zunächst, dass wir ihm einen Bären aufbinden. Der junge Mann schwört auf Yoga und Atemübungen, hat für jedes Alltagsproblem eine eigene Technik. Die Macht des Pranayama: mit der richtigen Atmung gegen die Unzulänglichkeiten der Welt vorgehen. Jetzt sind wir es, die Ram für verschroben halten. Noch verstehen wir von indischen Traditionen so wenig wie von Indien selbst. Das Land ist weit weg von dem, was wir gewohnt sind. Jeder Tag ist wie ein Traum, der sich nicht entscheiden kann, ob er in dunkle Abgründe gleiten oder in strahlende Höhen aufsteigen möchte. Alles ist wunderbar neu, und wir staunen über jede Begegnung.

Mittlerweile steht die Sonne im Zenit. Es ist heiß, die Straße staubig. Laut hupender Verkehr stört die Mittagsruhe. Ram haben wir schon lange wieder verlassen und warten nun im Schatten eines Baumes mitten in der 650 000 Einwohner zählenden Stadt Jammu. Es dauert, bis wir aus dem Stadtzentrum an die Schnellstraße in Richtung Srinagar gelangen. Doch dann bittet uns Manoj, ein Mann um die 50 Jahre, fröhlich in seinen Wagen. Die Straße ist in einem miserablen Zustand; staubig, kurvig, übersät mit Schlaglöchern. Eine Blechlawine drückt sich entlang der steilen Hänge durch die Berge. Schwer beladene Lkws, die in den Haarnadelkurven sämtliche Fahrbahnen blockieren, stauen den Verkehr kilometerlang. Obwohl lediglich 230 Kilometer bis nach Srinagar vor uns liegen, werden wir für die Strecke satte 15 Stunden brauchen.

Manoj freut sich über unsere Gesellschaft. Allein, so sagt er, ist die Langeweile unterwegs kaum auszuhalten. Und so sprudelt es ununterbrochen aus ihm heraus – stundenlang. Manoj erzählt von Indien, vom Leben in den Bergen, von Kaschmir.

»Ist es dort gefährlich?«, wollen wir wissen. Wir kennen die Nachrichten, haben von der schwierigen politischen Situation in der Region gehört, von Rebellen und Terroristen, von der militärischen Omnipräsenz und dem Leid der zivilen Bevölkerung.

»Manchmal ja«, antwortet Manoj, »aber zuletzt war es sehr ruhig.« Es ist das Frühjahr 2015, eine Zeit des relativen Friedens in Kaschmir.

Unser erster Stau lässt uns zwei Stunden bewegungslos auf der Straße stehen. Die Ursache ist nicht auszumachen. Kein Unfall, keine Baustelle, kein Erdrutsch, der bereinigt werden müsste. Es ist die Fahrkunst der Inder selbst, die für heilloses Durcheinander sorgt. Entlang der kurvigen Straße drücken sich immer wieder mehrere Autos nebeneinander über die Fahrbahn. Motorradfahrer quetschen sich dazwischen. Es wird gedrängelt, gehupt und jede (Un-)Möglichkeit zum Überholen genutzt. Rücksichtnahme ist kein Bestandteil indischer Verkehrsregeln. Das gilt auch für den Gegenverkehr. Irgendwann schleichen wir hinter einem der tonnenschweren Lkws durch die Landschaft. Rußige Abgaswolken wabern aus dem klapprigen Monster. Ab und an wagt Manoj ein blindes Überholmanöver. Wir fahren nur nach Gefühl. Dass es hier nicht im Minutentakt zu tödlichen Unfällen kommt, ist eines der großen Wunder Indiens.

Irgendwann verlassen wir die Berge und fahren hinein ins Kaschmirtal. Srinagar und der weitläufige Dal-See liegen vor uns. Dahinter erheben sich zu drei Seiten die prächtigen Berge des Himalajas. Srinagar ist eine Stadt voller Tradition. Hunderte Hausboote liegen im südlichen Teil des Dal-Sees, der sich hier zu einem lang gezogenen Wasserarm verengt. Ganz leicht schwanken die Boote im Takt der Wellen auf und ab. Ganz leicht versinkt jeder Schritt in den dicken Teppichen der hölzernen Kajüten. Ganz leicht fallen wir auf weiche Betten, und mit uns fällt der Ballast einer anstrengenden Reise durch die Berge.

Srinagar ist damals wie heute eine Handelsstadt. Sie ist lebendig, geschäftig und alles andere als indisch. Die Straßen der malerischen Altstadt erinnern uns an Pakistan; an Rawalpindi, Karatschi oder Lahore. Frauen bedecken ihr Haar, Männer tragen lange Bärte, der Muezzin ruft zum Gebet. Die muslimische Gemeinschaft stellt in Srinagar, wie überall in Kaschmir, den überwiegenden Teil der Bevölkerung – ein Grund für mitunter gewalttätige Auseinandersetzungen mit den hinduistischen Autoritäten in der Vergangenheit.

Seit der Unabhängigkeit Indiens 1947 herrscht ein Territorialkonflikt um das Gebiet des ehemaligen Fürstenstaats Jammu und Kaschmir. Indien, Pakistan und auch die Volksrepublik China erheben Anspruch und halten jeweils Gebiete der Region unter Kontrolle. Gleichzeitig strebt Kaschmir nach Unabhängigkeit. Die Provinz ist ein politischer Spielball. Vor allem Pakistan und Indien stehen sich hier als erbitterte Feinde im geopolitischen Tauziehen gegenüber. Ihre Unnachgiebigkeit mündete bereits in mehrere Kriege und blutige Auseinandersetzungen, denen wohl etwa 70 000 Menschen zum Opfer fielen. Die Bevölkerung, seit dem 10. Jahrhundert muslimisch geprägt, sitzt zwischen den Stühlen. Sie will weder Teil Indiens noch Pakistans sein und hofft auf Unabhängigkeit, die ihr jedoch niemand zuzugestehen bereit ist.

Islamistische Terrorgruppen, die angeblich von Pakistan unterstützt werden, hocken in den Bergen und sorgen immer wieder gezielt für Unruhe. Die indische Regierung reagiert mit militärischer Präsenz im Kaschmirtal, mit Straßenkontrollen, Ausgangssperren, Einschränkungen der Pressefreiheit. Etwa 500 000 Soldaten sollen hier stationiert sein. Willkür und Härte gegen die Zivilbevölkerung bestimmen seit den 1990er-Jahren das Leben der Menschen. Folter, Vergewaltigungen, Hinrichtungen: Die Vorwürfe gegen indische Soldaten sind massiv.

Obwohl seit 1948 eine UN-Resolution die Durchführung einer Volksabstimmung über die Zukunft Kaschmirs fordert, weigert sich die indische Regierung bis heute, diese umzusetzen. Stattdessen sperrt sie das Internet, schaltet nationale Telekommunikationsnetze in der Region ab, setzt Regionalpolitiker unter Hausarrest. Kaschmir ist spannungsgeladen. Doch das war nicht immer so. Einst hatte die Region einen legendären Ruf. Britische Offiziere schwärmten ebenso von der Schönheit und Reinheit der Gegend wie die Weltenbummler, die entlang des Hippie-Trails seit den 1960er-Jahren hier vorbeikamen. Kaschmir galt ihnen als Paradies. Damals war eine Reise nach Indien unvollständig, wenn sie nicht zum Kaschmirtal und nach Srinagar führte. Die fantastische Lage, das milde Klima auf 1500 Höhenmetern und der herrlich spiegelnde Dal-See waren berühmt. Die Abgelegenheit berüchtigt. Es kamen so viele Besucher, dass gegen Ende der 1980er-Jahre der Tourismus die allgegenwärtige Landwirtschaft als wichtigste Einnahmequelle überholte. Doch mit dem wieder auflebenden Kaschmir-Konflikt, mit Attentaten und Entführungen in den 1990ern brach die touristische Infrastruktur komplett zusammen.

Dabei ist Kaschmir noch immer ein üppig grünes Paradies mit fruchtbaren Böden, mäandernden Flüssen und den majestätischen Berggipfeln der Pir-Panjal-Kette. Mais- und Weizenfelder wechseln sich mit Obstgärten und ertragreichen Walnuss- und Mandelbaumplantagen ab. Pappeln, aus deren Holz Kricketschläger geschnitzt werden, rauschen im Wind.

Srinagars Altstadt ist geprägt vom morbiden Charme kolonialer Herrlichkeit. Die für Kaschmir typischen Holzhäuser mit ihren geschnitzten Balustraden, Fensterrahmen und Türen säumen die Gassen. Kaschmir fiel 1846 in britische Hände, wurde zum Fürstenstaat ernannt und zum Protektorat der britischen Krone erklärt. Endlich konnten Terry, James und ihre Landsleute bauen. Heute siecht der einstige Stolz reicher Kaufleute vor sich hin. Die Gebäude sind sich selbst überlassen, vergehend, ungeschönt. Farbe blättert von Fensterrahmen, rostendes Wellblech liegt auf den Dachbalken, in den Ecken sticht der Geruch von Ammoniak in die Nase. Hunde streunen umher.

Allein in den Erdgeschossen lebt der Handel weiter. Gemüse- und Obstverkäufer preisen ihre Waren an: Gurken, Salat, Zitronen, Trauben. In den Kiosken nebenan ist die Auswahl gering: ein paar Knabbereien und Zigaretten. Aus vielen Türen dringt das Hämmern, Feilen, Kreischen und Rattern des Handwerks hinaus auf die Straße. Schmiede und Schneider arbeiten in kleinen Ein-Mann-Manufakturen. Schwere Fleischbrocken hängen an eisernen Haken unter massiven Holzbalken. Tischler stellen die unverwechselbaren Schnitzarbeiten her, für die Kaschmir seit Jahrhunderten berühmt ist. Pferdekarren klappern über den Asphalt. Autorikschas drängeln sich hupend von einem Straßenende zum nächsten. Immer wieder werden wir mit einem freundlichen »Welcome to Kashmir« gegrüßt. Männer in einfarbigen Shalwar Kamiz, der weiten, traditionellen Kleidung, nicken uns freundlich lächelnd zu. Frauen verhüllen sich mit bunten Stoffen, schlendern gemeinsam durch enge Gassen, in denen unverputztes Mauerwerk in die Höhe ragt. Manche Gebäude zieren Stützbalken, die an Fachwerk erinnern. Minarette ragen über den Dächern empor.

Ein alter Mann winkt uns heran. Er trägt die weite, traditionelle Hose und darüber Hemd, Pullunder und Weste. Ein sauber getrimmter weißer Vollbart umrandet das Gesicht vom Kinn bis zu den Schläfen. Hundertundeine Falten ziehen sich über die ledrige Stirn. Er sitzt vor einem hochgezogenen Metalltor. Zwiebeln, Gurken, Kalebassen und Kartoffeln liegen in Weidenkörben um ihn herum. Mit gewaltigen, schweren Händen reicht er uns zwei Kohlrabis. Wir lächeln uns an. Jedes Wort scheint hier zu viel.

Zwischen all der Geschäftigkeit auf der Straße tauchen wir stets in Oasen der Ruhe ein. Moscheen in reich verziertem Holzdesign, geschmückt mit allerlei bunt bemaltem, hübsch anzuschauendem Pappmaschee. Die schönste Moschee Srinagars ist wohl die Khanqah Shah-i-Hamadan und die bei Weitem größte die Jama Masjid mitten in der Altstadt. Der zentralasiatische Einfluss ihrer Bauherren, der Moguln, ist kaum zu verkennen. Viel Holz und das pagodenähnliche Dach lassen die Moschee wie ein Schloss in einem architektonischen Stil erscheinen, den es so nur in Kaschmir gibt. 378 Säulen, jede einzelne aus dem Stamm einer Himalaja-Zeder geschnitzt, stützen das Dach, unter dem bis zu 30 000 Gläubige Platz finden. Im Innenhof ziehen Krähen zwischen den Dächern umher. Allein das leise Rauschen des Brunnens durchdringt die Stille und steht im krassen Gegensatz zum Trubel auf der Straße.

Zurück am Ufer des Dal-Sees liegen Dutzende Schikaras an der Uferpromenade. Die kleinen Boote gleichen den venezianischen Gondeln und warten darauf, Passagiere oder Waren über den See zu befördern. Mit ihnen gelangen nicht nur Touristen zu ihren Hausbooten, sondern auch Schulkinder in ihre Klassenräume, Männer und Frauen an ihre Arbeitsplätze und wir weit hinaus auf den See.

Gleichmäßig sticht unser Steuermann mit dem herzförmigen Paddel in die Wasseroberfläche. Wir liegen ausgestreckt auf weichen Polstern unter einem Schatten spendenden Sonnendach. Leichte Wellen erheben sich am Bug, als wir langsam durch die schmale Südspitze und weiter hinaus auf den See gleiten. Unzählige Händler schippern mit uns durch die Enge. Sie verkaufen Safran und Schmuck oder preisen Fotoshootings in traditioneller Kaschmirikleidung an. Auf dem offenen See kehrt Ruhe ein. Die Händler bleiben zurück, und vor uns breitet sich die große, spiegelglatte Weite des Sees aus, die gelegentlich von Seerosenfeldern unterbrochen wird. Eisvögel tauchen ins dunkle, grün und blau schimmernde Wasser. Wir gleiten hinaus, immer weiter, bis Srinagar in der Ferne beinahe verschwindet. Auf der glatten Oberfläche des Sees spiegeln sich die Berge, deren Gipfel gerade in einer dichten Wolkendecke verschwunden sind.

LEH UND DAS BUDDHISTISCHE KÖNIGREICH LADAKH

ROCHSSARE

Weißes Leinen, weiche Polster, helles Holz und hinter dem großen Fenster das Dunkel der Nacht: Mit Vaibhav und Pranav sitzen wir in einem angenehm eingerichteten Hotelzimmer. Die beiden indischen Geschäftsmänner sind beruflich unterwegs, und uns verbindet eine gemeinsame zwölfstündige Fahrt durch den äußersten Norden Indiens. Hier im Bergstädtchen Leh befinden wir uns auf einem Plateau im Himalaja und ganz nah am Grenzgebiet zu Pakistan und Tibet.

Der Weg hierher war beschwerlich. Noch im Mai bilden hohe Schneewehen ein frostiges Spalier, rauschen eisige Flüsse durch die Täler. Lediglich zwei Straßen führen nach Leh, und beide sind über den langen Winter von Schneemassen blockiert. Kurven, Eis, Schlaglöcher und eine schmale Fahrbahn, die oft nur in eine Richtung befahren werden kann, bremsten uns aus. Dennoch waren wir in den ersten Stunden beeindruckt von der Bergwelt, der Ödnis, dem Geröll und einem Farbspektrum, das hier im Hochgebirge nicht über Grau- und

Brauntöne hinausreicht. Doch dann sah sich das Auge satt, ermüdete an der Monotonie. Ab und an tauchten gelbe Warnschilder am Straßenrand auf. Darauf stehen Ratschläge: »*After whisky driving risky*«, »*Darling, I like you, but not so fast*« oder »*Slow drive long life*«, mit freundlichen Grüßen von der zuständigen Border Roads Organisation. Ein Blick in den felsigen Abgrund unterstrich die wohlgemeinten Anweisungen. Wir fuhren durch Kargil, wo es 1999 zum bisher letzten Krieg zwischen Indien und Pakistan kam. Die Eindrücke wischten vorbei. Unmöglich, sie zu verstehen: Kriegsschauplatz – davon hören wir immer nur aus weiter Ferne.

In dieser wilden, entbehrungsreichen Welt war unser Fahrzeug ein Fremdkörper. Draußen wären wir verloren gewesen – im Inneren brachte uns Pranav den Text seines Lieblingsliedes auf Hindi bei. Es ging natürlich um die große, herzzerreißende Liebe. Pranav, mit rundlicher Gestalt und in fortgeschrittenem Alter, schmolz regelrecht auf dem Beifahrersitz dahin. Am Steuer saß Vaibhav, Mitte 20, der uns immer wieder von seiner Verlobten aus Neu-Delhi erzählte, die im Stundentakt anrief, um ihren Zukünftigen über ihr Handydisplay anzuschmachten.

Als wir in Leh auf 3500 Höhenmetern ankamen, waren wir wie gerädert. Vaibhav und Pranav luden uns zum Abendessen in ihr Hotelzimmer ein. Doch noch bevor wir leckeres Dal, Matter Paneer und Chicken Tikka probieren konnten, stand eine Flasche Scotch auf dem Tisch. »Wir feiern unsere Ankunft«, erklärte Pranav und fügte ernst hinzu: »Gegessen wird, wenn die Flasche leer ist.« Das klang beinahe wie eine

Drohung, ist aber in Indien ein Brauch mit langer Tradition. Erst der Alkohol, dann das Essen – sonst übergibt man sich, heißt es.

Während wir trinken, erzählt Vaibhav immer weniger von seiner Verlobten, dafür immer mehr von russischen Prostituierten in Goa, von kurzen Röcken und männlichen Trieben. Seine Argumentation: »Ein Mann muss tun, was ein Mann tun muss.« Die Sexismusdebatte geht völlig an ihm vorbei. Ganz anders der Alkohol, und es dauert nicht lange, bis der letzte Schluck Scotch in Vaibhavs Rachen rinnt und unsere Gastgeber kurz danach betrunken ins Bett fallen.

Leh ist ein Zauberstädtchen, und wie bei vielen Orten, die nur mit Aufwand erreicht werden können, hüpft das Herz schon bei der Ankunft vor Begeisterung. Vielleicht ist es auch nur der Höhenrausch, der auf 3500 Metern über dem Meeresspiegel einsetzt, wenn die Lungen mehr Sauerstoff verlangen, als in der Luft verfügbar ist. Das Hochplateau um Leh ist eine öde Ebene, erdig braun, staubig, kalt. Hier fühlt sich wohl, wer Einsamkeit und ein gewisses Maß Nichts ertragen kann.

Die Höhe liegt wie Blei auf unseren Körpern, drückt auf die Atemwege. Jeder Schritt ist mühsam. Langsam spazieren wir an einfachen Lehmziegelbauten vorbei, die neben grauen Betonklötzen stehen. Über Treppen, schmale Gassen und wenige Straßen sind die Gebäude miteinander verbunden. Massive Holzfensterrahmen mit schweren Stützbalken gehören zur traditionellen Bauweise, wie sie auch in Tibet zu finden ist. Bunte Gebetsfahnen flattern über den flachen Dächern. Weiß getünchte Chorten, Kultbauten des tibetischen Buddhismus, drücken sich in den begrenzten freien Raum zwischen den Häusern. Meterhohe Gebetsmühlen, farbenfroh verziert, erheben sich aus dem Grau der Stadt und sind nur mit gehörigem Kraftaufwand in Schwung zu bringen. Am Rand der Ebene ragen scharfkantige Berge empor, die von überall in Leh zu sehen sind.

Eine unvergleichliche Ruhe liegt über dem Ort. Seit die Grenze nach Tibet in den 1960er-Jahren von den Chinesen geschlossen wurde, ist Leh eine Sackgasse. Isoliert durch mächtige Bergketten, ist auch der Trubel des indischen Subkontinents unbegreiflich weit weg. Die karge Landschaft lässt kaum erahnen, dass die chaotische, tropische Millionen-Metropole Neu-Delhi 1000 Kilometer weiter südlich zum gleichen Land gehört.

Auch die Kultur ist eine andere. In den Straßen des Ortes klingt das buddhistische Mantra des Mitgefühls »*Om Mani Padme Hum*« vom frühen Morgen bis zum Sonnenuntergang aus den Geschäften, die buddhistische Devotionalien verkaufen. Gebückte Gestalten mit runzligen Gesichtern schlendern durch die Gassen. Eingepackt in mehrere Kleiderschichten, deren erdige Töne mit der dunklen, ledernen Haut mithalten, machen sie es sich auf den Bänken vor der Chowkhang Gompa bequem. Unter Hunderten bunten Gebetsfahnen drehen sie ihre Handgebetsmühlen, murmeln Mantras und zählen die Glieder ihrer Gebetsketten.

Mönche in dunkelroten Roben und mit verspiegelten Sonnenbrillen laufen leichtfüßig durch die Stadt. Immer mit einem offenen Ohr für die Belange der Einheimischen und immer ein leichtes Lächeln auf den Lippen. Etwa zwei Drittel der Bevöl-

45

kerung in Leh sind buddhistisch, aber auch Muslime wohnen hier, haben ihre Moscheen und Marktstände. Seit dem 8. Jahrhundert leben beide Religionen friedlich miteinander.

Entlang der Gassen sitzen Bäuerinnen auf den Bürgersteigen. Eingemummelt in dicke Jacken, wollene Mützen und schwere Decken, bieten sie ihre Waren feil: Kartoffeln, Rüben, Karotten und Kohl liegen in großen Bündeln vor ihnen. Stundenlang sitzen sie schwatzend da, verkaufen ab und an ein paar Pfund Gemüse. Dann wühlen sie aus den wärmenden Kleiderschichten ein kleines Geldtäschchen hervor, zählen die Rupien und verstecken alles wieder irgendwo im Labyrinth der Stoffalten.

In der Fußgängerzone werden Messingglocken und Kukris, die Krummdolche der Gorkas, Klangschalen, Gebetsfahnen und kleine Tischgebetsmühlen verkauft. Tantrische Rollbilder, Thankas genannt, und tibetische Dämonenmasken werden ebenso angeboten wie türkisfarbene Schmucksteine in schweren Halsketten. Flauschige Decken aus Yakwolle schützen vor der Kälte. Käse aus Yakmilch gilt als Delikatesse. Die Einfachheit des Ortes verzaubert uns vom ersten Augenblick. Das Leben in Leh folgt simplen Regeln.

Schon nach einer Nacht verlassen wir deshalb das Hotel, das wir bei unserer Ankunft mit Vaibhav und Pranav bezogen hatten, und nehmen uns ein Zimmer in einem Homestay. Ein einfacher, kahler Raum im Innenhof einer einheimischen Familie. Ohne Heizung, ohne eigenes Bad. Das Wasser für die Eimerdusche wird mit Solarkraft erhitzt, und das ist schon der größte Komfort, den wir hier haben. Wir schlafen unter zwei dicken, schweren Wolldecken. Morgens öffnen wir die Fenster unseres kleinen Zimmers und schauen über die Dächer von Leh, blicken hinauf zum Palast und den Gebetsfahnen des Tsemo Gompa, die weit über Leh auf einer Felsspitze im Wind flattern. Hinter dem Kloster erheben sich schneebedeckte Berggipfel, über denen ein blauer Himmel strahlt.

Der Tourismus bringt dem Städtchen immer mehr Einnahmen. Die erforderliche Infrastruktur ist bereits gelegt. In Leh gibt es Pizza und Burger, Bier und Whiskey, Ausrüstungsgeschäfte, gefälschte und echte Kaschmirwolle und Reiseagenturen, die Ausflüge in die Umgebung anbieten. Es sind vor allem junge Reisende, die sich diesem Angebot inmitten der Ödnis hingeben. Gekleidet in hochwertige Outdoorjacken, prosten sie sich mit dem indischen Kingfisher zu, berichten von ihren Erlebnissen auf den Wanderungen in der Region und ihren Erwartungen an alles noch Bevorstehende. Und während sie reden und lachen, mit den Gedanken schon wieder auf dem Weg ins Unbekannte, spaziert ein alter Mann die Gasse entlang und ist mit seiner sich fortwährend drehenden Handgebetsmühle allein im Hier und Jetzt.

Leh lädt zum Beobachten ein – immer und immer wieder. Es gibt nichts Gemütlicheres, als mit einem Ingwertee in der Hand das Leben auf der Straße zu verfolgen. Die Mönche, die Märkte, die Arbeiter und Handwerker, die Touristen – sie alle tragen zum Charme des Städtchens bei. Pkws rollen über die sandigen Pisten, Baumaschinen poltern. Leh ist geschäftig, alles andere als verträumt, und dennoch fehlt jede Hektik. Gerade wird überall gebaut. Straßen werden ausgebessert, neue Gebäude entstehen. Manchmal wirbelt der Staub in dichten Wolken durch die Gassen. Immer wieder fegen Ladenbesitzer zum Klang des »*Om Mani Padme Hum*« vor ihren Türen und sind dabei so ruhig und gelassen, wie man es wohl nur mit großem innerem Frieden sein kann.

Es ist nicht schwer, sich vorzustellen, wie einst Händler durch das Gebirge zogen, um hier in Leh ihre Waren zu tauschen und ein paar Tage Kraft für die Weiterreise zu schöpfen. Mit ihren Karawanen folgten sie den Wegen der Einheimischen vorbei an Manisteinmauern, Chorten und dramatisch in den Fels gebauten Klöstern. Vielleicht statteten sie auch der Königsfamilie einen Besuch ab, die seit dem 16. Jahrhundert über der Stadt in ihrem Palast am Hang residierte. Graue Wände ragen über neun Stockwerke aus dem Fels empor. Hölzerne Türen und Fensterrahmen schmücken den Bau, der eher als raue Burg denn als feiner Palast daherkommt. Von hier herrschten die Könige über ihr Reich Ladakh, das einst bis nach Baltistan im heutigen Pakistan, nach Spiti in Himachal Pradesh und Xinjiang in China reichte. Mitten im Hochgebirge kontrollierte Leh die Handelswege entlang der Seidenstraße zwischen Indien und China sowie die Routen zwischen den Märkten von Tibet und Kaschmir. Salz und Getreide wurden hier ebenso umgeschlagen wie Kaschmirwolle und Paschmina, Harz, Indigo und Seide.

Das buddhistische Ladakh war lange Zeit unabhängig, musste sich aber immer wieder mit den Machtansprüchen fremder Herrscher auseinandersetzen. Heute leben Muslime, Buddhisten, Hindus und Sikhs auf dem kalten, trockenen Hochplateau.

Doch der Buddhismus ist bis in die Gegenwart die wichtigste Religion geblieben. Rund um Leh befinden sich fantastisch in die Landschaft gesetzte Tempel und Klöster, die über mehrere Stockwerke an steilen Hängen und Felsvorsprüngen zu kleben scheinen.

Ein paar Tage verbringen wir in der Stadt, gewöhnen uns an die Höhe, betrachten die Einwohner und ihre Bräuche, essen Momos, gefüllte Teigtaschen, und Thukpa, eine Nudelsuppe, lauschen ein paar Reisegeschichten. Dann steigen wir in einen Jeep und brausen los. Es geht steil bergauf – zunächst auf Asphalt und schon bald auf einer holprigen, zerschlagenen Piste. Schnee türmt sich am Straßenrand, Militärtransporter rumpeln uns entgegen. Überall in Ladakh ist die indische Armee zahlreich vertreten. Im nahen Grenzgebiet zu Pakistan bezieht sie Stellung, wartet, lauert, sichert die Grenze. Unser klappriger Jeep stemmt sich unterdessen immer weiter nach oben, knirscht nah am Abhang über die Piste. Schwere Motorräder rollen mit uns auf der Straße. Ein Hauch von Freiheit weht um die frostigen Nasen der Fahrer.

Fast drei Stunden dauert die Fahrt zum Khardung La. Der Pass befindet sich auf beachtlichen 5359 Metern, und weil ein riesiges Hinweisschild noch einige Meter dazudichtet, geben die Inder den Khardung La gerne, aber doch falsch, als höchsten motorisiert befahrbaren Pass der Welt aus. Tatsächlich gibt es allein in Indien sieben befahrbare Bergpässe, die höher liegen als der Khardung La.

Nichtsdestotrotz fällt hier oben das Atmen deutlich schwerer als noch in Leh knapp 2000 Meter tiefer. Dutzende Jeeps sind bereits vor Ort, die ihre Passagiere für ein paar Selfies vor einem bunten Vorhang aus Gebetsfahnen und dem irreführenden Hinweisschild des Khardung La in die Kälte der Bergwelt entlassen.

Hinter dem Khardung La öffnet sich das Nubra-Tal auf etwa 3100 Metern. Ein karges Tal, in dem der gleichnamige Fluss in einem breiten Bett eisig mäandert. Je weiter wir durchs Tal fahren, desto näher kommen wir der pakistanischen Grenze. Militärisches Sperrgebiet. Am späten Nachmittag erreichen wir Turtuk, ein malerisches Dorf vor rauer Gebirgskulisse, und sind nur noch zehn Kilometer von Pakistan entfernt. Hier haben die Gesichtszüge der Menschen kaum noch etwas mit denen der Tibeter gemein. Stattdessen gleichen sie den Menschen auf der anderen Seite der Grenze. Turtuk gehörte bis zum Dritten Indisch-Pakistanischen Krieg von 1971 zu Pakistan. Die Einwohner sind Muslime. Leuchtend grüne Gerstenfelder wiegen leicht im Wind. Die wenigen Steinhäuser stehen weit genug auseinander, dass sich niemand über zu laute Nachbarn ärgern muss. Dazwischen wachsen Aprikosenbäume.

Am Hang über dem Dorf steht eine kleine, vom indischen Militär errichtete Gompa. Der Weg zum Tempel führt steinig bergauf, doch erst dahinter wird der Pfad richtig steil. Ganz nah am Abgrund kraxeln wir den Hang empor, bis zu einem kleinen Wasserfall mit beeindruckendem Panorama – unter uns liegen das karge Tal und die fruchtbaren Felder um Turtuk.

Wir erkunden noch mehr Wunderbares in Ladakh, lauschen buddhistischen Mantras und trinken scheußlich schmeckenden Buttertee mit den Mönchen in Diskit, besuchen den kristallklaren Salzwassersee Pangong Tso und stapfen wagemutig selbst hinein in die wilde Bergwelt. Leh bleibt unsere Basis. Hier schöpfen wir Kraft, wenn die Höhe unsere Energie verschlingt. Die Stadt hält uns wochenlang in ihrem Bann, und wir genießen jedes »*Om Mani Padme Hum*« in den schmalen Gassen und jeden kühlen Sonnenuntergang über den schneebedeckten Gipfeln.

KURIOSES AUS INDIEN: BEAUTY BABYS – DIE GESCHMINKTEN KLEINSTEN

Auf dem indischen Subkontinent, also auch in Pakistan, Nepal, Bangladesch und Sri Lanka, schminken Eltern ihre Babys ab dem zweiten Lebensmonat bis zum dritten Lebensjahr mit Kajal, einer schwarzen Paste aus Kokosnussöl und Ruß oder Aloe Vera. Dieser Kajal hat wenig mit dem westlichen Schminkstift zu tun und soll dem kulturellen Brauch zufolge vor bösen Geistern schützen. So tragen die Kleinen Kajal auf den Augenlidern, als dunkle Kreise auf der Stirn, am Haaransatz oder auf den Fußsohlen – wohl geschützt vor dem Schlechten auf der Welt.

KASOL UND DIE INDISCHEN MARIHUANABAUERN

ROCHSSARE

Gigantische Berggipfel umgeben das Parvati-Tal im Herzen des indischen Bundesstaates Himachal Pradesh. Alte Kiefernwälder wachsen am Fuß aufragender Felsen, die sich aus der nordindischen Tiefebene erheben und schließlich die majestätische Gebirgskette des Himalajas formen. Gletscher bedecken die über 6000 Meter hohen Bergkämme, die das Parvati-Tal von den Tälern Spiti und Kinnaur trennt. Wir sind mittendrin in einer abgelegenen Bergwelt, in der sich malerische Dörfer an die Hänge schmiegen.

Der Parvati windet sich gurgelnd und schäumend durch die schmale Schlucht, die sich im aufsteigenden Morgennebel in ein schaurig schönes Kleid hüllt. Sadhus, Indiens Bettelmönche, meditieren an heißen Quellen. Wanderer genießen eindrucksvolle Routen durch die Berge, doch für viele Besucher ist das Parvati-Tal vor allem eines: Indiens Kifferparadies. Überall im Tal wächst Marihuana. Egal, ob in Tosh, Nagaru oder Grahan, jedes Dorf hat eigene Plantagen. Hier ernten die einheimischen Bauern Blüten und Blätter und reiben sie in stundenlanger Handarbeit zum weltbesten Haschisch.

In jahrhundertealter Tradition leben die Menschen von und mit dem Cannabis, was sich im spirituellen Indien schnell herumgesprochen hat. Rucksackreisende aus aller Herren Länder ziehen ins Parvati-Tal, um hier einem Rausch von höchster Güte nachzuhängen. Die Siedlung Kasol ist das Herz des Parvati-Tals. Am Ufer des grauen, mächtigen Stroms stehen sich bunt gestrichene, klobige Betonbauten mit mehreren Stockwerken gegenüber. Staubige Gassen, unverputzte Häuser, rostendes Wellblech: Kasol ist keine Schönheit und dennoch eine Legende. Wer im Norden Indiens unterwegs ist, kommt nicht an diesem Namen vorbei. »Hier ist es, wo die Magie passiert«, schwärmen die einen. »Ein völlig heruntergekommener Ort voller kiffender Möchtegern-Hippies«, sagen die anderen. Beide haben recht.

Charas – so wird Haschisch in Indien genannt – ist in Kasol allgegenwärtig. Der würzig duftende Rauch dringt aus Teestuben auf die Straße, verteilt sich in Restaurants, wabert über die Balkone und Terrassen der rustikalen Gasthäuser. An einer Ecke warnen fett gedruckte Buchstaben auf einem Schild: »DRUGS KILL«, mit freundlichen Grüßen der örtlichen Polizei. Kasol übt vor allem auf junge Israelis, die nach ihrem Militärdienst die Welt erkunden, eine enorme Faszination aus. Sie kommen so zahlreich, dass Cafés und Restaurants Menükarten auf Hebräisch auslegen. Hier gibt es ein größeres Angebot an Falafeln als an tibetischen Momos und Thukpa. Die Einheimischen nennen Kasol deshalb auch »Klein Israel«.

Seit zwei Tagen sind wir in Kasol. Es ist Anfang Dezember, und eisige Luft liegt in den Bergen. In Kasol scheint das ganze Jahr über die Sonne, und doch wird es im Winter bitterkalt. Darauf sind wir nicht eingestellt. Kasol zwingt uns in alle unsere Kleider, und so sitzen wir im Zwiebellook in einem Café und frieren vor uns hin. Unsere Hände umklammern dampfende Teegläser, Zigarettenrauch steigt zur Decke auf.

Wir reisen mit Aseem, einem jungen Architekten, der auf verblüffende Weise aussieht wie die 2015er-Version von Samy Deluxe. Mit dem Hamburger Rapper teilt er auch die Vorliebe für Cannabis. Aseem ist ein Autodidakt und Profi, wenn es um indisches Haschisch geht. Und er hat Prinzipien. Es ist besser, nicht zu rauchen, als das schlechte Zeug zu rauchen, von dem es auch in Indien mehr als genug gibt. Eine Handvoll Rastazöpfe wippen durch die Gassen. Die Saison ist schon lange vorbei, und Kasol befindet sich in einer schläfrigen Eintönigkeit. Nur wenige Besucher sind im Ort, die mit Wollmützen und in Tücher gehüllt in der Kälte ausharren. Ihre Wertsachen – Blättchen, Tips und Charas – tragen sie in Leinentaschen mit sich herum.

Uns gegenüber im Café sitzt ein alter Mann. Nur noch wenige gelbliche Zähne blinken aus seinem Mund. Weiße, strohige Haare ragen unter einer bestickten Kappe hervor. Über der geöffneten Daunenjacke liegt ein grobes, kariertes Tuch, das Hals und Schultern bedeckt. In der rechten Hand hält er ein Schillum, eine trichterförmige Tonpfeife, die in Indien seit Jahrhunderten zum Haschischrauchen verwendet wird. Wir sehen ihn nicht zum ersten Mal. Schon gestern war der Alte da. Gleicher Platz, gleiche Kleidung, gleiches Schillum. Für die Einheimischen im Parvati-Tal ist der Haschischgenuss Teil des Alltags. Männer und Frauen rauchen gleichermaßen, und vor allem die Älteren scheinen diese Tradition zu zelebrieren.

Cannabis gehört seit über 2000 Jahren zum Kulturgut auf dem indischen Subkontinent. Besonders hier im Himalaja ist die Pflanze ein wertvoller Rohstoff. Aus ihren Fasern werden Kleider und Seile hergestellt, ihre Samen gegessen, die Blüten geraucht. Cannabis ist zugleich Medizin und religiöses Heilmittel. Selbst Shiva, der Gott aller Götter, ist stets mit einem Beutelchen Charas unterwegs. Im Hier und Jetzt ist der Cannabiskonsum auch in Indien per Gesetz verboten. Dennoch bleiben die Traditionen und Bräuche in den Tälern des Himalajas bestehen. Marihuana gehört schlicht zur Identität der Menschen.

Der Alte starrt mit dem Schillum in der Hand in den Raum. Aseem spricht ihn an: »*Namaste, uncle-ji*. Sag mal, weißt du, wo wir was zu rauchen herbekommen?« Der Alte schweigt. Wir sind uns nicht sicher, ob er überhaupt mitbekommen hat, dass er angesprochen wurde. Doch dann dreht er leicht den Kopf: »Was willst du?« Seine Stimme ist kaum hörbar, kratzig. »Das Beste.« »Dann geh nach Malana«, erwidert der Alte und deutet hinauf in die Berge.

Wenn Kasol die Legende ist, dann ist Malana der Mythos. Das winzige Dorf, abgelegen in einem Seitental und nur zu Fuß zu erreichen, ist für sein handgeriebenes Haschisch weltberühmt. Das weiche, elastische Malana Cream gehört in den Coffeeshops von Amsterdam zu den teuersten Haschischsorten – die Crème de la Crème, ein Gramm für etwa 20 Euro. Im Parvati-Tal wird nicht in diesen Kleinstmengen gerechnet. Indiens Dealer nutzen die historische Maßeinheit Tola. Etwas mehr als elf Gramm Malana Cream kosten hier knapp 15 Euro – eine enorme Summe in Indien, aber ein Schnäppchen für den kiffenden Besucherzirkus, der hier jedes Jahr Einzug hält.

Fünf Stunden sind es von Kasol nach Malana. Fünf Stunden zu Fuß über die Berge, acht Kilometer Luftlinie, 1000 Meter Höhenunterschied. Ich habe gar keine Lust, Aseem zu begleiten. Doch seine Augen leuchten. Er kennt Malana.

»Ist das Zeug wirklich so gut?«, will ich wissen. »Ich meine, ernsthaft, wenn es nur ein bisschen besser ist, lohnt sich der Weg für dich überhaupt?«

»Es ist das Beste, was ich je in meine Lunge gesogen habe, und das war schon eine verfluchte Menge!«, grinst Aseem und sieht dabei noch ein bisschen mehr aus wie der Wickeda MC. Wir bestellen eine neue Runde Chai. Draußen fallen Sonnenstrahlen bis auf das unruhige Wasser des Flusses, doch hier im dunklen Café ist es noch immer kalt. Malana, so erzählt Aseem, liegt an einem Steilhang, umgeben von Dutzenden Marihuanaplantagen. Traditionell stellen die Bewohner Körbe, Seile und Schuhe aus den Fasern der langstieligen Pflanze her, nutzen ihr Öl und rauchen natürlich Charas. Dann, es muss so in den 1980er-Jahren gewesen sein, kamen die ersten Touristen nach Malana, ergötzten sich am Haschisch und eröffneten den Bewohnern Malanas mit dem Drogenhandel ein neues Einkommensfeld. Malana Cream wird zu einer internationalen Marke.

Dass Malana heute nicht von Hippies und Kiffern überrannt wird, liegt an zwei Dingen. Das Dorf befindet sich noch immer weit abgeschieden in den Bergen. Es führt keine befahrbare Straße nach Malana. Und auch die Menschen in Malana sind eigen.

»Sie glauben, dass sie Nachfahren von der Armee Alexanders des Großen sind. Kannst du dir das vorstellen?«, fragt Aseem.

»Nee, eigentlich kann ich das nicht. War die Armee denn hier?«

Ja, war sie, zumindest in der Nähe. Im 4. Jahrhundert vor Christus besiegt das makedonische Heer im Punjab den indischen König Porus. Der Legende nach lassen sich ein paar verwundete Soldaten auf der Heimreise im Parvati-Tal nieder. Sie sind die Urahnen Malanas, auf die sich die Dorfgemeinschaft beruft.

Die Menschen in Malana sehen sich bis heute nicht als Inder, sondern als Arier. Sie halten sich für besonders, weshalb sie Abstand zu allen anderen einfordern, die nicht aus ihrem Dorf kommen.

»Die sind wirklich streng, wenn es um Berührungen geht«, erzählt Aseem. »Für alles, was du berührst, musst du Strafe zahlen, selbst wenn du ihre Häuser anfasst. Und denk gar nicht daran, in die Nähe ihres Tempels zu gehen, das wird teuer.«

In der Erntesaison schleppen die Bewohner Malanas nicht nur Kartoffeln und Mais, sondern auch schwere Marihuana-bündel von den Plantagen in ihr Dorf. Jeder Haushalt ist mit der Produktion von Haschisch beschäftigt. Frauen und Männer jeden Alters sitzen auf Balkonen und vor Hauseingängen und reiben die Blüten der Pflanze, bis daraus eine weiche, ölige, beinahe schwarze und süßlich riechende Masse wird. In den letzten Jahren brachte ein stetig wachsender Strom an Haschischtouristen immer mehr Aufmerksamkeit ins Parvati-Tal und auch nach Malana. Dort greift die Polizei nun zu härteren Maßnahmen. Plantagen werden aufgespürt und konfisziert. Doch Cannabis wächst hier an den Hängen in seinem natürlichen Umfeld und wuchert überall empor. Es zu verbannen ist unmöglich.

Mittlerweile haben wir das Café verlassen und schlendern durch Kasols nahe Umgebung. Gemeinsam stapfen wir über steinige Pfade entlang der Hänge. Die umliegenden Gipfel ragen steil und starr über dem schmalen Tal empor. Kiefern wachsen in loser Ordnung. Trotz Momos, Chai und Zigarette fühle ich mich matt, kraftlos. Die Kälte macht uns zu schaffen. Am Flussufer lassen wir uns nieder. »Wie oft warst du schon in Malana?«, frage ich Aseem.

»Zweimal.«

»Und, willst du noch mal hin?«

»Ehrlich gesagt ist der Weg schon ziemlich weit. Und anstrengend.« – Ich habe das Gefühl, er sagt das mir zuliebe. – »Außerdem bekomme ich hier auch ein bisschen Malana Cream.«

Zurück in Kasol spaziert Aseem allein durch die Gassen. »Ich bin bald wieder bei euch«, verabschiedet er sich und verschwindet hinter der nächsten Ecke. Tatsächlich treffen wir uns schon nach einer Stunde wieder. »Kommt mit, wir haben eine Verabredung«, drängelt er.

Eine Viertelstunde später sitzen wir auf der Dachterrasse eines Restaurants einem jungen Mann gegenüber, der sich als Rishi vorstellt. Eine lange Narbe im Gesicht verleiht ihm das Aussehen eines Kriminellen, doch sein Ton ist freundlich, lässig. Rishi ist Marihuanabauer aus Malana. Ab und an kommt er hinab ins Tal, besucht Freunde in Kasol, regelt Geschäftliches. Er reicht uns eine Zipper Bag. Darin, luftdicht verpackt, ist dunkles Haschisch, so breit wie ein halber Handteller. Malana Cream, ölig, dunkel, biegsam wie Kaugummi.

Rishi zieht an einem Schillum. Aseem prüft das Haschisch, löst ein Stück und bereitet einen Joint vor.

»Habt ihr in Malana viel Stress mit der Polizei?«, wollen wir wissen.

Rishi lächelt. Dann erzählt er von seiner Cannabisplantage, die versteckt an den Hängen, irgendwo oberhalb Malanas gedeiht. Und er erzählt von einem zweiten, sehr viel kleineren Feld ganz in der Nähe des Dorfes. »Jedes Jahr«, so sagt er, »kommen Polizisten, beschlagnahmen das Charas vom kleinen Feld und verkaufen es weiter.« Aber bis zur eigentlichen Plantage seien sie noch nie vorgedrungen. Ihnen reicht ein kleiner Zusatzverdienst mit dem, was sie in der Nähe Malanas finden. Solange die Beamten auf ihre Kosten kommen, ist ihnen die Durchsetzung des Cannabisverbots recht gleichgültig.

Süßlicher Rauch steigt auf. Aseem blickt verklärt auf seinen Joint, bläst eine dichte Rauchwolke in die beginnende Dämmerung. Seine Miene wird selig. Kein Wunder, Malana Cream soll das beste Haschisch der Welt sein – ein Kraut für die Götter.

PER ANHALTER IM HIMALAJA

ROCHSSARE

Wir sind auf dem Weg nach Shimla, eine von vielen sogenannten Hill Stations in den kühlen Bergen des indischen Bundesstaates Himachal Pradesh. Einst *summer capital* in Britisch-Indien, besuchen noch heute viele Einheimische die Stadt, um der schwülen Hitze der Ebene zu entfliehen. Überhaupt gehört Shimla mit der viktorianischen Architektur und dem milden Klima zu den beliebtesten Ausflugszielen im Norden Indiens. Doch noch sind wir weit entfernt. Im Nirgendwo der Berge, am Rand einer kurvigen, geröllreichen Straße beginnt eine Geschichte, die wohl nur in Indien erzählt werden kann. »Hattet ihr mal richtig Angst?«, fragt man uns oft. Ja, hatten wir!

In einer Haarnadelkurve in den dicht bewaldeten Bergen des Vorderen Himalajas warten wir auf eine Mitfahrgelegenheit. Neben uns türmen sich abgestürzte Felsen an einer grauen Steilwand auf. Steinschläge sind hier nichts Besonderes. Die anfällige Straße muss immer wieder ausgebessert werden. Der Verkehr rollt mäßig. Schmutzige Plastikflaschen, achtlos aus vorbeifahrenden Autos geworfen, gehören zur Kulisse. Staub und Sand wirbeln umher. In der Tiefe rauscht der schlammige Satluj, der aus Tibet kommend bis in den weit entfernten Punjab fließt. Allein der Blick in die Ferne, der Blick auf die dunklen Wälder entlang der Hänge, ist wunderschön.

Die meisten Autofahrer bemerken uns gar nicht. Ihre Konzentration gilt der schmalen Fahrbahn zwischen Abgrund und Felswand. Keine Ahnung, wie wir hierhergekommen sind. Nichtsdestotrotz halten wir jedem vorbeikommenden Fahrzeug ein Schild entgegen. Vielleicht wird es ja wahrgenommen. Doch die Sonne neigt sich bereits in westliche Richtung. Es ist viel zu spät, um ernsthaft auf eine Mitfahrgelegenheit zu hoffen. In wenigen Stunden setzt die Dämmerung ein, und dann ist niemand mehr in den Bergen unterwegs.

Als wir schon nicht mehr daran glauben, hält ein weißer Geländewagen; allerdings nicht für uns. Der Beifahrer möchte die zwei zotteligen Straßenhunde mit Schokokeksen füttern, die sich eilig und schwanzwedelnd aus meiner kekslosen Umarmung lösen und in seine Richtung scharwenzeln. Wir trotten zögerlich hinterher, stellen uns mit einem möglichst vertrauenswürdigen Lächeln vor, wechseln ein paar Worte, und siehe da: Shimla ist unser gemeinsames Ziel, und wir dürfen auf der Rückbank Platz nehmen. Das Fahrzeug ist geräumig. Vor uns sitzen nun Fahrer und Beifahrer mit den Namen Vishu und Vikrant. Beide sind etwa Anfang 30 und kommen aus Neu-Delhi. Aufstrebende junge Männer der Oberschicht. Reich und eloquent. Sie gehören zur neuen Generation, von der sich Indien eine goldene Zukunft erhofft. Ihre trainierten

Bizepse ragen aus Polohemden in kräftigen Farben, die ein wenig über dem Bauch des Wohlstands spannen. Wir kennen solche Typen. Schon etliche Male sind wir mit meist gut ausgebildeten, weltoffeneren und immer auch ein bisschen überheblichen Hauptstädtern mitgefahren. Es folgen die üblichen Fragen. Wo kommt ihr her, wo wollt ihr hin? Wie lange seid ihr schon in Indien? »Aha«, »ja, ja«, manchmal ein »wow«. Wir sind Profis im Reise-Small-Talk.

Bis nach Shimla sind es noch etwa 180 Kilometer – hier in den Bergen ein irrsinnig weiter Weg. Die enge Straße windet sich in vielen Biegungen um die Hänge des Gebirges. Herabstürzende Felsbrocken haben tiefe Löcher in den Asphalt geschlagen. Als wir nach etwa einem Drittel der Strecke in dem Dorf Rampur ankommen, ist die Sonne schon lange hinter den Bergen verschwunden.

Plötzlich ändert sich die Stimmung im Auto. Anspannung – dick, zäh und undurchdringlich – hängt in der Luft. Vishu öffnet die Fensterscheibe. Durch einen schmalen Spalt führt er Gespräche mit gesichtslosen Personen. Ihre Stimmen sind gedämpft, dunkel. Vom Raunen der Männer verstehen wir kein Wort, aber auch ohne Sprachkenntnisse ist klar, dass wir in etwas Illegales hineingeraten.

Der Geländewagen verlässt die Hauptstraße, biegt in enge, unbeleuchtete Gassen. »Wir müssen etwas erledigen«, lässt uns Vikrant wissen, als wir schließlich hinter der 27. Kurve in der verwinkelten Nachbarschaft anhalten. Und während Vishu schon auf der Straße steht, dreht Vikrant den Kopf noch einmal zu uns: »Was auch passiert, ihr verlasst auf keinen Fall das

Auto!« Der Tonfall ist so eindringlich wie der Blick, mit dem er uns fixiert. Vikrants Worte sind kein Rat, sondern ein Befehl. Dann öffnet er das Handschuhfach, zieht eine Pistole hervor und verschwindet ebenfalls. Das alles geht schneller, als wir es begreifen können. Vishu und Vikrant sind schon nicht mehr zu sehen.

Langsam drehen wir einander die Köpfe zu, schauen uns mit großen Augen an. FUCK! Doch unsere Münder bleiben stumm. Gebannt starren wir auf das Gebäude, in das die beiden Männer gerade hineinschlüpften. Es dauert nur wenige Minuten, da kommen sie eilig zurück. Beide springen fast zeitgleich ins Auto, wobei Vikrant weiterhin die Pistole fest umklammert hält. Noch bevor die Beifahrertür ins Schloss fällt, fahren wir davon. So schnell es die engen Gassen zulassen, machen wir uns aus dem Staub. Ich traue mich nicht, den Blick nach hinten zu werfen. Aber für den Fall eines Schusswechsels bin ich darauf vorbereitet, den Kopf einzuziehen.

Hastig verlassen wir Rampur. Die dunklen Gassen des Ortes bleiben zurück. Niemand spricht; auch dann nicht, als wir schon lange wieder auf der Straße nach Shimla sind. Wir sind diskret und ängstlich genug, um keine Fragen zu stellen. Und auch Vishu und Vikrant haben nicht vor, das gerade Geschehene zu thematisieren.

Drogendeal? Erpressung? Schlimmeres? Wir wissen es nicht.

Je weiter wir uns von Rampur entfernen, desto gelöster ist die Stimmung im Auto. Die Anspannung weicht Erleichterung und verwandelt sich schließlich geradezu in Euphorie – überzogene indische Euphorie. Vikrant dreht Musik auf, holt eine Flasche Schnaps aus dem Rucksack, baut einen Joint. Vishu ist hinterm Steuer zwar etwas zurückhaltender, aber auch er gerät in Ekstase. Gemeinsam grölen die beiden zu ohrenbetäubenden indischen Melodien. Im Überschwang wedelt die Pistole in Vikrants gestikulierender Hand auf und ab. Wir fühlen uns zunehmend unwohl, da fallen plötzlich Schüsse.

Vikrant feuert durch das offene Beifahrerfenster in die Dunkelheit. Sein begeistertes Lachen klingt in diesem Moment unberechenbar. Immer wieder kracht es, immer wieder zucke ich zusammen und hoffe, dass kein Mensch, kein Haus, kein Tier in die Schussbahn gerät. Wir haben schon viel Quatsch mitgemacht, aber das hier ist ernst. Wir spüren Gefahr.

Gerne würden wir aussteigen, aber mitten in der Nacht allein im Nirgendwo der kurvenreichen Berge zu stranden ist keine berauschende Vorstellung. Die Fluchtgedanken versanden, auch weil Vikrant und Vishu zu Geschichten aufgelegt sind. Sie erzählen von ihrer Jugend im Eliteinternat in Shimla, von Gangs und Drogenabhängigkeit in jungen Jahren.

»Mit acht Jahren habe ich das erste Mal gekokst und mit 13 habe ich meine erste Bande angeführt«, berichtet Vikrant stolz. Kokainkuriere, später Dealer. »Aber das ist lange her«, fügt er hinzu. Die wilde Zeit ist vorbei. Seit vier Jahren sei er sauber, größtenteils jedenfalls. Ab und zu mal einen Joint, mehr brauche er nicht.

Langsam gleiten wir durch die Nacht. Die Schüsse aus dem Fenster verstummen, auch die Musik wird leiser. Seit acht Stunden sitzen wir bereits gemeinsam im Auto. Es ist weit nach Mitternacht, als in der Ferne für einen Moment die Lichtglocke über Shimla in der Dunkelheit auftaucht.

»Um diese Zeit bekommt ihr kein Zimmer mehr«, lassen uns Vikrant und Vishu wissen. »Die Hotels sind alle geschlossen.« Sehr wahrscheinlich haben sie recht.

Gleichgültig vor Müdigkeit nehmen wir das Angebot der beiden an, die Nacht im Haus ihrer Freunde zu verbringen, in dem auch sie unterkommen werden. Doch die Entscheidung bereuen wir schon wenige Augenblicke später. Noch etliche Kilometer vor Shimla biegen wir auf eine Nebenstraße, die mitten in den Wald hineinführt. Unser Ziel läge etwas abseits, erfahren wir beiläufig. Doch je weiter wir in den Wald fahren, desto unbehaglicher rumort es in mir. Ein flaues Gefühl kriecht meinen Rachen hinauf und nistet sich in meinem Kopf ein. Wir fahren durch stockfinsteren Wald. Da ist kein einziges Haus, keine Lichtquelle, kein Mensch, dem wir begegnen. Ungewöhnlich für Indien. Die Musik im Auto verstummt. Zähes Schweigen liegt wie ein schwerer Mantel über uns. Minuten vergehen, und die Last der Stille wird immer schwerer. Ich bin mir sicher, dass hier kein Haus auftauchen wird.

Vikrant, noch immer die Pistole in der Hand, bricht das Schweigen. »Wisst ihr«, fängt er an, »in Indien gibt es keine Gesetze. Wenn du Geld hast, hast du Macht. Wenn du die richtigen Leute kennst, gelten die Gesetze nicht für dich. Du kannst jedes Problem mit Geld lösen, jeden bestechen. Ich könnte euch beiden in den Kopf schießen. Nichts würde mir passieren.« Dabei deutet er mit dem Kinn auf die Waffe in seiner Hand. Sein Gesicht trägt kein Lächeln, das die Worte als Scherz enttarnen könnte. Ich schaudere. Plötzlich ist meine Kehle staubtrocken.

Wir fahren immer tiefer in den Wald hinein, immer tiefer in die Einsamkeit der Nacht. Kein Haus, kein Licht, kein Mensch. Ich bin mir sicher, dass wir diese Fahrt nicht überleben. Für mich ist es eindeutig: Am Ende der Straße, irgendwo im dunklen Wald, werden wir exekutiert. Das war von Anfang an der Plan. Oder vielleicht auch nur eine spontane Idee. Was weiß ich, was in so einem (Ex-)Gangster-(Ex-)Drogen-Gehirn vorgeht. Hier endet unsere Reise, endet unser Leben – erschossen in den Bergen Indiens. Einfach so. Zack, vorbei. Einfach, weil die beiden Männer es können. Weil sie Macht haben. Weil sie keine Konsequenzen fürchten müssen. Vishu und Vikrant aus der Oberschicht, die Elite Indiens.

Ich merke erstaunt, wie rational mein Kopf in diesem Moment arbeitet. Fatalismus pur. Wie schnell ich mich doch mit dem Tod abgefunden habe. Jetzt eine hysterische Szene machen: schreien, brüllen, streiten, aus dem fahrenden Auto springen? Versuchen, die etlichen Kilometer zurück durch den Wald an die Straße zu laufen? Schneller als das Auto, schneller als das Projektil aus der Pistole? Nein. Was würde es bringen? Am Ende sind wir tot, da kann ich auch sitzen bleiben und noch ein paar Minuten länger atmen. War doch eigentlich ganz schön bisher, dieses Leben.

Meine Augen suchen die von Morten, nur um sicherzugehen, dass auch in ihnen Unbehagen und Angst zu sehen sind. Ich blicke wieder nach vorne. Noch immer rollen wir auf der schmalen Piste durch die Dunkelheit. Die letzten Minuten im Leben habe ich mir schlimmer vorgestellt.

Und dann, in der Klarheit des Unvermeidlichen, sehe ich einen Lichtschein zwischen den Bäumen hervorbrechen. »Gleich sind wir da«, lacht Vishu und deutet auf das Haus, dessen Umrisse nun immer deutlicher hervortreten. Mir ist nicht nach Lachen zumute. Überhaupt bin ich zu keinen Emotionen fähig. Meine Brust ist eingeschnürt von unsichtbaren Ketten, der Ballast des Unausweichlichen liegt auf ihr. Als wir langsam auf das Haus zufahren, steht bereits ein Mann in der Eingangstür. Ein dritter Mann ist in meinem Kopf nur ein dritter Täter. Doch als das Auto in der Auffahrt zum Stehen kommt, gesellt sich eine weibliche Gestalt zu der Silhouette des Mannes. Und jetzt macht mein Herz einen Hüpfer. Ich atme tief ein und dann lange aus. Der dicke Klotz der Anspannung springt von meiner Brust.

Die Anwesenheit der Frau ändert alles, macht aus den potenziellen Mördern und Vergewaltigern Brüder, Söhne, Ehemänner. Kaum betreten wir das Haus, sind meine Ängste wie weggeblasen; die dunklen Vorahnungen, das Unbehagen ganz plötzlich lächerlich und grundlos. Mit herzlicher Wärme werden wir empfangen. Vikrant hilft mit unserem Gepäck. Wir bekommen ein eigenes Zimmer mit angeschlossenem Bad, essen gemeinsam zu Abend. Obwohl es schon ein Uhr morgens ist, trinken wir Old Monk, den guten indischen Rum, sprechen über Politik, Gesellschaft und das facettenreiche Leben in Indien.

Am nächsten Morgen laden uns Vikrant und Vishu zum Frühstück in Shimla ein. Es ist das erste Puri Sabzi im wiedergewon-

67

nenen Leben, und dazu gibt es ein großes Glas Chai. Danach trennen sich unsere Wege. Vikrant und Vishu setzen ihre Reise nach Neu-Delhi fort. Wir bleiben zurück, noch immer aufgewühlt und auf merkwürdige Art froh über das Leben.

KURIOSES AUS INDIEN: IT'S NEVER TOO DARK TO BE COOL

Indische Männer stehen auf Pilotenbrillen mit dünnem Goldrand, für sie gibt es nichts Cooleres. Wenn jemand ein Selfie machen möchte und gerade nicht ausgestattet ist, helfen sie sich gern gegenseitig aus der Patsche und reichen die Sonnenbrille einfach an ihre Freunde weiter. Vor jedem Foto streichen sie noch einmal großzügig mit der rechten Hand über die Haare, um die Frisur in einem idealen Zustand zu wissen. So entstehen die schönsten Boy-Group-Fotos im Stil der 1990er-Jahre.

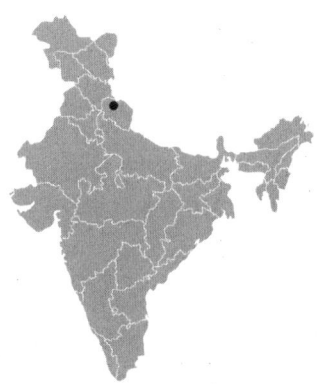

GANGOTRI UND DIE
QUELLE DES GANGES

ROCHSSARE

Seit zwei Monaten trampen wir bereits durch Indiens Bergwelt. Serpentinen sind wir gewohnt, aber unterwegs nach Gangotri verwandeln sich die ohnehin abgenutzten Straßen in schadenfrohe Buckelpisten. Eine Ansammlung von Kratern und Schlaglöchern, geformt von immer wiederkehrenden Regengüssen, Schlammlawinen und Erdrutschen, erschwert die Reise. Niemand ist hier unterwegs, und wenn doch, dann ausgesprochen langsam. So reisen wir durch die bergige Landschaft, in der wildes Marihuana bis dicht an die Straße wächst.

Unsere Mitfahrgelegenheiten sind im Außendienst. Telekommunikationsdienstleister. In der Siedlung Mori steigen wir zu Nakhol ins Auto. Der Anfang-20-Jährige ist mit einem Angestellten der Firma seines Vaters unterwegs. Es ist nicht ganz klar, in welchem Auftrag. Nakhol scheint es selbst nicht genau zu wissen. Ihn interessiert der Rausch. »Ich kiffe nicht mehr täglich, weil mein Gedächtnis zu schlecht geworden ist«, erklärt er, und dennoch machen wir alle zwei bis drei Stunden

69

Pause für einen Joint. Anderthalb Tage sind wir gemeinsam unterwegs. In dieser Zeit werden Nakhol die Rupien ausgehen, und weil er die Geheimzahl für seine Geldkarte vergessen hat, wird sein Vater einem Kioskbesitzer online Geld überweisen, damit dieser ihm Bargeld auszahlen kann. Die letzten der knapp 450 Kilometer auf dem Weg von Shimla nach Gangotri werden zur Geduldsprobe. Wir benötigen insgesamt fünf volle Tage.

Angekommen auf 3042 Höhenmetern, ist es schweinekalt. Gut, das hätten wir vorhersehen können. Was wir dagegen nicht vorhersehen konnten, sind diese düsteren stahlgrauen Wolken, die seit zwei langen Tagen nasskalte Regenschauer über den kleinen Ort Gangotri ausschütten. Unsere Herberge ist indisch einfach, was so viel bedeutet wie ein Bett, ein Stuhl, eine nackte Glühbirne. Sonst nichts. Keine Heizung, kein Ofen, kein warmes Wasser. Momentan nicht einmal Strom. Gangotri ist nicht an das landesweite Netz angeschlossen. Elektrizität liefern hier nur Generatoren, und die laufen erst am Abend. Wir befinden uns irgendwo zwischen den Gipfeln des Himalajas im indischen Bundesstaat Uttarakhand, weit weg von Komfort und Annehmlichkeiten. Zeit für Gedanken.

Für die Hindus besitzt Gangotri große Bedeutung. Der Ort ist Ausgangspunkt für eine Wanderung zur Quelle des heiligen Ganges und Teil des Pilgerweges Chota Char Dham, der vier sagenumwobene Tempel in den Bergen Uttarakhands verbindet. Ausländische Touristen finden dagegen nur selten den mühsamen Weg nach Gangotri. Wen wundert's: Der Ort ist winzig; liegt am Ende einer Sackgasse. Nicht einmal eine Handvoll Pkws stehen auf dem Parkplatz am Ortseingang. Dahinter führt die einzige Straße als Fußgängerzone durch das Dorf.

Billige Restaurants, in denen Linsen, Reis und Instantnudeln verkauft werden, reihen sich neben Gasthäuser, von denen die besseren noch das Prädikat Absteige verdienen. Dazwischen schummeln sich Dutzende Verschläge, in denen Devotionalien verkauft werden – orangefarbene Kleidung und Tücher, metallene Krüge, Gebetsketten aus den Samen des Rudraksha-Baumes, Plastikkanister in verschiedenen Größen, Abbilder des Gottes Shiva. Ein paar wenige Männer sitzen vor dem Gerümpel. Ihre Mienen selig, trotz der grauen Tage. Es riecht nach süßlichem Charas. Etwas mehr als 100 Personen sollen in Gangotri leben; wir zählen 14. Mehr gibt der Ort nicht her. Auch nicht an dem unscheinbaren weißen Ganga-Tempel am hinteren Ende des Dorfes, einem der wichtigsten Heiligtümer im Hinduismus. Überhaupt ist hier in Gangotri alles heilig. Darum ist auch Alkohol verboten, und weil der Hinduismus traditionell vegetarischen Ernährungsgrundsätzen folgt, gibt es hier auch kein Fleisch, nicht mal Eier.

Auch wir sind wohl hier, um so etwas wie Erleuchtung zu suchen. Von Gangotri sind es nur noch 18 Kilometer Fußweg bis nach Gaumukh, an die Quelle des Ganges: eine Tageswanderung zum Gangotri-Gletscher, wo die Fluten des Ganges ins Freie treten und der heilige Fluss seinen Lauf nimmt. Doch noch müssen wir uns gedulden. Solange es regnet, bekommen wir keine Genehmigung, den Gangotri-Nationalpark zu betreten; und ohne Genehmigung keine heilige Quelle. Also essen wir Linsen, Reis und Okra-Curry in einem der Restaurants und machen uns auf den Weg zurück in unser spartanisches Zimmer.

Ein paar Sadhus kreuzen unseren Weg. Die heiligen Männer Indiens wandern mittellos und meditierend über den gesamten Subkontinent, von einer heiligen Stätte zur nächsten. Immer unterwegs vom Himalaja bis an den Indischen Ozean, von Gangotri und Haridwar im Norden über Varanasi, die Mutter aller Städte, bis nach Tiruvannamalai im südindischen Bundesstaat Tamil Nadu. Sadhus verschreiben sich traditionell der Spiritualität, leben allein, praktizieren religiöse Lehren und werden für diesen Einsatz von der hinduistischen Gesellschaft geachtet und verehrt. Hier in Gangotri sitzen sie mit ihren langen orangefarbenen Roben auf Bänken und lassen ein Schillum kreisen. Die alten Männer sind Asketen, Yogis, Kiffer. Sie sind aber auch Scharlatane und Geschichtenerzähler, die ausschließlich von Spenden leben. Für manche klingt das verlockender als die eigentliche spirituelle Aufgabe, und nicht jeder Sadhu fühlt sich der Mittellosigkeit verpflichtet. Weiße Bärte rauschen um die Gesichter der Männer, das verfilzte Haar sitzt in schweren Knoten auf ihren Köpfen, rot geäderte Augen blicken leicht glasig in die verregnete Langeweile des Tages. Einer erzählt, dass er gerade für drei Jahre in einer Höhle meditiert hätte, ohne ein einziges Wort zu sprechen. Wir glauben ihm kein Wort. Dafür duftet das Charas in seinem Schillum zu betörend.

Das würde auch Shiva, dem größten Pothead in der hinduistischen Mythologie, gefallen. Von Natur aus ein ziemlich übellauniger Gott, der gerne mal seinem Sohn den Kopf abreißt, macht er auch sonst in wütender Manier so einiges kaputt. Nicht auszudenken, wie es um die Welt stünde, wenn er nicht eines Tages im Himalaja zufällig die beruhigende Wirkung der Cannabispflanze für sich entdeckt hätte. Seitdem gilt er als der größte Kiffer überhaupt. Und weil er ein Gott ist, dürfen auch seine Anhänger, so sie sich vollständig dem religiösen Leben verschreiben, kiffen, was das Zeug hält – ganz legal. Die Sadhus, auch respektvoll Babas genannt, besitzen als Bettelmönche nur, was sie am Leib tragen – und von irgendwoher immer das feinste Charas. In Gangotri und vor allem in Gaumukh, an der heiligen Quelle des Ganges, kommen sie Shiva besonders nah – denn hier rettete Shiva uns alle vor dem Untergang. Die hinduistische Mythologie erzählt viele Geschichten, die man sich nur im Rausch ausdenken kann. Eine davon geht etwa so: Der Strom des ewigen Lebens, die Göttin Ganga, soll vom Himmel auf die Erde fließen. Ihre gewaltige Kraft droht jedoch beim Aufprall auf die Erde selbige komplett zu vernichten. Also springt Shiva ein. Mächtig wie er ist, federt er den Aufprall der Wassermassen mit seinen Locken ab. Der Strom fließt durch sein Haar und gleitet sanft in sieben verschiedene Richtungen auf die Erde herab. So entstehen die sieben heiligen Flüsse des Hinduismus. Hier am Gangotri-Gletscher sollen die Fluten Gangas aus Shivas Haarpracht zuerst auf die Erde geströmt sein.

Der Ganges, die Hindus nennen ihn wie die namengebende Göttin Ganga, fließt nun aus den Bergen und durch die nordindische Ebene bis in den Golf von Bengalen. Er ist die wichtigste Lebensader Indiens. An seinem Ufer wächst seit Jahrtausenden, sehr zur Freude Shivas und seiner Anhänger, *Cannabis indica* – das Gras mit dem höchsten natürlichen THC-Gehalt. Lange rauchen die Gläubigen ihr potentes Gras allein in Indien. Doch dann endet in Amerika die Sklaverei, und weil die ehemaligen Sklaven auch gegen Bezahlung nicht mehr auf den Plantagen schuften wollen, werden billige Arbeitskräfte aus Indien in die Karibik verfrachtet. Mit ihnen gelangt auch das *Cannabis indica* in die Region. Die Neuankömmlinge nennen es in Anlehnung an die Herkunft Ganga. Ihre Nachbarn, vor allem auf Jamaika, übernehmen den Ausdruck – beinahe korrekt. Aus Ganga wird Ganja, und was folgt, ist eine Erfolgsgeschichte. Das Gras des Ganges verbreitet sich von hier über die ganze Welt – *quality approved by Shiva*.

In Gangotri dringen am dritten Tag endlich Sonnenstrahlen durch das Wolkendickicht. Der Weg ist nun frei, und mit unserem Zelt und ausreichend Proviant ausgestattet, machen wir uns auf zur Quelle des Ganges. Hinter dem kleinen Ort wird es malerisch. Plötzlich sind die Tage des Wartens nur noch eine blasse Erinnerung. Eingebettet in die schneebedeckten, funkelnden Gipfel des Himalajas, wandern wir über einen schmalen Pfad immer entlang des Ganges durch einen wundervollen Wald. Himalaja-Zedern und Kiefern ragen in saftigem Grün empor. Die Bäume spenden wohltuenden Schatten, denn in der Höhe brennt die Sonne aggressiv. War es in den letzten Tagen so unangenehm kalt, dass wir uns kaum aus dem Bett wagten, wird es nun immer heißer. Dann, nach etwa einer Stunde, endet der Wald, und vor uns liegt das schmale, felsige Tal des Flusses, umringt vom gezackten Fels des Gebirges. Irgendwo rauscht ein Wasserfall über einen Abgrund. Gewaltige, erhabene Natur breitet sich aus. Hier oben tragen wir ein breites Grinsen zur Schau. Wahrscheinlich sind wir einfach naturstoned, denn die Luft ist dünn und eisig klar. In unseren Köpfen ist daher wenig los. Wir spüren die Weite unter der Schädeldecke. Auf über 3000 Höhenmetern verschwinden alle Gedanken. Spontane Meditation setzt ein, und mit ihr kommt der innere Frieden. Plötzlich ist nichts mehr wichtig. Der stetig bergauf führende Pfad ist das Einzige, was zählt.

Sechs Stunden marschieren wir über allerlei Geröll bis zum Camp Bhojbasa. Hier steht kein einziger Baum mehr, dafür ist es zu kalt, zu hoch, zu unwirtlich. Den Mittelpunkt des Camps bildet ein grob zusammengezimmertes Restaurant mit einem einzigen Gericht auf der Karte. Ein paar feuchte Zelte mit ebenso feuchten Decken darin dienen als Unterkunft. Einige junge Männer in Camouflage spielen auf der Ebene Kricket. Bis nach Tibet und China ist es nicht weit. Die heilige Mutter Ganga rauscht hier gurgelnd und speiend an der Graskante vorbei und führt schon so viel Sediment mit sich, dass sie bereits braun und grau gefärbt ist.

Mittlerweile schieben sich wieder dichte Wolken durch das Tal, verdecken die steil aufragenden Gipfel. Am Ufer kochen wir Pasta mit eiskaltem, heiligem Wasser aus dem Fluss und kriechen in unsere Schlafsäcke. Die Nacht ist frostig, aber immerhin blinzelt am nächsten Morgen die Sonne von einem strahlend blauen Himmel herab. Die Wolken haben sich aufgelöst, und vor uns erstreckt sich eine Landschaft aus Stein,

Geröll und Eis. Dort, wo sich etwas Erde ansammelt, wachsen Gräser und lila leuchtende Blumen. Ein alter Sadhu wandert barfuß an uns vorbei. Lediglich drei Tücher sind lässig um seinen Körper geworfen. Das lichte, lange Haar hält ein Knoten an seinem Hinterkopf. Wir folgen ihm. Bis nach Gaumukh, bis zur Quelle des Ganges sind es noch vier Kilometer. Die dünne Luft macht uns zu schaffen, und während der Sadhu geschmeidig wie ein junges Reh über den Pfad läuft, krebsen wir langsam hinterher, überqueren ächzend Wasserläufe, die aus den Bergen bis in den heiligen Fluss schnellen.

Eine Stunde später sehen wir den Sadhu vor einem niedrigen, aus losen Steinen zusammengesetzten Tempel wieder. Im Schneidersitz murmelt er monotone Mantras vor sich hin. Eine kleine Glocke hängt vor dem mit Gebetsfahnen geschmückten Schrein. Durch ihr Läuten kündigen sich die Pilger und alle anderen Besucher bei Shiva an, denn ihm gehört seit der Ankunft des Ganges auf der Erde alles Land in der Umgebung. Wir sind seine Gäste, und während wir die Glocke zum Klingen bringen, taucht der Sadhu erst seine Tücher und dann sich selbst in die eiskalten Fluten ganz in der Nähe. Für Hindus ist die Waschung im Ganges ein festes Ritual. Sie glauben daran, mit dem Wasser des ewigen Lebens alle Sünden abwaschen zu können, sowohl den Körper als auch die Seele zu reinigen. Das Ufer ist hier bereits mit stattlichen Felsen bedeckt. In einer sandigen Nische lassen wir uns nieder. Der Gangotri-Gletscher, der zu den größten Gletschern des Himalajas gehört, liegt genau vor uns. Aus der Öffnung unter dem Eis tritt der Ganges mit lautem Getöse an die Erdoberfläche. Hier ist das Wasser rau, es gurgelt und sprudelt, zieht dahin in der Geschwindigkeit eines Gejagten – bloß schnell weg.

Auf den ersten 20 Kilometern ist das Wasser des Ganges so rein wie nirgendwo sonst in seinem weiteren Verlauf. Und das wollen wir nutzen. Schuhe aus, Hose runter, aber für einen Sprung hinein fehlt uns der Mut. Zu kalt ist es, als dass wir mehr wagen würden, als zitternd bis zu den Waden im heiligen Nass zu stehen und ein paar Tropfen über Gesicht und Oberkörper zu werfen. Das muss zur spirituellen Reinigung reichen.

Auf dem Rückweg nach Gangotri drückt sich die atemberaubende Natur mit aller Kraft in unser Bewusstsein. Nie haben wir so leuchtende Farben gesehen: So unnachahmlich grün strahlt die Vegetation, so unwiderstehlich blau leuchtet der Himmel, selbst das Braungrau des brausenden Flusses wirkt magisch. Unterwegs treffen wir Bergziegen, die behände von einem Felsvorsprung zum anderen klettern. Auch einige junge Pilger kommen uns entgegen. Zwischen ihnen kreist ein Joint. Voll ausgestattet in orangefarbenes Shiva-Merchandise, wandern auch sie bis nach Gaumukh. Prächtig sehen sie aus mit ihren Anglerhüten und Wanderstöcken. Wenn in ihren Taschen auch ein wenig Charas für Shiva lagert, heißt er sie sicher herzlich willkommen.

BEATLES UND BHANG
IN RISHIKESH

MORTEN

Vom Gangotri-Gletscher schlängelt sich der Ganges durch den Himalaja. Immer tiefer hinab strömt er, bis er aus dem Gebirge tritt und die nordindische Ebene erreicht. Hier, am Fuß der Berge, liegt Rishikesh, das wir auf der Ladefläche eines Pick-ups erreichen. Der heilige Fluss trennt die Stadt in zwei sehr ungleiche Teile. Am westlichen Ufer befindet sich das chaotische, das laute, schmutzige, armselige Rishikesh. Wer als Besucher kommt, verbringt hier wenig bis gar keine Zeit, ahnt oft nicht einmal, dass dieser Teil der Stadt überhaupt existiert. Stattdessen macht man es sich am überschaubaren östlichen Ufer bequem. Dort, wo Spiritualität, Esoterik und Bewusstseinserweiterung zu Hause sind.

Zwei Brücken, Lakshman Jhula und Ram Jhula, führen über den heiligen Ganges, von Dreck und Abgasen hinüber in Gassen, vollgestopft mit Heilsversprechen und Glückseligkeitsbeteuerungen. Achtsamkeits- und Meditationsgelübde schwingen in der Luft. Die Welt rückt hier ein Stück näher ans Nirwana. Wie in Gangotri ist auch in Rishikesh alles heilig. Die Tempel, die Meditationszentren, die Klöster, die Kühe, die ärmlich gekleideten Männer auf der Suche nach Erleuchtung. Yoga soll in der Gegend entstanden sein. Und weil das so ist, haben sich hier Dutzende Yogaschulen mit noch mehr Yogis angesiedelt. Rishikesh gilt deshalb auch als Welthauptstadt des Yogas. Hippies aus aller Welt fühlen sich hier zu Hause. Gekleidet in weite Leinen- und bunte Batikfetzen schlendern die Barfüßigen, Langhaarigen, kunstvoll Tätowierten vorbei an Restaurants und Gasthäusern, Massagestudios und Hinterzimmern, in denen allerlei Spiritualität, Esoterik und auch der eine oder andere Hokuspokus angeboten wird. Kleine Notizen, oft handgemalt, kleben überall in der Stadt und werben für Reiki und Lachmeditation, Tantra, Yoga, ayurvedische Behandlungen, Gruppenkuscheln. Wer nach Rishikesh kommt, ist häufig auf der Suche – nach Wahrheit, Erleuchtung, Lebenssinn. Die Selbstfindung ist daher ein riesiges Geschäft. Die Hälfte der Menschen hier sind Touristen, die andere Hälfte lebt von ihnen.

Dabei sind es nicht nur Westler, die Rishikesh in den Bann zieht. Auch viele Einheimische strömen aus allen Landesteilen hierher. Für angehende Yogalehrer gibt es keine größere Ehre als ein Abschlusszertifikat, ausgestellt von einer Yogaschule in Rishikesh. Doch die Inder sind noch aus einem anderen Grund von Rishikesh angetan. Schon die uralten Legenden des hinduistischen Heldenepos Ramayana erwähnen die Stadt. Auch deshalb gilt Rishikesh als besonders spirituell. Es heißt, wer hier meditiert und anschließend im Ganges badet, kann aus dem betrüblichen Kreis der Wiedergeburt ausbrechen. In Rishikesh ist man sozusagen auf der Überholspur, mit Vollgas vorbei an Leid und Elend hin zu höheren Sphären.

Vor über 50 Jahren tauchte Rishikesh das erste Mal publikumswirksam auf der Weltkarte auf. Damals, im Februar 1968, verbrachten die Beatles einige Wochen im Maharishi Aschram. Das volle Programm: Meditation, Yoga, Texteschreiben. Hier konzipierten sie ihr legendäres *White Album* und schrieben den Großteil der darauf veröffentlichten Lieder. Die Beatles, getrieben vom weltweiten Ruhm, suchten eine Auszeit, suchten den inneren Frieden. George und John waren tief drin in der Meditation. Ringo hatte Magenprobleme und ernährte sich über Wochen hauptsächlich von Baked Beans, die er aus England mitgebracht hatte. Paul war ein wenig skeptisch.

Die Beatles haben es vorgemacht, und nach ihnen kamen Tausende andere. Der mittlerweile ungenutzte Maharishi Aschram ist heute Anlaufpunkt für viele Fans der Band. Ein Schrein der Popmusik. Auf dem bewaldeten Gelände stehen noch immer die verwitterten, mit Moosen bewachsenen kuppelartigen Wohn- und Meditationsräume, in denen die Beatles mit ihren Begleitern für einige Wochen lebten. In einer großen leeren Halle, versteckt zwischen wuchernden Farnen und Sträuchern, zieren gezeichnete Porträts der vier Musiker und allerlei Graffitis und Kalenderweisheiten die Wände.

Im Stadtbild von Rishikesh spielen die Beatles erstaunlicherweise keine Rolle. Hier hat man sich vor allem auf spirituelle Wahrheiten eingestellt. Wir sitzen am Ufer und schauen dem Wasser des heiligen Ganges hinterher. Neben uns stützt eine drahtige Blondine die rechte Fußsohle am linken Oberschenkel ab, während sie beide Handflächen über dem Kopf zusammendrückt. Etwas weiter entfernt meditiert ein junger Mann im Lotussitz, den wir neidlos als perfekt anerkennen.

Das spirituelle und religiöse Wahrzeichen Rishikeshs ist der Trayambakeshwar-Tempel, ein 13-stöckiger, orangefarbener Bau flussaufwärts, in der Nähe der Lakshman Jhula. In seinem Inneren beherbergt er beinahe das gesamte indische Pantheon. Weit oben befindet sich ein Lingam, ein stilisierter Phallus, das geheiligte Symbol Shivas. Daneben fließt der Ganges eiskalt und reißend durch den Ort. An seinem Ufer werden Green Smoothies geschlürft. Hier begegnen wir wieder den Sadhus, den heiligen Männern Indiens. In Rishikesh nehmen sie ihre religiöse Praxis besonders ernst; jeder von ihnen ist stoned.

Am Swarg Aschram, einem großen Tempelareal, laufen wir durch einen bunten, mit Devotionalien vollgepackten Markt. Der Geruch von Räucherstäbchen hängt schwer in der Luft. Auf den Straßen liegt Kuhdung, in den Regalen die verschiedensten religiös-spirituellen Gebrauchsgegenstände. Bettelschalen, Gebetsketten, orangefarbene Tücher und Taschen – ein Einsteiger-Set fürs Heiligsein.

In einem kleinen Lokal am Straßenrand bestellen wir Lassi. Speziell soll er sein, lassen wir den Verkäufer noch wissen, und bitte *extra strong*. Er antwortet mit einem verschwörerischen Grinsen unter seinem wackelnden Schnurrbart. Das Spezielle ist das Bhang, getrocknete Blätter und Blüten der weiblichen Hanfpflanze. Bhang Lassi ist ein Cannabis-Milchshake; grünliches, cremiges Zeug. Im Hinduismus wird Bhang häufig während religiöser Feste verwendet, wenn die Gläubigen Shiva näherkommen wollen. Das Kraut hat eine lange Tradition und wird deswegen in Rishikesh, aber auch in anderen heiligen Orten Indiens ganz legal verkauft. Wir trinken den ersten Schluck und leeren die Gläser mit einem zweiten. Als wir uns vom Wirt verabschieden, ist sein Lächeln noch etwas breiter geworden.

Ganze Familien von Hanuman-Languren hängen in den Bäumen und auf Mauersimsen. Der Nachwuchs krallt sich ins Bauchfell seiner Mütter, lässt sich kopfüber in der Gegend herumtragen. Ein paar Jungtiere toben hyperaktiv über die Wellblechdächer der umstehenden Gebäude. Auf der Straße kommen uns drei indische Touristen in gestreiftem Polohemd und Pilotenbrille entgegen. Sie knabbern an gerösteten Maiskolben und erregen damit Aufmerksamkeit. Die Affen in Rishikesh sind Profis, und diese Gelegenheiten lassen sie sich nicht entgehen. Schon läuft eines der größeren Tiere mit schnellen Schritten auf die Inder zu, die, ganz erschrocken und unisono, ihre drei Maiskolben fallen lassen und das Weite suchen. Es ist ein voller Erfolg und ein Festmahl für die Affenbande.

Die Szene bringt uns zum Lachen, aber vielleicht arbeitet auch bereits das Bhang in unseren Körpern. Was wir auch beobachten, es gefällt. Ein paar Meter weiter sitzen etwa zwei Dutzend Sadhus in einer Reihe. Harzig duftende Rauchschwaden ziehen von ihnen herüber. Ihr Lachen ist ansteckend, und breit grinsend grüßen wir jeden einzelnen: »*Namaste, Baba-Ji.*«

Dann gelangen wir erneut zum Ufer des Ganges. Die Sonne schickt sich an, tiefrot hinter dem Horizont zu versinken. Menschenmassen strömen zu den Ghats, den steinernen Stufen, die bis an die eisigen Fluten des Flusses führen. Es ist Zeit für die Ganga Aarti, eine allabendlich stattfindende Zeremonie, in der brennendes Licht der Flussgöttin Ganga dargeboten wird. Dazu erklingt ein uraltes Lied, das überall am Ganges gesungen wird. Es handelt natürlich von der Liebe. Auf den Stufen versammeln sich Hunderte Einheimische und Touristen. Da sind Mütter und Kinder, Bettler und Heilige, Gurus und Schüler, Suchende und Gestrandete, Hippies und Heimatlose. Sie alle kommen zusammen, um dem Fluss, der Natur, dem Miteinander Respekt zu erweisen. Mittendrin in dieser bunten Veranstaltung stehen wir und staunen. Am Rand der Zeremonie hocken Frauen auf dem Boden, die handtellergroße, aus Palmenblättern geflochtene Körbchen verkaufen. Geschmückt mit Blüten, Kerzen und Räucherstäbchen werden die winzigen Flöße andächtig dem Ganges übergeben, der sie in seiner dahinrasenden Flucht mit sich reißt.

Die Sterne leuchten bereits über der Stadt, als wir durch die Gassen zurückschlendern. Wir sind noch immer zutiefst selig und bereit für einen ausgiebigen Schlaf. Am nächsten Morgen benebelt das Bhang noch immer unsere Köpfe. Nicht unangenehm, nur so, als steckten sie in einer dichten Wolke. Nebel zieht auch über den Ganges, hüllt den heiligen Fluss in morgendliche Mystik. Ein Langurenpaar kopuliert auf dem Dach gegenüber. Dahinter erheben sich die ersten grün bewaldeten Höhen des Himalajas. Jetzt am frühen Morgen sind die Straßen beinahe leer. Nur ein kleiner Chai-Shop verkauft bereits dampfenden Milchtee aus einem riesigen Kessel. Er hat die perfekte

Lage. Von hier können wir auf den rauschenden Ganges und die Straße schauen, die sich langsam belebt. Die ersten Yogamatten werden geschultert, meditativer Gesang klingt aus den Lautsprechern der Tempel herüber. Zwei Sadhus steigen mit ihren wallenden Tüchern bis zur Hüfte in den Fluss, nehmen ihre rituellen Waschungen vor. Die ersten Meditationsklassen enden, die Gurus geben ihren Schülern Anweisungen zur spirituellen Übung mit in den Tag.

Der Teeverkäufer hält den Stummel einer Bidi in seinem Mundwinkel, und auch wir fingern zwei der indischen Arbeiterzigaretten aus ihrer Zeitungsummantelung und rauchen sie zum morgendlichen Chai. Unsere Blicke gehen hinaus auf den Fluss und die Menschen, die nun in immer größerer Zahl am Chai-Shop vorbeiströmen. Das Feuerzeug klickt, wir inhalieren tief und bereiten uns mental darauf vor, in wenigen Minuten verrückt zu spielen. Wir haben uns für einen Meditationskurs angemeldet. Nicht für irgendeinen, sondern für Oshos dynamische Meditation.

Wir sind die einzigen Teilnehmer in einem riesigen Raum. Vor uns steht ein winziger Guru. Ohne Umschweife legen wir los. Es geht ums Schnaufen, Springen, Schreien, Lachen, Tanzen, Armwedeln. All das soll angeblich zur Beruhigung des Geistes beitragen. Volle Kraft für innere Einkehr. Eine Stunde hüpfen und hecheln wir wie besessen durch den Raum, brüllen, bis die Lungen schmerzen, und sind froh, dass außer dem Guru niemand da ist, der uns dabei zusieht. Tatsächlich sind wir nach der einstündigen Übung wesentlich ruhiger, ausgeglichen wie nach einem langen Waldlauf. Dann stehen wir wieder auf Rishikeshs Straßen. Wir gönnen uns einen weiteren Bhang Lassi und warten mit innerer Stille und glückseligem Lächeln auf die Ganga Aarti am Abend.

KURIOSES AUS INDIEN: GOLD

In Indien lagern rund 20 000 Tonnen Gold in Privathaushalten mit einem Wert von mehreren Billionen US-Dollar. Der zu Schmuck verarbeitete Rohstoff kommt vor allem bei indischen Hochzeiten zum Vorschein. Es ist Brauch, dass die Eltern der Braut der Familie des Bräutigams Unmengen Schmuck schenken. Offiziell ist die Mitgift in Indien zwar verboten, jedoch wird diese Tradition noch immer mit großen Gesten vollzogen.

AGRA UND DER TAJ MAHAL

MORTEN

Mit zwei jungen Männern aus Neu-Delhi erreichen wir Agra an einem heißen Freitag. Die beiden wollen den Taj Mahal besuchen. Es ist bereits ihr zweiter Versuch, und wieder endet er mit dem gleichen unbefriedigenden Ergebnis. Der Taj Mahal ist geschlossen, wie jeden Freitag. Auch heute kehren die beiden unverrichteter Dinge in die indische Hauptstadt zurück, jedoch nicht ohne uns zur Mittagszeit aus ihrer klimatisierten Karosserie wortreich zu verabschieden.

Unsere Rucksäcke wiegen schwer, drücken uns in gebeugte Posen. Rikscha-Wallahs klingeln mit ihren klapprigen Rädern an uns vorbei. Von der anderen Seite schaukeln Kamelkutschen heran. Gemächlich wiegen die Tiere ihre Schritte über den Asphalt. Unter den großen Nüstern bewegt sich ein schlabberiges Kinn in ständiger Kaubewegung. Lange Wimpern zieren einen verträumten Blick. Dazu das indische Nasenpiercing, das Frauen tragen, wenn sie verheiratet sind, und Kamele, wenn sie einen Besitzer haben.

Zwei junge Rhesusaffen tollen über die Dächer von Agra. Mit schnellen Bewegungen huschen sie über das rostende Wellblech, stehlen sich durch die Gassen, spielen in akrobatischen Posen miteinander. Wir befinden uns in einem einfachen Restaurant über den staubigen Straßen der Altstadt. Aus einer Ecke wirbelt ein Ventilator warme Luft herüber. Schweiß steht auf meiner Stirn. Indiens feuchtheißer Sommer grüßt uns mit erbarmungsloser Hitze. Erschöpft sitzen wir auf Plastikstühlen an einem wackeligen Aluminiumtisch. Über Edelstahltellern brechen wir knuspriges Papad, essen Thali, die typisch indische Mahlzeit aus Reis und Chapati, Dal, Gemüse und Curd, ein traditionelles Joghurtprodukt. Der Duft von Zimt und Chili zieht in meine Nase.

Ab und an wandert der Blick von den Köstlichkeiten hinüber auf die flachen Dächer der maroden Altstadtgebäude und bleibt stets an der weißen Pracht hängen, die wie eine edle Perle aus einer hässlichen Muschel wächst: der Taj Mahal. Gekleidet in erlesenen Marmor, erhebt sich das vielleicht herrlichste aller Gebäude nur wenige Hundert Meter vor uns.

Ringsherum ist Agra indisch, so richtig indisch. Bunt, laut und benetzt mit dem Parfum der Straße, einem Gemisch aus Abfall und Abgasen, Nelken und Kurkuma. Die Stadt ist berüchtigt für die hier angesiedelte Chemieindustrie und die damit einhergehende Luftverschmutzung. An einer Straßenecke schlürfen wir süßen Chai und setzen uns in diesem arglosen Moment den listigen Augen der Stadt aus. Ein Knirps, barfuß und in zerrissenen Kleidern, bettelt uns erst an und begutachtet dann unsere Rucksäcke, die genauso groß sind wie er selbst. Mit schelmischem Grinsen versucht der kleine Räuber unser Gepäck wegzutragen. Doch er ist zum Scheitern verurteilt. Zu schwer, zu unbeweglich ist unsere Ausrüstung.

Verwaschene Häuser reihen sich entlang wenig einladender Straßen aneinander, in denen die Luft steht. Obwohl eine dichte Wolkendecke am Himmel hängt, ist es unerträglich heiß. Lediglich der Irrsinn indischer Straßenordnung ist in diesen Stunden einigermaßen annehmbar. Die Rikschas, Mopeds, Fahrräder, Busse, Handkarren, Kühe und Hunde geben den Weg frei in das verworrene Band aus schmalen Gassen, die sich durch die Altstadt Agras südlich des Taj Mahal winden. Hier werben Männer mit buschigen Schnurrbärten und gestreiften Hemden für ihre Restaurants und Cafés auf den begrünten Dachterrassen. Sie alle versprechen den besten Blick auf den Taj Mahal.

Enge Treppen führen hinauf auf die Dächer. Oben angekommen wirkt Agras Silhouette charmant kleinstädtisch. Baumkronen ragen gelegentlich über teils unverputzte, blasse Wände. Wenn Hunderte Mopedfahrer und Rikscha-Wallahs die Gassen verstopfen und sich in ihrem selbst verschuldeten Stillstand nur noch mit elendem, verstörend lautem Hupen zu helfen wissen, sind die Dachterrassen kleine Inseln der Ruhe, Verschnaufpausen im Durcheinander des Landes. Hier oben ist der Taj Mahal allgegenwärtig. Eines der sieben neuen Weltwunder, symmetrisch perfekt. Ein Schimmer der glorreichen Vergangenheit geht von ihm aus. Behutsam legt er sich über die Stadt; so leicht, dass er im Straßengewühl, im Gedränge auf dem Sadar Bazaar und unter dem penetranten Heischen der Rikscha-Wallahs leicht verloren geht. Doch er ist da. Immer.

Im 17. Jahrhundert hatte der Name Agras einen wundervollen, entzückenden Klang. Shah Jahan regierte das gigantische Mogulreich, das sich vom heutigen Afghanistan bis an den Golf von Bengalen erstreckte. Seine Frau, Mumtaz Mahal, galt als die wichtigste Vertraute Shah Jahans. Keinen Wunsch schlug er ihr aus. Höfische Dichter priesen die Schönheit der jungen Frau, ihr Mitgefühl für Bedürftige, für die Armen und Entrechteten. So wie Mumtaz Mahal galt auch Shah Jahan als feinfühlig, als Ästhet. Doch er widmete sich nicht nur der Musik und der Literatur, er war auch ein beachteter Kämpfer im Ring und förderte mit großer Leidenschaft die kunstvolle Architektur jener Zeit. Unter ihm übernahm der persische Einfluss eine führende Rolle in der Mogularchitektur.

Mit seiner geliebten Mumtaz Mahal schlenderte Shah Jahan in seidenen Roben durch die kaiserlichen Gärten, erzählte ihr Liebesgeschichten. Dann wurde Mumtaz Mahal schwanger, bereits das 14. Mal in elf Jahren gemeinsamer Ehe. Doch die Geburt ihrer achten Tochter endete tragisch. Zwar überlebte das Kind, doch Mumtaz Mahal starb kurze Zeit später. Shah Jahan brach es das Herz. Es heißt, dass sein zuvor dichtes schwarzes Haar in wenigen Tagen ergraute. Die Welt um ihn herum versank. Tage und Nächte waren gleichermaßen freudlos, voll Trauer und Leid. Shah Jahan, der stolze Kaiser, fiel in eine schmerzhafte Leere.

Ein Versprechen, das er seiner sterbenden Frau gegeben hatte, befreite ihn aus der Lethargie: Das schönste aller Grabmäler solle das ihre sein, ein Beispiel vollkommener Harmonie. Unerreicht in seiner Perfektion bis in alle Ewigkeit. So begann der Bau des Taj Mahal, das zum Meisterwerk der Mogularchitektur wurde.

Zwei Jahre trug Shah Jahan Trauer. Er verzichtete auf exklusive Kleidung, Schmuck und Parfum, wandte sich ab von der Musik, aß fortan asketisch und überließ die Regierungsgeschäfte seinen Söhnen. Der Taj Mahal wurde zu seiner Obsession. Mehr als 20 Jahre bauten über 20 000 Arbeiter an der Anlage. Architekten und Bauherren kamen aus der gesamten orientalischen Welt, um ihren Dienst dem Grabmal zu widmen. Nichts weniger als perfekte Symmetrie war ihr Ziel. Aus weißem Marmor errichteten sie auf einer Plattform eine quadratische Zentralhalle mit hoch aufragender Zwiebelkuppel. Stolze 74 Meter ragt das Gebäude in die Höhe. Vier kleinere Hallen mit je einem großen und vier kleineren Iwanen grenzen in jede der vier Himmelsrichtungen an die Zentralhalle.

Die Fassaden schmücken Mosaike aus Halbedelsteinen, Koranverse und detaillierte Blumenreliefs. Die Eckpunkte der Plattform zieren frei stehende, 40 Meter hohe Minarette. Sie sind leicht nach außen geneigt, sodass sie im Fall eines Erdbebens nicht auf die Grabstätte stürzen. Zur Symmetrie der Anlage gehören auch die beiden Moscheen aus rotem Sandstein, die den Taj Mahal flankieren. Dabei wird nur eines der Gebäude tatsächlich religiös genutzt. Sein Gegenüber dient allein der Harmonie. Die erhobene Position auf der Plattform lässt den Taj Mahal vor dem Hintergrund eines makellosen

Himmels erscheinen. Nichts sollte von der Schönheit des Mausoleums ablenken.

Mit der Fertigstellung des Taj Mahal war Shah Jahan überzeugt, dass das Grabmal seiner Lieblingsfrau Sonne und Mond zu Tränen rühren würde. Seitdem wird der Taj Mahal immer wieder mit betörenden Schwärmereien bedacht. Es sei ein Zeichen aller Reinheit, eine Träne auf der Wange der Ewigkeit. Natürlich ist der Taj Mahal heute Weltkulturerbe, und natürlich strömen jeden Tag Tausende Besucher hierher, um einen Blick auf das architektonische Wunder zu werfen. Dabei stecken sie ihre Füße in weiße Zellstoffsäcke, damit die Anlage und vor allem der edle Marmor nicht beschädigt werden. Dem Schutz des Taj Mahal wird alles untergeordnet. Verbrennungsmotoren sind in den Straßen rund um den Taj Mahal verboten. Keine Autos, keine Rikschas, nicht einmal Mopeds dürfen sich der Anlage nähern. Zu groß ist die Angst, dass die Abgase den reinen weißen Marmor verfärben könnten.

Stattdessen bringen Fahrradrikschas und ein gutes Dutzend Kamelkutschen die Besucher an ihr Ziel. Besonders Inder erfreuen sich an der schwankenden Fahrt in den selbst gebauten Anhängern. Mit bis zu zwölf Passagieren rollen sie in ausgelassener Stimmung vor das ehrwürdige Monument.

Wir waren zunächst skeptisch. Kann ein Gebäude, von dem wir schon Hunderte Bilder gesehen hatten, noch einen echten Reiz haben? Ist der besondere Glanz nicht längst der inflationären Dauerrezeption gewichen? Augenscheinlich nicht, denn der Taj Mahal ist in Wirklichkeit viel schöner als auf jeder

Abbildung, die zwar Fassade, aber kein Gefühl vermitteln kann. Bilder sind klinisch, das Original berührend.

Wie ein Traum erhebt es sich elegant, weiß und sauber aus dem Gewimmel, das wir gemeinhin als Indien kennen. Ein zentraler Wasserlauf durchschneidet den nach persischem Vorbild angelegten Garten vor dem Mausoleum. Er bildet die Spiegelachse für Bäume und Beete, die zu beiden Seiten in identischen Abständen angepflanzt wurden. In diesem eindrucksvollen symmetrischen Park nähern wir uns Schritt für Schritt dem glanzvollen Gebäude. Das Innere des Taj Mahal ist überraschend schmucklos. Direkt unter der zentralen Zwiebelkuppel befindet sich das schlichte marmorne Scheingrab der Mumtaz Mahal. Ihr eigentliches Grab liegt ein paar Meter tiefer verschlossen in der Plattform.

Shah Jahan und die Moguln sind schon lange nicht mehr an der Macht, doch ihre ikonischen Bauwerke, allen voran der Taj Mahal, haben die Zeit überdauert. Feuerrot geht die Sonne im Westen unter, lässt die marmornen Wände des Gebäudes in leichtem Rosa glänzen. Ein ähnliches Bild vom Taj Mahal mag auch Shah Jahan mit klagendem Herzen gesehen haben. Erst nach dem Ende seines Lebens, als der Mogulkaiser in den Katakomben des Taj Mahal beigesetzt wurde, waren die Liebenden wieder vereint. So hinterlässt die Geschichte in Agra auch hoffnungsvolle Spuren. Die Erzählung von Mumtaz Mahal und Shah Jahan wird die Zeit überdauern. Vielleicht bis in alle Ewigkeit.

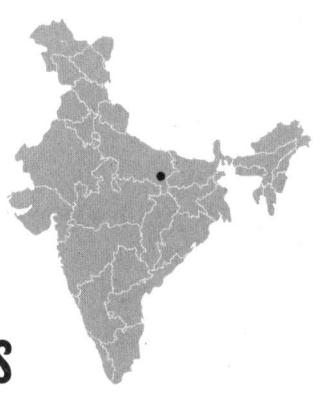

VARANASI UND DER TOTENKULT AM GANGES

MORTEN

Mit Doktoren, Versicherungsverkäufern, Militärangehörigen und Journalisten trampen wir von Agra über Khajuraho mit seinen freizügigen Tempeln bis nach Varanasi, das als ewige Stadt des Subkontinents gilt.

Ganz in unserer Nähe knacken brennende Feuerstellen. Wind bläst Aschewolken herüber. Heiße Luft streift unsere Gesichter. Am Manikarnika Ghat in Varanasi, einem der heiligsten Einäscherungsorte, begleiten lodernde Flammen die allerletzte Reise. Leichen verbrennen direkt am Ufer des Ganges, während die Seelen der Verstorbenen ins Moksha gleiten. Sterben in Varanasi ist für eine Milliarde Hindus wie ein Sechser im Lotto. Es ist das Ende einer langen, erschöpfenden Abfolge von Geburt, Tod und Wiedergeburt. Es ist der glücklichste, weil garantiert letzte Tag auf Erden. Die Hindus glauben, ganz ähnlich wie Buddhisten, Sikhs und Jains, dass der Kreislauf der Wiedergeburt vor allem Leid mit sich bringt. Die Welt ist ein Gefängnis, das Leben Illusion, Ich und Ego bloße Einbildung. Weil nichts von Dauer ist, ist Leid unvermeidlich. Es ist ein Naturgesetz. Moksha dagegen ist die Befreiung von allem Materiellen; ein unveränderlicher, erhabener Zustand, der über den Verstand hinausgeht und erst nach dem Tod erreicht werden kann. Moksha ist in etwa vergleichbar mit dem buddhistischen Nirwana.

Wer vom Leiden genug hat und sichergehen will, kein weiteres Mal geboren zu werden, der kommt an die Ghats von Varanasi. Hier, an den breiten Treppenstufen, endet der Kreislauf der Wiedergeburt. Es heißt, wer in Varanasi stirbt, verbrannt und anschließend dem heiligen Fluss Ganges übergeben wird, erreicht Moksha auf direktem Weg. Seit Jahrhunderten gibt es einen Todestourismus in der Stadt. Alte und Kranke kommen zum Sterben hierher. Manche schon Monate oder Jahre vor ihrem Tod. Leichen werden unablässig auf schmalen Schultern durch die engen, schattigen Gassen der Altstadt balanciert. Ihre Träger steuern rund um die Uhr die Verbrennungsstellen am Manikarnika Ghat an.

Dort lagert Holz in riesigen Stapeln. Es stammt aus den Wäldern des Himalajas und wird beinahe täglich über den Ganges bis nach Varanasi geschifft. Etwa 50 bis 60 Millionen Bäume verbrennen jährlich in Indiens Krematorien. Zwar gibt es auch elektrische Verbrennungsöfen, da aber die Energieversorgung nicht stabil genug ist, wird weiterhin auf traditionelle Art verbrannt. Dabei können die gewaltigen Holzvorräte am Manikarnika Ghat nur einen Bruchteil der Nachfrage bedienen. Zwischen den Holztürmen ist es bedrückend, stickig. Händler und Träger eilen durch ein Labyrinth aus Gassen, die oft nur ein paar Fuß breit sind. Das Holz wird an Ort und Stelle gewogen und verkauft. Fahles Licht fällt auf schwere Waagen. Etwa 300 bis 350 Kilogramm Holz werden benötigt, um eine Leiche vollständig zu verbrennen. Der Preis richtet sich nach der Qualität des Holzes. Wer es sich leisten kann, fügt Sandelholz hinzu, das mit seinem süßlichen Duft den Geruch des verbrannten Fleisches überdecken soll. An diesem Tag können sich nur wenige Familien den zusätzlichen Luxus leisten.

Schon der Weg zum Manikarnika Ghat lässt uns stocken. Abgewohnte, verfallene Häuser ragen wie marode Gerippe um uns empor. Sie künden von der dunklen Kraft des Todes, lassen erahnen, was uns erwartet. Aus den Gassen der Stadt kommend, erheben sich zuerst die finsteren Türme aus Holz und gleich danach finstere Gestalten aus verborgenen Ecken. Die Verbrennungsstellen sind heilig, aber ihr erster Eindruck zwielichtig. Männer mit Betelsaft in ihren Münden reden auf uns ein, wobei sie die rote Flüssigkeit beim Sprechen in kleinen Tropfen über ihre Lippen hinausspucken – immer in unsere Richtung. Sie wollen uns führen, versprechen, uns alles zu zeigen und zu erklären, erlauben uns sogar, Fotos zu machen, was hier am Manikarnika Ghat aus Respekt vor dem Tod und der Trauer eigentlich verboten ist. Varanasi ist voll von kleinen Gaunern, Tricksern und Neppern. Es kann nie schaden, ihnen aus dem Weg zu gehen, und so bleiben wir ein wenig abseits, suchen uns einen Platz, von dem aus wir das Geschehen ungestört betrachten können.

Der Monsun hat den Ganges anschwellen lassen. Weite Teile der Ghats liegen unter Wasser. Sedimente, angespült vom heiligen Fluss, bedecken feucht und matschig den ufernahen Boden. Lediglich eine breite Verbrennungsplattform ist trocken, und so konzentriert sich das Geschehen um sie herum. Es ist ein merkwürdiges Schauspiel. Hier werden Menschen verbrannt, ganz öffentlich. Jeder darf zuschauen. Leichen werden herangetragen. Auf Bambusbahren sind sie in goldene, orangene, weiße und rote Tücher gewickelt. Es sind die Farben der hohen Kasten und die Farben Shivas, der hier in Varanasi verehrt wird wie kein Zweiter. Der Legende nach soll Shiva, Gott der Zerstörung und der Erneuerung, Varanasi vor 5000 Jahren gegründet haben. Bis heute, so heißt es, schlendert er verkleidet durch die Gassen. Immer unterwegs zwischen den herannahenden Leichenzügen.

Dürre Männer legen Bahren am Ufer ab, wo die Leichen mit dem schmutzigen, undurchsichtigen Wasser des Ganges gewaschen werden. Hunde und Ziegen laufen zwischen den Gestellen umher. Versengte Stoffe und die Überreste von Blumenopfern sind überall auf dem Boden verstreut. Daneben liegen Kuhfladen, weich und breit. Der Anblick der Trauernden und Verstorbenen in dieser Kulisse ist bizarr. Der Tod ist noch frisch. Lediglich 24 Stunden liegen zwischen dem Ableben und der Verbrennung der Leiche. Die Angehörigen richten Handykameras aus. Ein letztes Selfie mit dem Verstorbenen; die goldumrandeten Pilotenbrillen dürfen dabei nicht fehlen.

Auf der Verbrennungsplattform versammeln sich Menschen. Ein neuer Holzstapel wird aufgeschichtet, die Asche eines anderen zusammengekehrt. Der Zeremonienmeister, ein dicker Priester mit kahl rasiertem Kopf und lediglich einem weißen

Tuch um die Hüften bekleidet, begleitet die Verbrennungen. Dicke Schweißperlen rollen über seinen wulstigen Nacken. Zwischen den Totenfeuern ist es heiß. Er empfängt die trauernden Familien, spricht Mantras, kontrolliert den ordnungsgemäßen Ablauf der Verbrennung. Ihm stehen Gehilfen zur Seite, die nicht gerade zimperlich in den Flammen umherstochern, damit die Hitze möglichst überall den toten Körper erreicht. Sie gehören zur Kaste der Dom, die, obwohl offiziell abgeschafft, weit unten in der indischen Gesellschaftshierarchie angesiedelt ist.

Ein paar Männer tragen eine Bahre auf die Plattform und legen den mit Tüchern verdeckten Körper auf einen vorbereiteten Holzstapel. Dann bedecken sie den Leichnam mit weiteren Holzscheiten. Ein Mann mittleren Alters tritt auf die Verbrennungsplattform zum Priester. Auch sein Kopf ist kahl geschoren – ein Zeichen der Trauer. Der Mann umkreist den Leichnam und setzt dann den Holzstapel am Fußende in Brand. In der hinduistischen Tradition vollzieht der älteste Sohn die Verbrennungszeremonie. Vermutlich bestattet der Mann auf der Plattform seine Mutter, denn männliche Leichen werden zuerst am Kopfende angezündet.

Frauen dürfen während des Rituals die Plattform nicht betreten, und auch offensichtliches Trauern ist hier untersagt. Die Hindus glauben, dass zu viel Trauer die Seelen der Verstorbenen weiter an die Erde bindet und so den Eintritt ins Moksha verwehrt. Doch unterhalb der Plattform wimmern und weinen die Angehörigen bitterlich. Für ihr Wehklagen gibt es keinen Trost. Der irdische Schmerz ist auch in Varanasi Teil des

Todes. Die übrigen Anwesenden – Arbeiter, Holzhändler, Kleinganoven – sind ungerührt. Sie hocken in Ecken und an Häuserwänden, schwatzen, trinken Chai, rauchen. Der Tod ist ihr Alltag. Namkeen-Verkäufer bieten scharf gewürzten Puffreis mit Chili, getrocknete Erbsen und Erdnüsse feil. Metallische Schläge schallen vom Holzlager über das Ghat. Dort treiben Männer mit schweren Hämmern eiserne Keile in massive Stämme und spalten so das Holz für die nächsten Verbrennungen.

Auf dem Scheiterhaufen brennt mittlerweile die in Tücher gewickelte Leiche. Schon bald haben die Flammen die Stoffe verzehrt. Dann greifen sie nach den Haaren und der Haut, die aufplatzt und Muskeln freilegt. Ein Bein ragt aus den Flammen heraus, und da sich die Muskeln in der Hitze zusammenziehen, bewegt sich das Bein, so als beuge sich das Knie.

Es ist ein schauriger Anblick. An meinem Hosenbein knabbert derweil eine Ziege.

In Varanasi ist der Tod öffentlich – für jedermann sichtbar. Gerade das macht es so schockierend. Wir, die wir es gewohnt sind, das Leben im Hier und Jetzt zu feiern und den Tod aus unserem Alltag zu verdrängen, können nur staunen. Bisher habe ich den Tod als klinisch, steril und kalt wahrgenommen. Der Tod, den ich kenne, riecht nach Desinfektionsmittel. Nicht so in Varanasi. Hier riecht er nach Chai, nach Schweiß, nach Holz, nach Tulsi und Ringelblumen, nach verbranntem Fleisch. Hier bekommt der Tod ein Gesicht.

Die Feuer knistern laut. Dichte Rauchschwaden steigen auf, und wenn der Wind sich dreht, bläst er sie direkt in unsere Richtung. Zu unseren Füßen zerrt ein Hund geräuschvoll

Fleischreste von einem Knochen, der einer Schulter oder einer Gelenkkapsel gleicht. Kühe und Ziegen trotten herum und mampfen Leichenschmuck. Niemand kümmert sich um sie. Dafür bleibt keine Zeit. Am Manikarnika Ghat wird rund um die Uhr verbrannt; an sieben Tagen in der Woche. 20 000 bis 30 000 Leichen im Jahr – Dutzende pro Tag.

In den Flammen verbrennt eine Leiche in etwa drei Stunden, wenn der Wind schlecht steht, dauert es länger. Am Ende bleiben nur die Hüftknochen übrig. Oder die Leiche brennt, bis kein Holz mehr da ist. Der Rohstoff ist teuer. Und selbst das günstigste Holz können sich viele Familien nicht in ausreichender Menge leisten. Notgedrungen werden daher oft verkohlte, halb verbrannte Körper dem Ganges übergeben. Am nahen Ufer tauchen Jungen, die zu den Ärmsten der Stadt gehören. Sie suchen in den verbrannten Überresten nach Schmuck oder Goldzähnen. Und schon kommen neue Trauergemeinden mit Bahren auf ihren Schultern heran. Sie müssen warten. Auf der Plattform am Ghat ist der Platz begrenzt. Ein weiteres Feuer kann im Augenblick nicht entzündet werden.

Nicht alle Menschen werden hier am Manikarnika Ghat verbrannt. Kleinkinder gelten als rein. Wenn sie sterben, erreichen sie Moksha auch ohne die Befreiung der Seele durch das Feuer. Ihre Leichen werden mit Steinen beschwert im Ganges versenkt. Auch Schwangere, Sadhus, Leprakranke und Menschen, die an einem Schlangenbiss gestorben sind, werden einfach im heiligen Fluss versenkt.

Sie sinken knapp 20 Meter hinab auf den Grund. Doch manchmal reißen die Seile, mit denen die Toten an ihre Senksteine gebunden sind. Dann tauchen sie wieder auf und treiben als Wasserleichen auf dem Ganges. Die Lebensader Indiens ist ein Massengrab. Bereits in den 1980er-Jahren wurden deshalb Ganges-Weichschildkröten, die hier schon vor Jahrhunderten beheimatet waren, mit einem speziellen Auftrag neu angesiedelt. Die Allesfresser, die auch Aas nicht verschmähen, sollten den Ganges von verwesenden Körpern und Körperteilen säubern. Denn es sind nicht nur die Toten aus Varanasi, sondern auch Tausende Leichen(teile), die stromaufwärts ins Wasser gelassen werden und früher oder später durch die Stadt treiben. Etwa 25 000 Tiere wurden seit 1990 ausgesetzt, doch ein Erfolg der Aktion ist bisher nicht erkennbar. Womöglich sind viele Schildkröten Wilderern zum Opfer gefallen.

Wir ziehen uns zurück, quetschen uns vorbei an den Betelsaft gurgelnden Neppern, den Holzverkäufern und ankommenden Leichenträgern und tauchen ein in das Labyrinth der Altstadt. Varanasi ist eine von sieben heiligen Städten im Hinduismus und das schlagende Herz der indischen Mythologie. In ihren Gassen öffnet sich das spirituelle Tor zum Göttlichen. Irgendwo in den schmalen Gängen sitzen wir etwas erhöht in einem winzigen Geschäft. Nur ein paar Holzschemel stehen in einem kühlen, dunklen Raum, der eher einem Loch in der Wand gleicht. Neben uns sitzt ein rundlicher Mann in weißem Unterhemd und rührt in einem großen Kessel Joghurt, Wasser und Eis zu cremigem Lassi, einem dickflüssigen Joghurtgetränk. Die Pause tut uns gut, holt uns zurück vom Antlitz des Todes ins Reich der Lebenden. Doch wir wären nicht in Varanasi, wenn uns der Tod nicht ständig

begegnete. Schon aus der Entfernung hören wir Glockenge-
läut und die Rufe der Leichenträger: *»Ram Naam Satya Hai«*
brüllen sie immer und immer wieder durch die engen Gassen. Mit ihrem Mantra beschwören sie den gestaltlosen Gott
und fordern zugleich alle Anwesenden auf, den Weg freizu-
machen. Passanten huschen in Türöffnungen oder drücken
sich eilig an Hauswände, und schon wackelt die Bahre mit
einem weiteren, von glitzernden Tüchern verdeckten Leichnam haarscharf an ihnen vorbei.

Bis wir unseren Lassi ausgetrunken haben, ziehen drei weitere Leichenzüge durch die Gasse. In kaum einer anderen Stadt
ist der Tod so direkt, so unmittelbar und so deutlich sichtbar
wie in Varanasi. Dennoch fühle ich mich ungemein lebendig. Alle Sinne sind geschärft. Der Geschmack auf der Zunge,
das Chaos aus Farben und Bewegungen in den Gassen – jeder
Moment wird zum intensiven Erlebnis. Die Stadt des Todes
strotzt vor Lebenskraft. Hier in Varanasi schmiegt sich beides
bereits seit Jahrtausenden federleicht aneinander.

Nach Sonnenuntergang besuchen wir noch einmal das
Manikarnika Ghat. Noch immer lodern die Flammen. Fleder-
mäuse huschen über unseren Köpfen durch die Luft. Obwohl
es schon Nacht ist, ist es noch immer heiß. Schweißnass klebt
mein T-Shirt am Körper. Die Hitze der Scheiterhaufen tut ihr
Übriges. Jetzt in der Dunkelheit herrscht eine mystische, beinahe kultische Atmosphäre über dem Ghat. Rauchschwaden
wabern unter leuchtenden Laternen, ziehen durch die Reihen
der Beobachter. Hier, wo das Leben täglich endet, rücken wir
unwillkürlich etwas näher aneinander. Noch immer hocken

die Doms zusammen, erzählen, rauchen. Ihr Tagewerk zieht sich bis weit in die Nacht.

Ein paar Monate später sind wir erneut in Varanasi. Der Wasserstand des Ganges ist deutlich gesunken. Die Ghats entlang des Ufers bilden nun eine lang gezogene Promenade. Von einem kleinen Ruderboot aus betrachten wir das lebhafte Treiben. Wieder zieht es uns zum Manikarnika Ghat. Frühmorgens entladen mehrere Männer Holz aus wuchtigen Kähnen. Nachschub für die Scheiterhaufen. Wir erkennen das Ghat fast nicht wieder. Es ist sehr viel größer, weitläufiger, als wir bei unserem letzten Besuch erahnen konnten. Eine Handvoll Feuer brennen an verschiedenen Stellen des Ghats. Überall lehnen meterhohe Holzstapel entlang der Stufen, die zum Ufer führen. Dutzende Leichentücher liegen umher, Asche, Unrat, versengte Bambushalme – alles rutscht in den Ganges. Auf einer kleinen Plattform hat sich ein Sadhu eingerichtet. Dort sitzt er nun, den Körper über und über mit Asche eingestaubt, und meditiert. Lediglich ein schmales Tuch bedeckt seine Lenden. Hinter ihm ragen die Tempel des Manikarnika Ghat und die Wohnhäuser Varanasis steil über dem Fluss auf. Die dunklen Gänge und verworrenen Gassen, die von hier in die Altstadt führen, haben wir noch in guter Erinnerung. Sie bringen uns von den Scheiterhaufen zu einem chaotischen, wilden Leben – wie es nur Indien hervorbringen kann.

KURIOSES AUS INDIEN: DIE BLUME IN NACHBARS GARTEN

Der Frauenname Nakusa bedeutet »die Ungewollte«. Indische Eltern, die ihre Tochter so nennen, wollen den Göttern zeigen, dass sie sich einen Sohn wünschen. Für Familien aus einfachen Verhältnissen werden Mädchen oft zur Armutsfalle. Ausbildung, Hochzeit und die traditionelle Mitgift kosten viel Geld und zwingen die Eltern, hohe Kredite aufzunehmen. Nach der Hochzeit geht die Tochter mit ihrem Besitz in das Eigentum der Familie des Bräutigams über. Ein Sohn bleibt dagegen in der eigenen Familie. Da es keine Rente gibt, sorgt er für die Eltern im Alter. In Indien gibt es daher das Sprichwort: »Eine Tochter großzuziehen ist, wie die Blume im Garten des Nachbarn zu gießen.«

DER GANGES, INDIENS HEILIGER ABWASSERKANAL

ROCHSSARE

Tony ist ein komischer Kauz. So einen wie ihn trifft man nicht oft. Ein witziger Franzose, charmant, verliebt in die Physik und mit einem schalkhaften Grinsen ausgestattet. Wir haben ihn schon vor Längerem kennengelernt und wohnen hier in Varanasi gemeinsam für einige Wochen in einem heruntergekommenen Wohnhaus, das irgendwann einmal ein Gasthaus für Rucksackreisende sein wird. Doch bis dahin gibt es noch viel Arbeit. Wir schleifen und bemalen Fensterrahmen, reparieren Möbel, richten den ersten Stock des Hauses so behaglich wie möglich her.

Doch oft liegen wir einfach nur unter einem riesigen Ventilator. Kurz vor der Regenzeit ist es heiß in Varanasi, die Luft ist schwül und stickig. Schon im Sitzen tritt der Schweiß aus den Poren, und selbst nachts ist die Hitze noch so drückend, dass wir regelmäßig auf dem Dach schlafen, weil es im Haus nicht auszuhalten ist. Am späten Nachmittag, wenn die Temperaturen ein bisschen weniger bleiern wirken, machen wir uns auf den Weg zum Ganges. Dann tuckern wir in einer Rikscha durch das indische Großstadtgewühl. Bebender Motorenlärm, rußige Abgaswolken, wildes Hupen und Geschrei begleiten uns. Ohne Ohrstöpsel gehen wir schon lange nicht mehr aus dem Haus. Immer wieder staut sich der Verkehr – entweder an einer Ampel oder an einer Kuh, die es sich mitten im Chaos auf der Fahrbahn gemütlich gemacht hat.

Kurz vor dem Assi Ghat, einem von über 80 Badestellen in Varanasi, steigen wir aus. Die letzten Meter bis zum Ganges gehen wir zu Fuß. Aus einer schmalen Gasse kommend, öffnet sich plötzlich die Stadt. Das weite Ufer des Ganges liegt vor uns. Hierher kommen die Pilger in der beseelten Hoffnung, ihre Sünden im heiligen Wasser fortzuwaschen. Für sie ist der Ganges die göttliche Reinheit, ein Symbol für Spiritualität und eng verwoben mit der hinduistischen Mythologie. Für alle anderen ist es der schmutzigste Fluss der Welt. Eine Kloake.

Wenn der heilige Fluss die Höhen des Himalajas hinter sich lässt, mäandert er durch die nordindische Tiefebene, eine der am dichtesten besiedelten Regionen der Welt. Rishikesh, Haridwar, Varanasi, Kolkata – insgesamt 114 Städte liegen an seinem fruchtbaren Ufer. Der Fluss spendet Trinkwasser, ist Arbeitsplatz und Massengrab. Er ist die Lebensader Indiens. Millionen Menschen – etwa jeder 13. Weltbürger – sind direkt vom Ganges abhängig. Auch eine ganze Reihe bedeutender Industriezweige hat sich in seiner Nähe angesiedelt. In Kanpur, 300 Kilometer stromaufwärts von Varanasi, leiten Hunderte illegale Gerbereien ihre toxischen Abwässer direkt in den Fluss. Dann, nur noch 120 Kilometer vor Varanasi, mündet der

Jamuna mit dem Dreck aus der Hauptstadt Neu-Delhi in den Ganges. Neben den ungeklärten Abwässern aus unzähligen Fabriken gelangen zudem noch Pestizide und Düngemittel aus der Landwirtschaft und die Fäkalien und Abfälle von Millionen Haushalten ungefiltert in den heiligen Fluss – vier Milliarden Liter jeden Tag. Dazu kommen allein in Varanasi täglich Dutzende Leichen, die mehr oder weniger gründlich verbrannt dem Wasser übergeben werden.

Das Gift fließt mit dem Ganges. Es gibt wohl kein Bakterium, das sich nicht in ihm finden lässt. Bei Varanasi wird allein der landesweite Grenzwert für die Belastung durch Kolibakterien im Wasser um das 3000-Fache überschritten. Auch die Messwerte für Arsen, Blei, Zink, Chrom und Quecksilber sind hier gefährlich hoch. Cholera, Ruhr, Hepatitis-A und Typhus sind immer wieder auftretende Erkrankungen an den Ufern des heiligen Flusses.

Zurück am Assi Ghat dauert es nicht lange, bis Bootsmänner uns ihre Dienste anbieten. Bettler sitzen auf den Stufen zum Ganges, heilige und scheinheilige Männer meditieren im späten Nachmittagslicht oder entzünden im Schatten eines Baumes harzig duftendes Charas. Teeverkäufer bieten süßen Chai in winzigen Pappbechern an, junge Männer verkaufen Haschisch, alte Frauen in bunten Saris stehen knietief im Wasser des heiligen Ganges, tauchen prustend unter und vollziehen so ihre rituellen Waschungen. Ganz in ihrer Nähe schöpft ein Mann mit den Händen Wasser aus dem Ganges und gießt es sich bedächtig über Kopf und Schultern. Dann träufelt er sich ein paar Tropfen in den Mund.

Kühe trotten lustlos umher, kauen an aufgeweichten Papp-
kartons. Dazwischen versuchen von weither angereiste Touristen mit großen Augen einen Sinn in dem Durcheinander zu
erkennen. Studenten der Kunstfakultät skizzieren das Geschehen. Wir schlendern entlang der Ghats, schlürfen süßen Tee,
lassen uns von noch mehr Bootsfahrern ansprechen. Der heilige Fluss glitzert im Sonnenlicht.

»Wir sollten im Ganges baden«, schlägt Tony unvermittelt
vor und wischt sich den Tropenschweiß aus dem Gesicht.

Tatsächlich sieht der Ganges einladend aus; schlammig vielleicht, aber erfrischend. Der Horror bleibt unter der Oberfläche. Aber aus dem Sinn ist er nicht. Selbst indische Pilger, die
sich hier regelmäßig im Ganges reinigen, werden von Durch-
fallerkrankungen geplagt. Uns ist nicht wohl, doch Tony ist
von seiner Idee begeistert: ein Bad im Ganges – ganz so, wie es
die Gläubigen machen, die bis zum Nabel im heiligen Wasser
stehen und dreimal nacheinander untertauchen, um sich ihrer
Sünden zu entledigen.

Obwohl wir, im Gegensatz zu Tony, noch immer mit der Idee
hadern, im Ganges zu baden, schmieden wir einen Plan. Etwa
auf Höhe des Assi Ghat biegt der Ganges nach Osten. Dort,
am gegenüberliegenden Ufer, ist das Wasser zwar von genauso
schlechter Qualität wie überall, aber immerhin, so glauben wir,
schützt uns die Biegung vor der Strömung und den Leichentei-
len aus der Flussmitte. Am nächsten Morgen machen wir uns
schon früh auf den Weg zu den Ghats. Wir wollen die Dämmerung auf dem Ganges erleben, wollen sehen, wie die morgendliche Sonne Varanasi in warmes Licht taucht.

In einem hölzernen Kahn bewegen wir uns sanft und gleichmäßig durch das trübe Wasser des mächtigen Stroms. Am Ufer erwacht die Stadt. Dort waschen Frauen ihre bunten Kleider, schäumen Alte und Junge ihre Körper mit Seife in den schmutzigen Fluten ein. Barbiere rasieren die Köpfe der Gläubigen. Eine Anwohnerin schöpft Wasser für den Tee aus dem Ganges. Weiter flussaufwärts lodern Flammen am Manikarnika Ghat. Überall streunen Hunde, Ziegen und Kühe umher. Wasserbüffel, die mit ihrem Hirten irgendwo im Labyrinth der Altstadtgassen leben, kühlen ihre massigen Körper im heiligen Fluss. Dahinter erheben sich die Fassaden einer jahrtausendealten Stadt. Leben und Tod reichen sich vor uns die Hände.

Vielleicht liegt es an der Magie Varanasis, in der alle spirituellen Wünsche in Erfüllung gehen sollen. Vielleicht liegt es an der Hitze, die uns ganz leicht degeneriert. Was es auch ist, unsere leichtsinnige Idee, im Ganges zu baden, stellen wir nicht mehr infrage. Die vielen Menschen, die jeden Tag in den heiligen Fluss steigen, kommen doch auch mit allen Körperteilen wieder heraus – mehr Vergewisserung benötigen wir nicht.

Der Bootsmann rudert uns an die Flussbiegung gegenüber dem Assi Ghat. Tony klettert zuerst ans Ufer, reißt sich das T-Shirt vom Körper und sprintet ins Wasser. Wir folgen ihm, obwohl die Magenschmerzen schon einsetzen, bevor wir überhaupt das Wasser berühren. Schritt für Schritt steigen wir tiefer in den trüben Fluss. Unter der braun schimmernden Oberfläche ist nichts zu erkennen. Ich versuche, nicht an die Hinterlassenschaften aus Hunderttausenden Hocktoiletten zu denken, die ebenfalls durch den Fluss treiben. Im schlammig weichen Untergrund versinken unsere Füße. Irgendwann trete ich auf etwas, was sich wie ein Stück Stoff anfühlt. Unwillkürlich erinnere ich mich an die weißen, goldenen und roten Leichentücher am Manikarnika Ghat. Will ich wirklich wissen, was sich gerade unter mir befindet?

Am Ufer schaut uns eine Handvoll Einheimischer vergnügt dabei zu, wie wir durch den heiligen Ganges staken und gleichzeitig versuchen, nicht übermäßig nass zu werden. Nur Tony grinst über das ganze Gesicht, er schwimmt bis in die Mitte des Flusses, taucht dort sogar unter Wasser. Auch ich möchte mir den Segen von Mutter Ganga abholen, aber weiter als bis zu den Schultern wage ich mich nicht. Das Kopfkino beginnt spätestens ab dem Bauchnabel. Ich bin mir nicht sicher, ob die Übelkeit, die in mir aufsteigt, nur psychisch ist oder bereits von all den Krankheitserregern im Fluss stammt. In der Hocke krebse ich ein bisschen durch das Wasser. Immer wieder berührt mich irgendetwas unter der Oberfläche. Ich kann nicht erkennen, was die Strömung gegen meinen Körper drückt, und das beunruhigt mich. Wie fühlt es sich wohl an, wenn mich Leichenteile im Fluss streifen? Im weichen Schlamm des Flussbettes ertaste ich immer wieder etwas Festes, Hartes und rede mir ein, dass es nur Steine seien. Doch dann trete ich auf etwas Spitzes und unwillkürlich schießen Bilder von zersplitterten Knochen durch meinen Kopf. Mehr spirituelle Reinigung ertrage ich nicht.

Den vielen Tausend Gläubigen, die jeden Tag in Varanasi in den Ganges steigen, sind solche Gedanken wahrscheinlich völlig fremd. Für sie ist die Verschmutzung des Flusses oft nicht einmal ein Thema. Sie glauben daran, dass Ganga dazu dient, die Menschen zu reinigen, und nicht, dass die Menschen dazu da sind, Ganga rein zu halten. Das, so sagen sie, schaffe die Göttin von selbst. Einige Wissenschaftler und auch die indische Regierung sind da anderer Meinung. Genützt haben die Maßnahmen zur Reinigung des Flusses bisher wenig. Mangelhafte Umsetzung und vor allem die ausufernde Korruption torpedieren jeden Versuch, die Wasserqualität des Ganges zu verbessern. Entweder erreichen die freigegebenen Gelder gar nicht erst ihren Bestimmungsort, oder die Unternehmen widersetzen sich den Gesetzen, bestechen die örtliche Polizei und leiten weiterhin ungeklärte Abwässer in den Ganges.

Währenddessen ist die einfache, oft arme Bevölkerung am Ufer kaum in der Lage, auf den Fluss zu achten. Ihr täglicher Kampf um das Notwendigste erfordert ihre ganze Kraft. Die Verschmutzung des Ganges gehört für sie zu den entfernteren Problemen. Sie waschen weiterhin ihre Wäsche im Ganges, entnehmen ihm Trinkwasser, waschen sich in einem Fluss, der so lebendig ist wie ein Klärwerk.

Mittlerweile steht die Sonne über Varanasi. Die Hitze des Tages drückt auf die Stadt. Wir steigen aus dem Ganges und lassen uns tropfend zurück ans Assi Ghat rudern. Auf der Sonnenseite sind wir nach kurzer Zeit trocken, so stark brennt sie auf uns herab. Wir wollen frühstücken, trauen uns aber nicht, mit unseren vom Ganges umspülten Händen etwas Essbares anzufassen. Was wir jetzt brauchen, ist eine gründliche Dusche.

ZWISCHENSPIEL NEPAL

MORTEN

Von Varanasi trampen wir in den Norden. Seit sechs Monaten sind wir in Indien, und unsere Visa laufen ab. Wir sind auf dem Weg nach Nepal. Hochgebirgswandern im Himalaja. Wir umrunden den Annapurna und wandern in zerrissenen Jeans bis zum Basislager des Mount Everest. Die Berge geben uns Gelegenheit durchzuatmen, aber bald schon sehnen wir uns nach den Unwägbarkeiten Indiens zurück. In Kathmandu besorgen wir uns neue Visa und trampen bald darauf wieder durch die Gangesebene. Mittlerweile ist es Ende November, und Indiens Norden ist kühl und wolkig. Eine Dunstglocke hängt über dem Land. Über die Stationen Lucknow, Kanpur und Agra fahren wir nach Neu-Delhi. Unsere Mitfahrgelegenheiten sind Anwälte, Geschäftsmänner, Hochzeitsgäste und ein Mann namens Vikram, der uns so penetrant misstrauisch begegnet, dass wir uns fragen, warum er uns überhaupt hat einsteigen lassen. Nicht jede Situation in fremden Pkws ist angenehm. Auch damit müssen wir umgehen.

DELHI – STADT DER STÄDTE

ROCHSSARE

Magie, Müll, Menschenmassen. Delhi, diese berühmt-berüchtigte Stadt, verschluckt uns. Knapp 17 Millionen Menschen leben in dieser Metropole zwischen uralten Märkten, mittelalterlichen Ruinen, im Sonnenlicht funkelnden Bürotürmen, modernen Einkaufszentren und sich kreuz und quer windenden Schnellstraßen. Nirgendwo lässt sich die Geschichte des Subkontinents so eindrucksvoll nachverfolgen wie in der Hauptstadt Indiens. Armeen auf Armeen zogen über die Gangesebene hierher. Sie alle hinterließen ihre Spuren, ihre Identität, bevor sie von einem nachrückenden Heer vertrieben wurden. Aufstieg und Fall begleiten herrschaftliche Festungen, elegante Mausoleen, staubige Basare und ausladende Boulevards. Von Epoche zu Epoche wird die Stadt erobert und vernichtet und erhebt sich jedes Mal von Neuem aus ihrem eigenen Schutt.

Im Lauf der Zeit sollen sieben Städte auf dem heutigen Stadtgebiet gegründet worden sein. Die ältesten Funde reichen

3000 Jahre in die Vergangenheit. Die Sultane von Delhi kamen und gingen. Der Mogulkaiser Shah Jahan beaufsichtigte den Bau der königlichen Palastanlagen und Märkte in Alt-Delhi. Jede Herrscherdynastie errichtete ihre eigene architektonische Pracht. Die Briten protzten mit breiten Straßen und viktorianischer Herrlichkeit im von ihnen geschaffenen Neu-Delhi, der achten Stadt, die bald darauf zur Hauptstadt des unabhängigen Indiens ausgerufen wurde.

Stadtplaner bemühten sich, eine glänzende, auf Beton, Stahl und Glas ruhende, in den Himmel greifende Metropole zu errichten. Doch die Zeugen der Jahrhunderte weisen immer wieder zurück in die Vergangenheit. Delhi ist eine Stadt der Ruinen, durchflochten von Mythen und Legenden, übersät mit Grabstätten und Tempeln. Überall tauchen alte Moscheen und Medressen, antike Koranschulen im modernen Stadtbild auf. Ganz plötzlich sind sie da, mitten auf einem Kreisverkehr, in den öffentlichen Gärten, umringt von mehrspurigen Straßen. Verschiedene Jahrtausende existieren hier nebeneinander. Neu-Delhi ist nicht neu. Die Stadt steht auf einem Friedhof untergegangener Macht. Ihre Straßen führen Motorräder und Taxis, so wie sie einst die Kutschen und Elefanten der Sultane führten.

Die Dynamik hat Delhi nie verloren. Zusammen mit seinen Satellitenstädten Noida und Gurgaon ist es international, die Drehscheibe des Landes. Delhi wächst unaufhaltsam in die Moderne, doch die ambitionierte Stadt driftet immer wieder in mythisch verklärte Dimensionen ab. Delhi verstehen ist eine Lebensaufgabe. Langweilig wird es hier nie. Satellitenschüsseln und Klimaanlagen hängen in ungezählten Dutzenden an den Fassaden der Hochhäuser, die der wachsenden Mittelschicht ein behagliches, weil teures Heim versprechen. Vor allem der IT-Sektor hat in den zurückliegenden Jahren viel Geld in die Stadt gespült, das in glitzernden Einkaufszentren, Sterneküchen und gehobenen Bars und Cafés verjubelt wird. Die Sommerferien verbringt Delhis Oberschicht nicht mehr in den Hill Stations im Himalaja, sondern in der Alten Welt Europa oder auf dem neuen Kontinent in den USA.

Delhis gestiegene Wirtschaftsleistung führt aber auch zu verstopften Straßen, einer katastrophalen Luftverschmutzung und Millionen Litern ungeklärter Abwässer, die täglich in den Jamuna geleitet werden. Je weiter die Stadt wächst, desto größer wird auch die Armut. Es heißt, dass jede Woche etwa 6000 mittellose Arbeiter nach Delhi ziehen. An den großen Kreuzungen der Stadt zeigen Bettler ihre schmutzigen Handflächen, in der Hoffnung, man möge ihnen ein paar Rupien zustecken. Sie leben auf der Straße und in Jhuggis, den heruntergekommenen Slums, deren Anzahl sich in den zurückliegenden vier Jahrzehnten mehr als vervierfacht hat. Sie hausen unter Straßenbrücken und in Parkanlagen. Ihre Küchenfeuer flackern nachts überall in der Stadt.

Das Zentrum von Neu-Delhi liegt um den Präsidentenpalast Rashtrapati Bhavan. Er ist eine Demonstration britischen Machtanspruchs, die sich auch vor den Palästen vergangener Jahrhunderte nicht verstecken muss. Mit seinen Kuppeln, Türmen und Säulen gehört er zu den größten und prächtigsten Raj-Bauwerken Indiens. Hier treffen die architektonischen

Schulen des Westens und des Ostens zusammen. Griechische Bögen und Säulen und asiatische Steinmetzkunst verschmelzen zu einem Stil, der gleichsam klassisch und verspielt daherkommt.

Von hier führt die Prachtstraße Rajpath zweieinhalb Kilometer schnurgerade bis zum östlich gelegenen Kriegerdenkmal, dem India Gate. Breite Grünstreifen, Brunnen und Wasserläufe säumen die Strecke. Ausladende Kasuarinen spenden Schatten. Für die Briten war der Rajpath eine Art imperialer Champs-Élysées – breiter und beeindruckender als alle Paradestrecken im alten Europa. Der Rajpath ist so weitläufig, dass er selbst in einer vollgestopften Stadt wie Delhi viel Platz bietet.

An schönen Tagen sitzen Familien und Liebespaare im Grün, picknicken, tagträumen. Sie spazieren vorbei an Neem- und Tamarindenbäumen, vorbei auch an den viktorianischen Bungalows hinter hohen Zäunen und Büschen, vorbei an Ministerien und Museen.

Eine schwere Smogwolke hängt über der Stadt. Der graue Schleier ist so dicht, dass selbst ein Blick zur Sonne problemlos auszuhalten ist, wenn man sie denn überhaupt hinter dem undurchlässigen Vorhang findet. Auch das India Gate verschwindet in der Suppe. Lediglich die Umrisse des gigantischen Triumphbogens lassen sich erahnen. Schon seit Wochen berichten lokale Zeitungen über die zunehmend verschmutzte Luft im Dezember. In den letzten Tagen wurde ihre Qualität stets irgendwo zwischen schlecht und sehr schlecht verortet. Heute trägt sie das Prädikat bedrohlich. Atmen wird zum Risiko.

Nur ein paar Gehminuten weiter nördlich befindet sich der Connaught Place, die beste Einkaufsgegend der Stadt. Drei Ringstraßen werden von acht strahlenförmig abgehenden Straßen gekreuzt. In ihrem Zentrum flattert eine gigantische indische Nationalflagge. Hier flanieren die Reichen und Schönen der Stadt, schlürfen Coffee to go von internationalen Franchiseunternehmen oder mieten sich eine der weltweit teuersten Büroflächen mit luxuriöser Aussicht. Banken, Bars und Boutiquen reihen sich aneinander. Geld ist hier in ständiger Bewegung.

Koloniale Ordnung prägt den Connaught Place. Breite Straßen und Bürgersteige bieten Platz für Autos und Fußgänger gleichermaßen. Die Wege sind sauber, eben, frei von Stolperfallen und Rutschgefahren – keine Selbstverständlichkeit in Indien. Nachts funkeln Kostbarkeiten aus beleuchteten Schaufenstern auf die Gehwege und spiegeln sich in den resignierten Augen bettelnder Kinder.

Hinter dem Connaught Place werden die Straßen schmaler, schmutziger, schmieriger. Es sind zehn Minuten zu Fuß nach Paharganj, einem quirligen Viertel voller durchtriebener Gestalten, das für viele Reisende der erste Kontakt mit dem indischen Subkontinent darstellt. Hier befinden sich mehrstöckige Unterkünfte, die für sehr wenig Geld sehr wenig bieten. Hier schlendern aalglatte Typen, schräge Vögel und trickreiche Kleinganoven über die geschäftigen Märkte. In einfachen Dhabas essen Rikschafahrer leckere Thalis. Unzählige Geschäfte verkaufen sonderbare Kleidung, bunte Taschen, duftende Räucherstäbchen und Öle. Dazwischen finden sich Restaurants und Cafés, die mindestens fragwürdige Hygienestandards aufweisen.

Straßenkinder ziehen umher. Sie sind stets in Gruppen unterwegs, denn allein haben sie keine Chance. Ihr Leben ist hart. Wer nicht zusammenarbeitet, verliert. Gegen die Grausamkeit hilft Klebstoff. Schnüffeln betäubt den Schmerz.

Von einem Imbiss mit leckeren Puris, gutem Chai und mäßigem Kartoffelbrei aus betrachten wir die Straße. Indien ist kein einfaches Pflaster, für niemanden. Das Land ist mächtig, zu mächtig für die meisten. Das gilt nicht nur für die einfachen Arbeiter und Tagelöhner, die mit ihren dürren, klapperigen Körpern die schwersten Lasten vorbeischleppen. Viele Seelen gehen verloren. Auch und gerade Aussteiger aus dem Westen zerbrechen hier. Es scheint, als lebten sie die Freiheiten und Möglichkeiten des Landes, bis sie ihr eigenes Leben nicht mehr im Griff haben. Dann versacken sie, bleiben zurück im Chaos und landen früher oder später in Paharganj.

Zu ihnen gehört eine 72-jährige Britin, die seit vier Jahren in Delhi festhängt. Am Nachbartisch erzählt sie ihre Geschichte, redet pausenlos auf ein junges australisches Pärchen ein. Ihre Worte sind so laut, dass auch wir sie gut hören, und trotzdem erkennen wir keinen Zusammenhang. Ihre Sicht auf die Welt scheint ein bisschen wirr, unwahrscheinlich, abstrus.

Der Imbiss hier ist der letzte Laden in der Straße, der ihre Anwesenheit toleriert, erfahren wir vom Kellner. Dass dies nicht bloß dahergesagt ist, beobachten wir an Rainer, einem deutschen Aussteiger mit langen grauen Haaren und einer Jeanskluft aus den 80ern. Rainer, so lumpig er auch aussieht, wechselt auf der Straße Geld. Was so viel bedeutet wie: Er sitzt jeden Tag stundenlang in diesem Imbiss, trinkt Chai, isst Chow Mein, Nudeln mit Gemüse und Fleisch, und setzt sich sofort zu anderen Gästen, sobald die verrückte Britin eintritt, damit er nicht mit ihr reden muss. Aber auch Rainer hat nicht mehr alle Tassen im Schrank. Sein Weltbild ist in einem der letzten Jahrzehnte stecken geblieben, und Gespräche mit ihm sind überwiegend sarkastisch und wütend und wenig fundiert.

Ein letzter regelmäßiger Gast sitzt mit Trenchcoat und Jogginghose an einem Tisch draußen auf der Straße. Auf seinem faltigen Kopf sitzt eine Kappe, wie sie die Einwohner des Kinnaur-Tales in Himachal Pradesh tragen. Dämonische Züge verzerren sein Gesicht, eine Handvoll Zähne fehlen in seinem Gebiss. Wir hören ihn nie sprechen. Wahrscheinlich ist er einsam, denn er freut sich überschwänglich über jede zufällige Begrüßung.

Paharganj ist voll mit ähnlichen Gestalten. Wer Indiens Versprechen von Freiheit und Leichtigkeit folgt, balanciert auf einem schmalen Grat. Die Abgründe sind tief, tiefer vielleicht als anderswo. Leben in legalen Grauzonen ist weit verbreitet, und es braucht wenig, um im Sumpf der Möglichkeiten stecken zu bleiben. Wer in Indien das Glück sucht, findet manchmal auch den Einstieg zur Hölle.

Von Paharganj über die Gleise der New Delhi Railway Station ist es nicht mehr weit bis nach Alt-Delhi, das im 17. Jahrhundert Shahjahanabad hieß. Hier ist es endgültig vorbei mit den Prachtstraßen, Boulevards und weiten Plätzen. Stattdessen steht die Hitze in den engen Gassen. Knatternde Motoren und unnachgiebiges Hupen hallen zwischen den nah beieinanderstehenden Häusern. Rikschas und Lastenträger drängen durch die Straßen. Stinkende Abwässer rinnen in schmalen Bächen an den Geschäften vorbei. Räucherstäbchen verströmen ihren schweren Duft.

Eine acht Kilometer lange Stadtmauer umschließt Shahjahanabad, das bis heute von einer mächtigen Festung, dem Lal Qila, dominiert wird. Alt-Delhi, gegründet vom Mogulkaiser Shah Jahan, bietet viel architektonische Finesse. Auch die gewaltige Jama Masjid, Indiens eindrucksvollste Freitagsmoschee, gehört dazu. Heute bröckelt Shahjahanabad vor sich hin. Die Stadtmauer liegt in Trümmern, und von den einst 14 Stadttoren sind nur noch vier erhalten. Die stolze Hauptstadt des großen Mogulreiches erlebt schwere Zeiten. Doch noch immer sind die alten Gassen, die engen Schluchten und Seitenstraßen turbulent. Wer sich hineinwagt, braucht ein wenig Kühnheit. Übermächtige Menschenmassen drängen durch Alt-Delhi. Der dichte Verkehr ist kaum auszuhalten.

Doch genau hier, wo die Häuser immer näher zusammenrücken, vereinnahmt uns Delhi endgültig. Als Shahjahanabad errichtet wurde, stand die Stadt in höchster Blüte. Schon die Sultane von Delhi, die bereits vier Jahrhunderte zuvor an dieser Stelle regierten, hatten Wohlstand angehäuft. Shahjahanabad übertraf sie alle. Europäische Reisende schwärmten in dieser Zeit vom Glanz der Stadt, berichteten von Konkubinen am Hof und dem Wohlstand innerhalb der Stadtmauern. So prachtvoll und wohlhabend wie zu Beginn war Shahjahanabad nie wieder.

Der Abstieg war dramatisch. Spätestens mit der Unabhängigkeit Indiens 1947 und dem damit verbundenen Aufstieg des von den Briten errichteten Neu-Delhi versank Shahjahanabad in Armut. Der Sitz des Mogulkaisers verkam zum beschämenden Anhängsel der modernen Metropole. Alt-Delhi überlebte, weil es sich in das größte Warenhaus Nordindiens verwandelte. Die Herrenhäuser und Prachtbauten der Stadt wurden zu Lagerhallen. Noch heute flüstern die Geister der Vergangenheit aus ihren Mauern. Es waren brutale Geschichten, die sich hinter der höfischen Etikette der Moguln abspielten. Intrige und Mord, Verrat, Gier, Machtrausch.

Der alte, verführerische Charme Shahjahanabads ist verflogen. Was einst von Zeitgenossen als Weg ins Paradies gepriesen wurde, ist heute ein überfülltes, hektisches Armen- und Arbeiterviertel. Betelsaftflecken beschmutzen abgenutzte Wände, die einst die schönsten palastartigen Häuser stützten. Diese sogenannten Havelis bargen den Reichtum der Kaufleute. Elegante Innenhöfe, kleine Lustgärten, Büchereien und Privatgemächer befanden sich darin. Die Havelis bildeten eine eigene kleine Welt in der großen Stadt. Heute sind die Innenhöfe Parkplätze, Brachen, Schutthalden. Kühe und Ziegen spazieren ein und aus. Aus den Privatgemächern sind kleine Werkstätten geworden, Schneider und Metallarbeiter verrichten hier ihre Arbeiten.

Chandni Chowk ist die Hauptstraße von Alt-Delhi. Unter Shah Jahan war sie ein lieblicher von Bäumen umstandener Kanal. Zu beiden Seiten zogen sich Märkte an ihm entlang, die zu den prächtigsten in Asien gehörten. Elegante Karawansereien und Prachtgärten befanden sich hier. Der Boulevard galt als einer der herrlichsten in der gesamten islamischen Welt. Handwerker verkauften Schmucksteine und Perlmutt für königliche Wandverzierungen. Trampeltiere aus Kashgar wurden ebenso gehandelt wie Zimt aus Madagaskar, Karawanen brachten Waren aus Zentralasien, burmesische Mädchen dienten als Konkubinen.

Es waren die Briten, die den Kanal 1857 zuschütteten und asphaltierten, die Bäume fällten. Heute fahren Rikschas mit ohrenbetäubendem Geknatter über ihn hinweg. Tagelöhner schieben schwere Holzkarren über die Straße, die meterhoch mit Kisten und Bündeln bestückt sind. Sie wuchten ihre Last erst an den vielen motorisierten Fahrzeugen vorbei und biegen dann in schmale Gassen, die sie mit ihren Karren zu blockieren drohen.

Chandni Chowk ist ein Trauerspiel verglichen mit dem, was es einmal war. Es scheint, als stehe der Verkehr hier ständig im Stau. Abgase vergiften die ohnehin schon schlechte Luft. Dazu kommt der Geruch von Ammoniak aus den öffentlichen Urinalen. Putz platzt von den Fassaden einst stolzer Handelshäuser. Gebrochene Geländer, löchrige Wellblechdächer, gammlige Lattenroste – alles ist hier im Verfall begriffen. Fensterscheiben sind trüb, Ecken abgewetzt. Auf den Gehwegen kauen Kühe den Unrat der Stadt samt Plastiktüten.

In den Seitengassen wird es noch verrückter. Hier raucht der Kopf. Abgase vermischen sich mit dem intensiven Geruch von Gewürzen und Räucherstäbchen, dem Schweiß der Menschen und all den anderen Ausdünstungen, die Alt-Delhi zu bieten hat. Dazu balgen sich zähnefletschende Hunde, bellen ihren

121

Frust in die Menge. Es gibt Geschrei und Gezänk, Bollywoods hektische Filmmusik knarrt aus übersteuerten Lautsprechern. Motorradfahrer fordern hupend einen freien Weg durch verstopfte Gassen.

Rund um die Jama Masjid herrscht das größte Chaos. Hier geht gar nichts mehr voran. Rikschas und Warenträger bremsen sich gegenseitig aus. Passanten drängen dazwischen, bis auch sie nicht mehr weiterkommen. Gemüsehändler, Juweliere und Teppichverkäufer hocken in ihren Geschäften, schlürfen Chai aus schmutzigen Gläsern. Unter der Hand verkaufen sie Haschisch, wechseln Geld, arrangieren, was in Indien arrangiert werden kann.

Delhi ist laut, dreckig, überfüllt, chaotisch. Die Stadt kämpft mit einem Image, das von Momentaufnahmen genährt wird. Ein einziges Bild der indischen Hauptstadt steckt in unseren Köpfen: gefangen im Verkehrssumpf zwischen Motorrädern, Karren, Kühen, Hunden und Ziegen, Fahrradfahrern und Fußgängern. Da sind die Männer, die Kisten auf den Köpfen tragen, und Frauen, die Körbe balancieren oder ganze Baumstämme. Kein Durchkommen, kein Durchatmen. Dazu die erdrückende tropische Hitze und die durch Abgase verpestete Luft. So ist Delhi.

Und immer, wenn Delhi so ist, wenn sich gerade ein knochiger alter Lastenfahrer auf dem Fahrrad mit Übergepäck durch die gefühlt schmalste Gasse von Alt-Delhi quetscht, wenn wegen ihm der ganze Verkehr stockt, das elendige Hupen noch elendiger in den Himmel schießt, dann, ja, genau dann zücken die Fotografen ihre Kameras, um den Daheimgebliebenen das typische Bild von Delhi zu liefern. Es ist ein Phänomen. Als Reisende wollen wir immer genau das Motiv einfangen, welches wir schon kennen, weil es typisch ist für das Land, die Stadt oder die Region. Sei es der Strohhut in Vietnam oder eben das Verkehrschaos in Delhi.

Niemand spricht über die fünf jungen Männer, die dem alten Lastenfahrer augenblicklich zu Hilfe eilen, die von ihren Motorrädern springen und gemeinsam die schwere Ladung durch die Straße schieben. Ob sie aus reiner Nächstenliebe handeln, ihr Karma aufbessern wollen oder schlicht, weil sie es eilig haben und wissen, dass es ohne ihre Hilfe noch länger dauern würde, sei dahingestellt.

Wenn man über Delhi spricht, erzählen die Besucher vom Dreck der Stadt, von in Müllbergen sitzenden Kindern, von Kühen und Hunden, die es ihnen gleichtun. Und ja, diese Szenen existieren, sind Realität in Delhi, in Indien.

Trotzdem oder gerade deswegen erzählt niemand von der anderen Seite. Von den Hunderten Menschen, die am frühen Morgen in ihrer Straße kehren, von den Ladenbesitzern, die die Gehwege wässern, damit der Staub nicht ins Innere ihrer Geschäfte dringt, davon, dass immer irgendwer Staub fegt oder den Müll kehrt, egal, wo man in der Stadt unterwegs ist.

Vielleicht entwickelt sich gerade eine Liebesgeschichte zwischen Delhi und uns. Weil Indien nirgendwo sonst mehr Indien, mehr Großstadt, mehr Gewusel, mehr Überraschung ist. Weil hier hinter jeder Ecke, sei sie auch noch so heruntergekommen, ein kleines Wunder liegen kann. Weil nur hier die lustigsten Schnurrbärte die größten Portionen Pani Puri, gefüllte Teigbällchen, anbieten, weil man nur hier durch die dreckigste Straße schlendert und plötzlich vor dem schönsten verwahrlosten Haveli steht und sich augenblicklich in die prunkvolle Zeit der Moguln zurückversetzt fühlt.

Wir geben uns hin, verlieren uns, schalten den Kopf aus, ignorieren alle Pläne. Einfach treiben lassen. Sicher, ab und an müssen wir uns die Nase zuhalten, treten auch mal in einen Kuhfladen. Wenn wir Pech haben, in einen frischen, warmen. Wenn wir sehr viel Pech haben, tragen wir dabei Flip-Flops. An einem schlechten Tag passiert das mehr als nur einmal. Aber es lohnt sich.

Die Farben, die Gerüche. Nirgendwo erlebt man eine Stadt so intensiv, so überfüllt, so bunt, so voller Möglichkeiten und so voller Gegensätze wie in Delhi. Wenn man es zulässt. Und wenn man Ohrstöpsel dabeihat. Dann ist es zwar immer noch laut. Nur nicht mehr so laut, dass man glaubt, man würde verrückt. Der Geräuschteppich ist so weit gedämpft, dass man auch dem tausendsten Rikschafahrer, Ladenbesitzer, Geldwechsler, Taugenichts und Tagedieb, Nepper und Schlepper, Bettler, Drogenabhängigen, Kind und all den anderen, die in dieser großen Metropole permanent etwas wollen, freundlich lächelnd und nickend begegnen kann.

Die Ohrstöpsel sorgen dafür, dass wir nicht zu zermürbt sind ob des ganzen Lärms, sondern noch genug Kraftreserven haben, um zu sehen und zu riechen, zu schmecken und zu fühlen und nicht zu vergessen. So bleibt noch Energie in den Beinen, die uns durch die Gassen treibt, zur nächsten Entdeckung, zum nächsten urbanen Abenteuer, zu noch mehr Chaos und zu noch mehr Liebe. Denn ohne Liebe geht es nicht. Millionen von Menschen schaffen es, hier zu leben, sich zu arrangieren mit Millionen von Nachbarn. Voller Liebe für all diejenigen, die gegen den Dreck der Stadt anfegen, obwohl es doch so aussichtslos erscheint. Liebe für diejenigen, die mit anpacken, obwohl niemand danach fragt, für die, die helfen, und die, die ruhig bleiben, für die, die Hunden Kekse kaufen, und für all diejenigen, die Reis und Gemüse für die Kühe und Ziegen auf die Straße stellen, für all die, die in dem Chaos der Großstadt die Zeit und die Muße finden für ein Lächeln oder einen Augenblick des Mitgefühls. Liebe für all jene, die den Weg erklären, obwohl sie keine Zeit haben, die es einem leicht machen oder schwer, denn von Lektionen lernen wir, wir reifen, wir wachsen und machen es nächstes Mal hoffentlich besser.

KURIOSES AUS INDIEN: SARIS, DIE WEIBLICHE SCHÖNHEIT UND DAS DUNKLE GEHEIMNIS

Der Sari ist Indiens charakteristisches Kleidungsstück. Er gehört zu den bekanntesten Gewändern der Welt und verbindet die traditionelle Kultur des Subkontinents mit einem eleganten Aussehen. Schon seit dem 3. Jahrtausend vor Christus hüllen sich Frauen in Saris.

Doch die hübschen Stoffe haben eine dunkle Seite. Das dauerhafte Tragen im feuchtheißen Klima des Subkontinents ist stark gesundheitsschädigend. An der Hüfte, wo der Sari eng am Körper liegt, wird die Haut vermehrt mit Staub und Schweißrückständen verunreinigt. Die bunten, stark schwermetallhaltigen Farben der Stoffe greifen die Haut an und führen zu einer ständigen Reizung. Die Folge ist der sogenannte Sari-Hautkrebs, der entlang der Hüften der Frauen auftritt, und zu Schuppenbildung oder Pigmentstörungen führt.

PER ANHALTER DURCH RAJASTHAN

MORTEN

Rajputana ist das Land der Rajputen, das Land der Fürsten und der Krieger. Westlich des Aravalligebirges gelegen, reicht es weit hinein in die Wüste Thar und bis nach Sindh in Pakistan. Die stolze Region ist heute bekannt als Rajasthan. Einst kreuzten hier Karawanen entlang der Seidenstraße, die mit unvorstellbaren Reichtümern beladen waren und neben Wohlstand auch Krieg in die Region brachten. Rajputana war kein geeintes Land. Etwa 20 Fürstentümer gerieten hier immer wieder in gewalttätige Auseinandersetzungen. Es ging um Macht und Einfluss. Aber auch Feinde von außen bedrohten ihre Sicherheit. Da waren erst die Sultane und dann die Moguln aus Delhi, das Königreich Gujarat, die Maharaten aus Zentralindien und schließlich die Briten.

Heute ist Rajasthan einer der abwechslungsreichsten Bundesstaaten Indiens. Etwa 200 Dialekte werden hier gesprochen. Es gibt heilige Ratten ebenso wie seltene Tiger. Rajasthan ist das Land der bunten Turbane, in dem die Menschen noch immer vom Selbstbewusstsein der Vergangenheit zehren.

Den Straßen Rajasthans folgen wir auf dem Beifahrersitz in Erics schicker Limousine. Der graue Asphalt zieht vor uns her. Draußen ist Wüste, drinnen ist es angenehm temperiert. Ledersitze. Bose Soundsystem. Klasse. Wer so eine Ausstattung in sein Auto baut, hat ein paar Dinge richtig gemacht. Die Geschäfte laufen gut. Eric spricht fünf Sprachen, hat in China und Andorra gearbeitet. Jetzt ist er zurück in Indien und schachert mit der Politik um Aufträge und Korruptionssummen. *»It's good if you know how to play with the government. If you play big, you are big«*, erklärt er.

Eric gehört zu einer neuen gesellschaftlichen Schicht in Indien. Er ist einer, der es geschafft hat, der in den letzten Jahren und Jahrzehnten zu Reichtum gekommen ist. Er ist jemand, der stolz auf die Entwicklung seines Landes ist. Eric schwärmt davon, dass in Indien niemand hungern muss, weil so viele Tempel gratis Essen austeilen, vergisst aber, dass die Tempel nur deshalb Essen austeilen, weil so viele Menschen hungern. Eric ist jemand, der von der medizinischen Versorgung und staatlichen Bildung Indiens schwärmt, weil sie für alle frei zugänglich ist. Er erwähnt aber nicht die katastrophalen Zustände in überfüllten Krankenhäusern und Schulen. Für Eric ist Indien eine Erfolgsgeschichte.

Getrieben von der IT-Branche und dem Bau-Boom, der noch immer überall im Land Zementfabriken wie Pilze aus dem Boden schießen lässt, hat der wachsende indische Mittelstand viel Geld erwirtschaftet. »Jetzt gibt es auch in Indien eine Schar

Neureicher«, erklärt Eric. Sie verprassen ihr Vermögen mit Glücksspiel und Prostitution, kaufen junge Frauen aus Bhutan, Pakistan und Afghanistan, die angeblich sogar über die Taliban vermittelt werden. Es ist nicht ganz klar, ob in Erics Worten Abscheu mitschwingt. Auch verstehen wir nicht, wo sein Platz im Dunstkreis des Geldes ist. Ist sein Reichtum alt oder neu?

An einer Kreuzung der Fernstraße trennen sich unsere Wege. Eric braust davon, und wir stehen kurz vor Sonnenuntergang mitten im Nirgendwo. Trockene, abgeerntete Felder umgeben die Straße. Ein Feldweg führt zu einem Hain, in dem eine Handvoll Häuser stehen. Als wir auf dem kleinen Dorfplatz ankommen, haben wir schon einen ganzen Mikrokosmos an Emotionen ausgelöst. Erstaunen, Aufregung, Angst – alles dabei. Es sind vor allem Jungen und Mädchen, die uns mal neugierig, mal skeptisch aus der Ferne inspizieren. Mit großen Kinderaugen linsen sie hinter Türen und Hausecken hervor.

Dann steht ein ziemlich breiter Typ vor uns. Kraft im Kubik. Ein Turban sitzt auf seinem Kopf, verdeckt das dunkle Haar. Ein borstiger Bart sprießt um Kinn und Wangen. Der Dorfvorsteher. Wir erklären, dass wir einen Schlafplatz suchen, dass wir ein Zelt dabeihaben, und ob es vielleicht möglich wäre, hier... Der Typ versteht kein Wort. Auch die wenigen Brocken Hindi, die den Weg bis in unser Gedächtnis geschafft haben, helfen nicht weiter. Wir probieren es mit Gesten. Mittlerweile hat sich eine kleine Gruppe um uns versammelt. Da sind junge Männer und Mütter mit Kindern. Selbst ein paar Alte stehen auf wackeligen Beinen dazwischen, um zu sehen, wer sich da in ihre Dorfmitte verirrt hat. Neugierig, aber ratlos werden wir betrachtet.

Zumindest scheint unser Anliegen nun klar. »*Mandir, Mandir*«, hören wir die Dorfbewohner sagen, die nun zur Schnellstraße deuten. Sie weisen uns den Weg zum nächsten Hindutempel. Doch als wir gerade den Asphalt erreichen, holen uns zwei junge Männer ein. »*Mandir nahi! Monkey, monkey*«, rufen sie kopfschüttelnd. Offenbar ist der Tempel doch keine gute Idee. Auf Affen, die in Indien oft diebisch und manchmal aggressiv sind, können wir verzichten, und so kehren wir gemeinsam ins Dorf zurück.

Die Dorfgemeinschaft steht noch genauso zusammen, wie wir sie verlassen haben. Doch nun zeigt uns der Dorfvorsteher erst einen Zeltplatz unter einem ausladenden Baum und dann das Toilettenhäuschen eines Nachbarn, das wir benützen dürfen. Dankbar errichten wir unser Zelt und werden dabei von mindestens einem Dutzend Augenpaaren beobachtet. Als der letzte Hering im staubigen Boden versenkt ist, laden wir unsere neuen Freunde ein, näher zu kommen. Die Kleinsten sind die Mutigsten. Sie schleichen ums Zelt, berühren die Plane und huschen mit leuchtenden Augen hinein. Da sitzen sie nun und lachen vor Freude. Es dauert nicht lange, da wollen auch die Erwachsenen einen Blick riskieren. Selbst eine alte Greisin bückt sich, soweit es ihre Knochen erlauben, um das Zeltinnere zu inspizieren. Eine junge Frau in sattgrünem Sari spendiert uns dampfenden Chai.

Am frühen Morgen liegt der Dorfplatz in friedlicher Ruhe. Wir packen zusammen, während um uns Fenster und Türen geöffnet werden. Ein neuer Tag beginnt. Strahlende Gesichter begrüßen uns. Die Aufregung über unsere Anwesenheit ist freundlicher Akzeptanz gewichen. Ein letzter Chai, dann stehen wir wieder an der Schnellstraße. Am Morgen ist der Verkehr so gering wie am Abend zuvor. Lediglich ein alter Bauer stiefelt über die Felder. Auf seinem Kopf balanciert er ein zusammengeknülltes Tuch zum Schutz vor der Sonne. Er spricht uns an, fragt nach unserer Herkunft und erzählt von Angela Merkels Staatsbesuch in Indien, wenige Tage zuvor.

Anderthalb Stunden warten wir, bis uns Sharu in seinem Lkw mitnimmt. Sharu ist ein lustiger Typ, er lacht viel und am liebsten über seine eigenen Witze. Er spricht ein ausgezeichnetes, vulgäres Englisch. In seiner Welt ist alles *bloody*, und je länger wir gemeinsam auf den Straßen Rajasthans unterwegs sind, desto echauffierter redet Sharu. »*Bloody idiots driving without bloody rules*«, übertönt er das Grölen des Motors. »*In India everything is bloody, the roads, the traffic, even the horn is bloody!*« Und wie zum Beweis lässt er seine markerschütternde Hupe ertönen, womit er Mopedfahrer links und rechts an den Fahrbahnrand drängt.

HOCHZEIT IN RAJASTHAN – DEKADENZ MIT TRADITION

ROCHSSARE

»Wisst ihr, es ist grad ziemlich stressig bei mir zu Hause. Wir bereiten eine Hochzeit vor, und ich bin etwas beschäftigt. Aber kommt einfach vorbei. Hier sind so viele Gäste; euch kriegen wir auch noch irgendwo unter.«

Die Antwort auf unsere Couchsurfing-Anfrage in Jaipur, der »pinken Stadt« im Herzen Rajasthans, versetzt uns in eine aufregende Ungewissheit. Haben wir vielleicht das Glück, an einer pompösen indischen Hochzeit teilzunehmen? Darüber hinaus an einer Hochzeit in Rajasthan, wo die Menschen mit ihrer Tradition und Hingabe selbst für indische Verhältnisse ausschweifende Feste feiern? Wo besondere Unmengen an Goldschmuck als Mitgift vergeben werden, wo sich die Männer mit Turbanen und Schwertern schmücken, Frauen in knallbunten Saris umherschweben und indische Köstlichkeiten in gigantischen Töpfen vor sich hin köcheln? Das Profilbild unseres zukünftigen Gastgebers Ranjid zeigt einen jungen Mann mit glatt rasiertem Gesicht, blitzenden Augen unter perfekt getrimmten Brauen und einem schelmischen Lächeln. Wir sind gespannt.

Ein paar Tage später erreichen wir das dreistöckige, weiß getünchte Haus von Ranjids Familie in Jaipur. Es ist bereits Nacht, und wir sind nicht sicher, ob wir wirklich vor dem richtigen Gebäude stehen. Die Markierungen von Straßen und Hausnummern sind in Indien manchmal recht abenteuerlich. Durch ein metallenes Eingangstor betreten wir das Grundstück. Vor dem Haus huschen dunkle Silhouetten herum. Doch niemand scheint uns zu beachten. Wir nähern uns dem Gebäude und der offen stehenden Wohnung im Erdgeschoss. Hier wohnen Ranjids Eltern. Mein Blick fällt auf das im simplen Rahmen hängende übergroße Foto des Familienoberhauptes in strenger Militäruniform. Zahlreiche Orden und Ehrenabzeichen zieren seine Brust, ein mächtiger weißer Schnurrbart prangt in seinem Gesicht – es ist Ranjids Vater.

Shreeta begrüßt uns lächelnd und stellt sich als Ranjids ältere Schwester vor. Ihre langen, dunklen Haare fallen ihr zu einem Zopf gebunden über die linke Schulter. Sie trägt eine knallgelbe Kurta, ein traditionelles Kleidungsstück.

»Ranjid?«, erwidert sie erstaunt, als wir nach unserem Gastgeber fragen. »Nein, Ranjid ist im Moment nicht hier. Der holt gerade seine Braut ab.«

Verblüfft starren wir Shreeta an. »Du meinst, die Hochzeit hier ist Ranjids Hochzeit?«

»Aber natürlich, hat er euch das nicht gesagt?«

Nein, hat er nicht. Unvermittelt stolpern wir in die mehrtägigen Festlichkeiten einer traditionellen Hochzeit. Wir hatten gehofft, ein wenig an den Ritualen und Verrücktheiten teilhaben zu dürfen, und sind nun viel näher dran, als wir zu wünschen gewagt hätten.

»Heute wird *Baraat* gefeiert«, erklärt uns Shreeta. Es ist eine der wichtigsten vorehelichen Zeremonien im mehrtägigen Feiermarathon, der Hochzeitszug des Bräutigams. Auf einem Elefanten schwankend, mit Schwert und Turban bestückt und in feinste Robe gekleidet, reitet Ranjid zum bescheidenen Haus seiner zukünftigen Braut in einem der Dörfer, die Jaipur umgeben. Sämtliche männlichen Familienmitglieder und Freunde der Familie begleiten Ranjid zu Fuß. Mit Gesang und Tanz prozessieren sie durch die Straßen, feiern den Bräutigam, der auf seiner erhobenen Position allerdings nicht mitmachen darf. Ranjid, der Bräutigam, muss sich konzentrieren. Mit ernster Miene reitet er dem Elternhaus seiner zukünftigen Frau entgegen, wo er mit Blumenschmuck und einer Puja, einer religiösen Zeremonie, geehrt wird.

Am nächsten Morgen treffen wir endlich unseren Gastgeber. Übernächtigt sieht er aus. »So eine Hochzeit ist Dauerstress«, raunt er uns zu. »Aber hier in Indien gehören die Traditionen dazu.« Sein Lächeln ist müde. Die Hochzeit ist, wie die meisten Ehen in Indien, arrangiert. Manchmal ist Liebe im Spiel, meistens nicht. Doch das wird schon, ist ein Glaubenssatz, der sich hartnäckig in den Köpfen der Inder hält. Liebe kann man sich erarbeiten. Wichtig ist zunächst das Geschäft. Die Ehe ist in Indien ein Wirtschaftsvertrag zwischen zwei Unternehmen, die sich Familie nennen. Emotionen spielen eine untergeordnete Rolle. Oft kennen sich die zukünftigen Eheleute nicht.

Romantische Hochzeiten gibt es in Indien meist nur in Bolly-wood.

Auch Ranjid hat seine Verlobte erst zwei Mal gesehen, immer im Beisein der Familien. Sein Vater, ein strenger, aber freundlicher Mann, hatte die Braut ausgesucht. Doch vor Ranjid ragt ein gewaltiges Hindernis empor, das eine glück-liche Ehe zu beeinträchtigen scheint; denn unser Gastgeber ist schwul, wie er auf seinem Couchsurfing-Profil angibt. Wie fühlt es sich für einen jungen schwulen Mann an, eine Frau zu heiraten, die er kaum kennt? Gedankenverloren zuckt Ranjid mit den Schultern. »Meine Eltern haben mein Leben lang alles für mich getan. Sie haben mir alles ermöglicht. Dass ich diese Frau heirate, ist der einzige Wunsch meines Vaters. Und natür-lich werde ich ihm diesen Wunsch erfüllen.«

Ranjids Worte klingen so überzeugt, dass ich ihm nichts ent-gegnen kann, obwohl tausend Gedanken durch meinen Kopf flitzen, die mir sagen, wie falsch das ist. Ranjids Selbstverständ-lichkeit zeigt das in Indien verbreitete Pflichtgefühl der Kin-der gegenüber den Eltern. Hochzeiten sind hier keine Sache zwischen Mann und Frau. Es sind soziokulturelle Angelegen-heiten, die über die Familie hinausgehen und ganze Nachbar-schaften und Dorfgemeinschaften betreffen. Gerade im kon-servativen ländlichen Raum ist Ansehen wichtig. Dazu gehört auch die Ergebenheit der Kinder ihren Eltern gegenüber. Wer sich widersetzt, löst einen ungeheuerlichen Skandal für die gesamte Familie aus.

Am selben Abend werden wir von Shreeta in Ranjids Woh-nung im zweiten Stock des Elternhauses gebracht. Weder

Möbel noch persönliche Gegenstände befinden sich hier. Der Boden ist mit einem dünnen, serviettenartigen dunkelblauen Stoff bedeckt. Heute Nacht kommt die Familie von Ranjids Angetrauter Kaholie, vornehmlich Frauen und Kinder aus dem Heimatdorf der Braut, um die zukünftige Wohnung des Paares zu begutachten. Die Familie ist groß, und damit alle in die Wohnung passen, wurden die Möbel einfach entfernt.

Ranjids zukünftige Ehefrau stammt aus einer niedrigeren Kaste. Wenn man keine finanziellen Sorgen hat, ist es durchaus von Vorteil, eine ärmere Frau aus einem der nahe gelegenen Dörfer zu heiraten, so zumindest die rationale Meinung von Ranjids Eltern. Sie sind sich der ewigen Dankbarkeit ihrer Schwiegertochter Kaholie sicher, die nicht nur in eine finanziell bessergestellte Familie einheiraten darf, sondern auch die Chance bekommt, ihr Dorf zu verlassen und in einem schicken Haus in der Stadt zu wohnen. Die Heirat in einen höheren gesellschaftlichen Stand sollte Kaholie und ihre Familie mit Demut erfüllen. Es ist unwahrscheinlich, so die Überlegung von Ranjids Eltern, dass Kaholie Forderungen stellt oder den Anweisungen von Schwiegermutter und Ehemann nicht Folge leistet.

Spät am Abend trifft Kaholies Familie ein. Dutzende Frauen und noch mehr Kleinkinder und weinende Säuglinge betreten gemeinsam die Wohnung. Wir sind mittendrin in einer lautstark schnatternden Menschenmenge. In einer Ecke des Wohnzimmers stehen für jeden Gast ein Einwegplastikbecher Wasser mit Aludeckel und ein Dreierpack Kekse bereit. Umgehend greifen die Frauen zu. Die Kekse verschwinden in Kindermündern, der Müll landet auf dem Boden. Manchmal trifft uns ein entgeisterter Blick, so als wären wir eine ungehörige Spezies. Das Spektakel dauert keine fünf Minuten, dann ist die Familie auch schon wieder aus der Wohnung verschwunden. Sie hinterlässt ein Schlachtfeld. Keksverpackungen und Einwegplastikbecher liegen kreuz und quer auf dem Boden, zertretene Kekse und ausgespuckter Babysabber-Brei, Krümel und Rotz kleben auf den Schutzservietten. Wasserlachen sickern langsam in den Stoff.

Unten im Garten treffen wir Ranjid. Er wirkt übermüdet, gestresst und ist dennoch auf liebenswerte Weise um unser Wohlergehen bemüht. Er geleitet uns in einen Raum, in dem dichte Rauchschwaden zur Decke dampfen. Ein Dutzend Tanten sitzen in bunten Saris um zwei Wasserpfeifen. Ihre dekorativen, durchschimmernden Kopftücher haben sie über das ganze Gesicht bis unters Kinn gezogen. Die durchsichtigen Tücher in leuchtenden fröhlichen Farben sind mit feinen goldenen Stickereien und Pailletten geschmückt. Der Tradition entsprechend schützen sich die Frauen so vor fremden Blicken und behalten selbst einen beinahe ungetrübten Blick auf die Außenwelt. Wir sitzen eine Weile schweigend in der Frauenrunde. Uns fehlt die gemeinsame Sprache. Weder ihr Englisch noch unser Hindi reicht für ein Gespräch. Stattdessen vergnügen wir uns mit pantomimischem Hin und Her und teilen die Wasserpfeife, die so stark ist, dass wir augenblicklich zu husten beginnen. Die fröhliche Atmosphäre reichern die kichernden Damen mit ein wenig Schadenfreude an.

Am Morgen des großen Tages treffen wir Ranjid auf der Dachterrasse seines Elternhauses. Hier sitzen wir gemeinsam mit ein paar Cousins und frühstücken Chapati, die auf einem offenen Feuer gegart werden. Ranjid kommt gerade von einer Zeremonie aus dem Tempel und ist gedanklich bereits bei der nächsten Veranstaltung. Unsere gemeinsame Zeit reicht nur für ein kurzes »Wie geht's, wie steht's?«. Auch Ranjids Magen knurrt. Schnell schaufelt er sich im Stehen Reis in den Mund – Reste vom gestrigen Abend. Seit Tagen isst er nur noch Übriggebliebenes, was sich auch nach der Hochzeit nicht ändern wird. Und dennoch werden nach indischen Hochzeiten Unmengen an Nahrungsmitteln weggeworfen; ein Umstand, der Ranjid jetzt schon bitter aufstößt. Die Dekadenz beschäftigt ihn, denn als Gastgeber der Hochzeit steht die Familie des Bräutigams traditionell in der Pflicht, die mehrtägige Feier im Überfluss auszustatten. Je mehr, desto besser. Eheschließungen sind in Indien Prestigeveranstaltungen. Die Gästelisten sind lang, und jeder einzelne Gast soll fürstlich versorgt sein. Schon deshalb verschulden sich viele Inder für die Hochzeiten ihrer Kinder – ein Schicksal, von dem Ranjids Familie allerdings weit entfernt scheint.

Nach einer endlosen Reihe von Veranstaltungen und Zeremonien findet am Abend die Feier zu Ehren Ranjids und Kaholies statt. Es ist der Abschluss mehrerer großer Tage. Und auch wir sollen uns festlich kleiden. Morten wird ein rosafarbener Turban auf den Kopf gesetzt, dazu trägt er ein goldglitzerndes Gewand. Seine neuen Schuhe rollen sich an den Fußspitzen nach oben und erfüllen unsere Erwartungen an ein richtiges Maharadscha-Outfit. Ich hingegen werde von Ranjids Schwägerin in ein Nebenzimmer gezogen. Das Ankleiden und Zurechtmachen der Frauen wird während solch großer Ereignisse in Indien regelrecht zelebriert und ist ein wichtiger und zeitaufwendiger Teil der Hochzeit. Die großen festlichen Saris, teilweise über acht Meter lange Stoffe, werden auf geschickte Weise gefaltet und mit stattlichen Sicherheitsnadeln befestigt, damit sie über den gesamten Abend nicht verrutschen. Es ist eine Arbeit, die am besten von mehreren Frauen gleichzeitig erledigt wird. Auch um mich herum schwirren drei Helferinnen. Mir wird Make-up aufgelegt, Goldschmuck gereicht und ein Bindi, der rote Punkt an der Stelle, an der das energetische dritte Auge sitzen soll, auf die Stirn geklebt. Anschließend drapiert eine der Frauen meine Haare, bevor mir ein mehrteiliger pinkfarbener Sari angelegt wird.

Ich bin zunächst skeptisch. Die leuchtend pinke Farbe scheint mir ein wenig zu auffällig, doch Ranjids Großmutter hat das letzte Wort, als sie bei der Farbwahl meines Saris um Rat gefragt wird. Es bleibt bei dem pinken Sari. Und natürlich behält Ranjids Oma recht – denn auf der Hochzeit angekommen, bewege ich mich in einem Meer aus knallbunten Saris. Das Festgelände ist riesig, mindestens so groß wie ein Fußballfeld. Dutzende Angestellte schwirren umher, um letzte Hand an die Dekoration zu legen. Üppiger Blumenschmuck, aus dem handgroße rote Blüten ragen, rahmt eine Bühne. »Dort oben werden die Hochzeitsfotos geschossen«, erklärt Ranjids Vater stolz. Das streng dreinblickende Oberhaupt der Familie scheint der Einzige zu sein, dem der ganze Trubel nichts ausmacht. Entspannt ist er in den letzten Tagen von einer Veranstaltung zur nächsten spaziert und hat uns bei jeder Gelegenheit mit Anekdoten aus seinem Leben unterhalten. Jetzt nimmt er uns zur Seite, zwirbelt an seinem prächtigen Schnurrbart und bittet uns lächelnd, gemeinsam mit ihm die Gäste am Eingang zu begrüßen. Wir sähen in unserer einheimischen Tracht aus Jaipur so toll aus, schmeichelt er uns, und außerdem werde Kaholies Familie bald eintreffen. Geehrt stimmen wir zu und sind zugleich erleichtert, eine Aufgabe zu haben, um nicht ein wenig verloren auf dem riesigen Gelände herumzustehen.

Ich kämpfe ab und an mit meinem Sari und habe noch nicht recht verstanden, wo ich ziehen muss, wenn mein leichtes Kopftuch rutscht, wo ich etwas feststecken muss, wenn der Stoff über meiner Schulter nach vorne fällt, und warum zum Teufel sich mein Rock immer selbstständig macht. Ranjids Vater erkennt meine Lage und hilft mit meinem Kopftuch. Anscheinend hat der alte Militärhase schon mehr mit Saris zu tun gehabt, als ich es mir vorstellen kann. Gemeinsam mit Ranjids Vater begrüßen wir Kaholies Familie, die wenig später zu Dutzenden erscheint, mit einem höflichen »Namaste« und vor der Brust gefalteten Händen. Als Zeichen des Respekts sollen wir unsere Hände möglichst hoch ansetzen, sodass die Fingerspitzen bis zum Kinn reichen.

Immer mehr Gäste strömen herbei, und wir fragen uns, ob es wirklich eine gute Idee war, die Begrüßung zu übernehmen. Immerhin, der Einlass ist extravagant. Vorne an der Straße spielen Musiker auf ihren traditionellen Flöten, und während die Gäste durch einen mit Lichterketten geschmückten Pfad auf das Eingangstor zusteuern, werden ihnen Lotusblüten von zierlichen jungen Frauen gereicht. Und dann, am Eingang, sehen sie uns, die Ausländer in der herrschaftlichen Tracht der Einheimischen. Das alles macht bestimmt Eindruck. Unsere *Namastes* rufen jedenfalls bei vielen Ankommenden ungläubige und dennoch faszinierte Gesichtsausdrücke hervor.

Irgendwann werden wir abgelöst. Die bunten Saris auf dem Festgelände schillern in Himmelblau, Knallpink, Kanarienvogelgelb, Giftgrün und Orange. Sie sind gepaart mit jeder Menge Goldschmuck und glänzenden, bis zur Hüfte reichenden, geflochtenen Zöpfen. Die ebenfalls eleganten Kurtas der Männer haben gegen diese Pracht klar das Nachsehen. Wir sind zwei von über 2500 Gästen. Ranjids Familie zeigt sich großzügig, scheut keinen Aufwand.

Begleitet von einer Militärkapelle und knackiger Marschmusik, betritt das Brautpaar die Veranstaltung. Ranjid trägt einen roten Turban aus Samt, der mit goldenen Fäden und einer geschwungenen Reihe funkelnder Steine dekoriert ist. Dazu ist er in eine fein gearbeitete, elfenbeinfarbene Kurta aus Seide gekleidet. Florale Stickereien veredeln den Stoff. Ein steifer, hoher Kragen ist ebenfalls mit goldenen und dunkelroten Verzierungen geschmückt. Um seine rechte Schulter liegt ein aufwendig gearbeiteter samtener Schal, Chunni genannt, der passend zum Turban gestaltet ist. Ein Schwert steckt in einer gold- und schwarzglänzenden Scheide, die von seiner Hüfte baumelt und bis an die Wade reicht.

Kaholie trägt einen traditionellen roten Hochzeitssari. Der weite, bis auf den Boden reichende Rock ist mit goldenen Bordüren und Stickereien versehen. Ein seidenes Kopftuch ist am Hinterkopf befestigt. Neben zahllosen goldenen Ketten und schweren goldenen Ohrringen trägt sie einen großen, dekorativen Nasenring, der bis über Mund und Wange reicht. Der Nath, wie dieser traditionelle Schmuck der Braut genannt wird, ist ein Zeichen junger Frauen, die vor ihrer Hochzeit stehen. Er ist der Göttin Parvati gewidmet, die die zukünftige Ehe segnen soll. Nach der Hochzeit wird der Nasenring durch einen kleineren ersetzt, der anzeigt, dass die Frau nun verheiratet ist. Unzählige goldene Armreifen zieren die Unterarme Kaholies und verdecken fast die detailliert gezeichneten Hennamalereien, die ihre Hände und Arme schmücken. Das *Mehndi* wird in einem vorehelichen Ritual am Abend vor der Hochzeit aufgetragen. Ein geselliges, doch privates Ereignis, an dem nur enge Freunde und die Familie der Braut teilnehmen. Man sagt, je dunkler das Henna auf der Haut der Braut erscheint, desto mehr werde sie nach der Hochzeit von Ehemann und Schwiegermutter geliebt werden. Zusätzlich zur üppigen Kleidung trägt das Brautpaar überdimensionale Blumenketten, die beiden jeweils bis zur Hüfte reichen.

Zwei Fotografenteams und ein Kamerateam begleiten das Paar bei ihrem Gang zur Bühne. In professioneller Manier versuchen sie, den schönsten Moment einzufangen. Eine Drohne schwirrt laut surrend über unseren Köpfen. Ihre Aufnahmen werden direkt auf eine gewaltige Leinwand neben der Bühne übertragen. Die Familien begleiten das Brautpaar. Ranjid steigen Tränen in die Augen. Ein wichtiger, ein emotionaler Moment. Ein Schritt der Abnabelung, ein Schritt in die Selbstständigkeit. Seine Emotionen gelten nicht der ihm angetrauten Frau, die Ranjid kaum kennt. Was gerade in seinem Kopf vor sich geht, können wir nur erahnen. Kaholies Gedanken und Gefühle sind ebenfalls nicht auszumachen. Sie blickt konstant auf den Boden, denn von der Braut wird ein traditionell schüchternes Verhalten erwartet.

Auf der blumengeschmückten Bühne angekommen, beginnt für das Brautpaar die Arbeit. Ein vergoldetes Sofa steht in der Mitte der Bühne, an das sich Ranjid und Kaholie klammern. Es ist Zeit für Erinnerungsfotos – erst mit der Familie in verschiedenen Positionen und Konstellationen, dann mit jedem der 2500 geladenen Gäste. Die erfahrenen Fotografen veranschlagen ungefähr sechs Stunden. Die beiden Militärkapellen, die rechts und links der Bühne positioniert sind, begleiten die Veranstaltung weiter mit zackiger Musik. Zwei Stunden später steht dem Brautpaar die Müdigkeit bereits deutlich ins Gesicht geschrieben, das Lächeln ist eingefroren, die Mimik steif. Wir sind mindestens genauso beschäftigt. Jeder Gast möchte ein Selfie mit uns, den Ausländern in der traditionellen festlichen Kleidung Rajasthans.

Irgendwann knurrt uns der Magen. Abseits der Bühne, auf den verbleibenden Seiten des riesigen Geländes, ist ein mindestens 200 Meter langes Büfett aufgebaut. Aromatische Currys blubbern in großen Töpfen und Schalen. Die gesamte nordindische Küche ist hier vereint: von Palak Paneer bis Malai Kofta, von Dal Mahkani bis zu Leckereien aus Auberginen, Okraschoten, Kartoffeln und Blumenkohl. Dazu gibt es die verschiedensten Reisgerichte, Biryani und Kashmiri Pulao, Chicken Tikka –

im traditionellen Tandoori-Ofen zubereitete Hühnchen – und duftendes, frisches Knoblauch-Naan. Selbst ein Betelhändler ist anwesend, der neben Betelblättern und Arekanüssen auch ein Schälchen Anis als Munderfrischer bereitstellt. Eine Seite des Büfetts ist ausschließlich den Desserts gewidmet. In dickflüssigem Zuckersirup warten klassische Süßspeisen, Gulab Jamun, Rasgulla und Jalebi, darauf, verspeist zu werden. Daneben erheben sich Gebirge aus Laddu und Barfi, Kichererbsenbällchen und Konfekt, bevor literweise Kheer und Kulfi, gewürzter Milchreis und traditionelles indisches Eis, in bodenlos scheinenden Töpfen angeboten werden.

Auf der Bühne werden noch immer Fotos geschossen. Ich beobachte, wie Ranjid ein Glas Wasser gereicht wird, das er hinunterstürzt, um schnell wieder sein Fotolächeln aufzusetzen. Seine Braut wirkt, als könne sie ein Stück Schokolade vertragen. Während sich sogar die Fotografenteams abwechseln, wird dem Brautpaar keine längere Pause gegönnt.

Wir futtern uns hingegen durch das reichhaltige Büfett. Mit vollem Magen setzen wir uns zufrieden auf zwei Stühle, die zu Hunderten vor der Bühne aufgereiht, aber kaum besetzt sind. Die Gäste belagern die Tische mit den aufgereihten Speisen, essen oft schon in der Warteschlange ihre Teller leer, um am nächsten Riesenpott direkt wieder zuzulangen. Zwischen ihnen huschen in elegante, schlichte Kurtas gekleidete Kellner umher, die auf silbernen Tabletts Häppchen und Getränke servieren. Noch ein Chai hier, eine Köstlichkeit aus getrockneten Früchten, Cashewkernen und Jaggery, indischem Rohrzucker, dort. Passt vielleicht sogar noch ein Gulab Jamun hinein? Die kleinen Häppchen halten unsere Laune auf einem konstant guten Level, obwohl die Stunden nur zäh dahinfließen und die donnernde Marschmusik nur noch schwer zu ertragen ist.

Mein persönliches Highlight der Hochzeitsfeier befindet sich in einem halb gefüllten, aufblasbaren Kinderplanschbecken. In ihm steht eine blonde Russin in einem Kostüm, das mich an »Das Ding aus dem Sumpf« erinnert. Spärliche Kleidung hängt in Fransen von ihrem Körper. Das Gesicht ist in verschiedenen grünen Schattierungen bemalt. Gartenschläuche sind mit Isolierband um ihre Beine und Arme gewickelt. Wasser plätschert scheinbar aus den Extremitäten der jungen Frau, die wohl versucht, mit akrobatischen Bewegungen einen menschlichen Brunnen darzustellen. Oder einen weinenden Baum. Ich bin mir bei dieser Kunstinstallation nicht ganz sicher.

Wenig später stehen wir mal wieder vor dem Dessertbüfett, als Ranjids Kumpel Shane uns in geheimnistuerischer Manier auffordert, ihm zu folgen. Wir quetschen uns durch die Menge und gelangen mit ihm in ein niedriges Gebäude am Rand des Veranstaltungsgeländes. Auf dünnen Bastmatten lassen wir uns zwischen einer Handvoll junger Männer nieder. Weil auf der Hochzeit kein Alkohol ausgeschenkt wird, feiern Ranjids Freunde im Geheimen ihre eigene kleine Party. »Auf Ranjid«, rufen sie und schon klingen die Gläser aneinander. Auch wir halten bereits eiskaltes Bier in den Händen, bevor uns, ganz indisch, mit Wasser verdünnter Whiskey angeboten wird.

Ranjids Freunde kommen aus Frankreich, aus England und aus den Niederlanden. Von ihnen erfahren wir mehr über die hiesige Schwulenszene. Cedric, ein junger Mann aus Frankreich, kommt regelmäßig nach Indien. »In der Öffentlichkeit passiert hier gar nichts«, sagt er, »aber viele Inder sind gegenüber einem gleichgeschlechtlichen Abenteuer offen.« Sex gibt es in Indien erst nach der Ehe, und viele heterosexuelle Männer haben so starkes Verlangen, dass es ihnen egal ist, mit wem sie Verkehr haben, solange sie den aktiven Part ausüben. Cedric nennt das Verhalten fluid – instabil, veränderlich.

Shane geht noch weiter. Er erklärt, dass es nirgendwo so einfach sei, gleichgeschlechtliche Sexualpartner zu finden wie in Indien. »Wenn ich schätzen müsste«, so erzählt er lachend, »würde ich wohl 80 Prozent der indischen Männer überreden können, mit mir ins Bett zu steigen.«

Nach Bier und Whiskey wird Schnaps in die Mitte der Bastmatten gereicht. Ranjids Freunde sind bereits ziemlich betrunken. Aufgeregt reden sie durcheinander, und weil wir ihren Gesprächen nicht folgen können, spazieren wir noch eine Runde um das Büfett. Gerade greifen wir nach den großen glänzenden Tellern, da kommt Ranjids Schwester Shreeta aufgeregt auf uns zu. »Euch hab ich gesucht«, ruft sie uns entgegen. »Ihr habt doch hoffentlich noch nichts gegessen, oder?« Vorsichtig schiebt sie uns durch eine gläserne Tür. »Lasst es euch schmecken«, lacht sie und eilt eilig davon.

Ein hochgewachsener Inder mit gezwirbeltem Schnurrbart und leuchtend pinkem Turban führt uns zu einem flachen Tisch. Sitzkissen und Polster sind darum angeordnet. Im Schneidersitz machen wir es uns bequem. Einen Augenblick später werden uns köstlich cremige Currys in verschnörkelten goldenen Schälchen und knusprig frisches Naan serviert.

Wir essen in einem Restaurant, das nur erlesenen Hochzeits-gästen zugänglich ist. Während draußen am Büfett durchaus leckere Speisen verteilt werden, wird hier drinnen Extravaganz im Maharadscha-Stil zelebriert.

Die Stunden vergehen. Wer die Fotos mit dem Brautpaar gemacht und sich satt gegessen hat, verlässt die Veranstaltung. Ranjid und Kaholie stehen hingegen immer noch auf der Bühne. Ranjid stopft sich bei einem Gästewechsel auf der Bühne kleine frittierte Teigtaschen – Samosas – in den Mund, bevor er sich mit trainiertem Lächeln in die fünfte Stunde des Fotomarathons aufmacht. Nach weiteren zwei Stunden ist das Ende des großen Tages absehbar. Außer den Mitgliedern beider Familien sind kaum noch Gäste anwesend. Die Drohne über unseren Köpfen hört endlich auf zu surren, und auch die Marschkapellen packen ihre Instrumente ein.

Nun, nach einem sechsstündigen Fotoshooting, ist anscheinend der richtige Moment gekommen, um die wichtigsten Fotos des Abends zu schießen: Braut und Bräutigam in gemeinsamer Pose. Das völlig erschöpfte Brautpaar lächelt weiter tapfer in die Kamera. Doch Ranjids wesentlich jüngere Frau ist so schüchtern, dass sie sich nicht traut, ihren Ehemann anzufassen. Selbst auf die Anweisungen des Fotografen wagt sie nicht zu reagieren, bis dieser hinter seinem Stativ hervortritt und die Hand der Braut auf der Schulter ihres Ehemannes platziert. Dann sind wirklich die letzten Fotos des Abends im Kasten. Die Pflicht ist getan, und urplötzlich macht sich Aufbruchsstimmung breit. Die Braut eilt schluchzend zu ihrer Familie, von der nun die offizielle Verabschiedung stattfindet.

Die Mutter entlässt die Tochter in den neuen Lebensabschnitt. Die Trennung von der Familie, der Auszug aus dem Elternhaus wird tränenreich zelebriert – so will es die Tradition. Schluchzend und jammernd liegen sich Mutter und Tochter in den Armen. Die junge Frau, die nun mit einem ihr fremden Mann in ein neues Zuhause fährt, weint verzweifelt, doch die Trennung von ihrer Familie kann sie nicht verhindern. Zeitgleich sitzt Ranjid allein im Restaurant und verschlingt sein Abendessen.

In verschiedenen Autos machen wir uns mit der Familie auf den Weg nach Hause. Ranjid und Kaholie sitzen weder im selben Fahrzeug, noch kommen sie zusammen in ihrem gemeinsamen Zuhause an. Sie teilen nicht einmal dieselbe Wohnung. Während wir bei Ranjid im zweiten Stock des elterlichen Hauses schlafen, bezieht Kaholie ein Zimmer im Erdgeschoss in der Wohnung ihrer Schwiegereltern. Ranjid wird bald zum Studieren nach Paris gehen. Bis er wiederkommt, wird Kaholie ihnen im Haushalt helfen. Wir verbringen noch zwei weitere Tage mit unserem frisch vermählten Gastgeber Ranjid und seinen Freunden. Kaholie bekommen wir nicht mehr zu Gesicht. Die Wohnung ihrer Schwiegereltern verlässt sie nicht und, so erzählt uns Ranjid, offenbar nicht einmal ihr Zimmer.

KURIOSES AUS INDIEN: GUTE, BESSERE, DIE BESTEN JOBS

Ein guter Job in Indien ist in erster Linie ein Job, bei dem man nicht körperlich arbeiten muss. Ein klimatisiertes Büro, das vor den Unwägbarkeiten des indischen Wetters (Sonne, Hitze), aber auch der indischen Realität (Lärm, Dreck, Staub, Menschenmassen) schützt, ist sehr beliebt. Auch ein Ladenbesitzer, der tagein, tagaus in seinem kleinen Geschäft sitzt – oder liegt – und auf Kundschaft wartet, hat es in den Augen der Gesellschaft schon weit gebracht, da er eigentlich die meiste Zeit gar nicht arbeiten, sondern nur körperlich anwesend sein muss.

Die besten Jobs sind natürlich die Regierungsjobs, die alle Annehmlichkeiten vereinen: Man hat ein Büro, muss absolut gar nichts machen, verdient gut und erntet so viel Prestige, dass man die Familie jeder Frau im Nu von einer Hochzeit überzeugen kann. Wem das nicht gelingt, der hofft immer noch auf einen Job, der das Tragen einer Uniform ermöglicht (Busfahrer, Sicherheitsfirma).

JAISALMER UND DAS VERMÄCHTNIS DER RAJPUTEN

MORTEN

Sandstaub liegt wie ein Teppich auf dem Asphalt, der mitten durch die Wüste Thar führt. Rawal Singh steuert seinen Pkw in Richtung Jaisalmer. Wie ein Kamelführer lenkt er das Gefährt mit stolzgeschwellter Brust durch seine Heimat. Der Geschichte verdankt er Ländereien, die einst im königlichen Besitz der Maharadschas waren und nun als Großgrundbesitz in den Händen ihrer Nachfahren liegen. Rawal Singh ist ein Rajput mit prächtigem, buschigem Schnurrbart und perfekter Föhnfrisur. Er ist ein Abkömmling der ehemaligen Herrscher von Jaisalmer, zumindest über ein paar Ecken. Obwohl in Indien schon lange keine Adelstitel mehr vergeben werden, betrachtet sich Rawal Singh noch immer mit majestätischer Selbstverständlichkeit. Er ist begeisterter Jäger und fasziniert von starken Persönlichkeiten. Deshalb stecken in seinem Portemonnaie zwei Bilder. Eines zeigt Adolf Hitler, das andere Ché Guevara. Beide hätten Charisma, lässt er uns wissen, beide konnten Menschen führen. Zwei Eigenschaften, die er gerne auch für sich in Anspruch nimmt. Gäbe es doch bloß noch einen Fürstenstaat.

Dann fachsimpelt Rawal Singh über die deutsche Geschichte. »Hitler hat Deutschland groß gemacht«, strahlt er, als ob er uns ein Kompliment machen würde. Er meint es völlig ernst. Nur der kleine Mann aus Braunau sei dafür verantwortlich, dass Deutschland heute so gut dastehe. Rawal Singh ist nicht der Einzige, der uns derartig abwegige Nazisprüche um die Ohren haut. Auf dem indischen Subkontinent verschwimmen die Dimensionen des Weltkrieges. »Mein Kampf« steht unkommentiert in vielen Buchläden des Landes. Dabei ist die Begeisterung für Hitler vor allem personenbezogen. Eine Bewertung der politischen Leistung und Wirkung, von der die meisten Inder keine Ahnung haben, findet nicht statt.

Dass Hitler so sehr verehrt wird, hat viel mit Indiens eigener Geschichte zu tun. Unter Hitler kämpft Nazideutschland gegen die Briten, die in Indien verhasste Kolonialmacht sind. Danach, Indien ist unabhängig, führen Regierungen das Land, die immer wieder in Korruption und Vetternwirtschaft verstrickt sind und Millionen in die eigenen Taschen stecken. Der Wunsch nach einem starken Führer wächst auch aus dem Versagen der eigenen Politiker. Der aktuelle Premierminister Narendra Modi zeichnet sich seit Jahren durch hindunationalistische Parolen aus, die ihn trotz aller Skandale um seinen politischen Weg zu einem beliebten Staatsmann machen. Der Populismus ist sein Metier. Mit einfachen Phrasen lässt er sich von vielen Indern als starke Persönlichkeit feiern.

Wir nähern uns Jaisalmer. Hinter der Stadt sind es nur noch 100 Kilometer bis zur Grenze nach Pakistan. 100 Kilometer, bis die Welt endet. Dann öffnet sich ein Abgrund, geformt von Propaganda und politischem Kalkül. Pakistan und Indien sind sich so nah wie Brüder und politisch spinnefeind. Beide Länder besitzen den roten Knopf für die atomare Zerstörung. Und beide Länder stehen seit dem ersten Tag im Konflikt miteinander. Politisch werden immer wieder Ressentiments geschürt, besonders dann, wenn es im Landesinneren mal wieder nicht so läuft.

Rawal Singh grummelt. Er hält Indien für das beste Land der Welt und die indischen Soldaten für die stärksten Krieger. Was ihm nicht gefällt, ist die politische Linie. Die Regierung sei zu zaghaft, zu wenig risikobereit. »Verteidigung«, so sagt er, »ist ein Zeichen von Schwäche.« Angesichts der Konflikte, die Indien mit all seinen Nachbarn führt, ist das eine gewagte These. Rawal Singh jedenfalls wünscht seinem Land mehr Mut.

Noch bevor wir Jaisalmer erreichen, passieren wir die Stadt Pokhran. Hier hat das indische Militär zuletzt 1998 sechs Atomwaffentests durchgeführt. Nicht unbedingt ein beruhigendes Gefühl. Um uns ist das Land flach und weit. Sandige Hügel wellen sich wie Dünen am Meer. Niedrige Sträucher tragen spärliches Grün. Am Straßenrand glotzen knochige Kühe in die Ferne. Sie wirken genauso erschöpft wie die Menschen in den winzigen Dörfern, die in der Wüste mit dürftigem Ertrag den Boden bearbeiten.

Die Fahrbahn führt schnurgerade zum Horizont. Wenn sich etwas in der Ödnis abzeichnet, ist es schon von Weitem sichtbar. Aus kleinen Punkten werden Mopeds, Lastfahrzeuge, Reisebusse und ab und an auch Hunde, Ziegen und ihre Hirten. In der Wüste wirken sie alle verloren, verletzlich. Wer hier unterwegs ist, braucht Vertrauen. Besonders die vom indischen Improvisationstalent zusammengehaltenen Mopeds wecken hier draußen Unglücksfantasien. Die Lkws machen einen stabileren Eindruck, obwohl sie nicht weniger klappern als die Zweiräder. Tonnenschwer brummen sie über den Asphalt. Vollgas, so schnell es eben geht. Das Gesetz der Straße ist mit den Starken. Ein Lkw-Fahrer bremst nicht, er hupt. Alles andere geht ihn nichts mehr an.

Die Sonne wandert über den Himmel, senkt sich gen Westen. Im Licht des Nachmittages erhebt sich der Trikuta-Felsen weit entfernt am Ende der Fahrbahn. Auf ihm thront die Festung Jaisalmers. Im späten Sonnenlicht leuchten die Sandsteinmauern, die Türme, Zinnen und Torbögen in goldenem Glanz. Je näher wir kommen, desto gigantischer wirkt die Anlage auf der Anhöhe. Ein Städtchen liegt am Fuß des Felsens. Schmale Gassen führen an Wohnhäusern vorbei, die im Farbton der Wüste aus dem Untergrund zu wachsen scheinen. Jaisalmer.

Als die Wüste noch weit und durchlässig war – als noch keine streng bewachte Grenze durch sie hindurchschnitt –, lag Jaisalmer mitten in einem Netzwerk aus Karawanenstraßen, die den Norden Indiens mit Vorderasien verbanden. Die Seidenstraße war nur eine von vielen Handelsrouten, die sich in der Stadt trafen. Kaufleute zogen mit Dromedaren und Pferden durch die Thar. Sie transportierten Opium, Elfenbein, Seide, Brokat,

Gewürze und Edelsteine. Von Indien gelangten unglaubliche Schätze nach Zentral- und Vorderasien. Die Maharadschas, die Wüstenfürsten, verdienten mit Zöllen und Steuern reichlich am Warenverkehr.

Das Osmanische Reich, die arabischen Länder und europäischen Königreiche entwickelten sich vor allem im 18. und 19. Jahrhundert zu lukrativen und großzügigen Absatzmärkten. Voll beladen mit wertvollen Gütern streiften die Karawanen in der Wüste umher. Reiche Kaufleute ließen sich in Jaisalmer, aber auch in anderen Wüstenstädten entlang der Handelsrouten nieder. Vor allem im 19. Jahrhundert errichteten sie aus goldgelbem Sandstein sogenannte Havelis. Die palastartigen Waren- und Wohnhäuser gehören noch heute im Norden Indiens und in Pakistan zum kulturellen Erbe der Region.

Doch dann eröffnete der Suezkanal. Die Karawanen bekamen Konkurrenz vom Seehandel, dem sie hoffnungslos unterlegen waren. Der Reichtum wurde nun in Bombay und anderen Hafenstädten verschifft. Die einst stolzen Handelsstädte der Wüste verloren ihren Glanz. In der Thar wurde es ruhig. Lediglich der Handel mit den näher gelegenen Fürstentümern und Königreichen blieb erhalten. Doch dann trennten sich Indien und Pakistan voneinander und errichteten eine undurchlässige Grenze. Plötzlich lag Jaisalmer am Rand des nun unabhängigen Indiens; hineingeschoben in eine Sackgasse an der Grenze zu Pakistan. Aus der Durchgangsstation wurde eine Endstation. Die Handelsrouten, mit denen Jaisalmer einst reich wurde, existierten nicht mehr. Die Stadt versank in der Bedeutungslosigkeit.

Doch Jaisalmer überlebte dank der strategischen Lage. Das indische Militär errichtete hier mehrere Stützpunkte, ließ Straßen befestigen, Eisenbahnschienen verlegen und ein Elektrizitätsnetzwerk aufbauen. Als Nebenprodukt der militärisch geschaffenen Infrastruktur wurde das geschichtsträchtige Handelszentrum mit dem Rest des Landes verbunden. Halb verschwommen im Dunst der heißen Wüstenluft rotieren Windkrafträder weit draußen in der Ebene. Wie Trugbilder erheben sie sich flackernd aus dem Sand. Mit der Moderne kann Jaisalmer nicht viel anfangen. Noch heute kleidet sich die abgelegene Stadt in das Gewand vergangener Jahrhunderte. Die sandsteingelben Gebäude versprühen den Charme der glorreichen Zeiten der Handelskarawanen. Jaisalmer gehört mit seinen historischen Palästen, Tempeln, Märkten und der gewaltigen Festung zu den schönsten Städten Indiens.

Eine Pflasterstraße windet sich durch vier Tore bis auf den Felsen hinauf und hinein in eine lebendige Wehranlage. Die von der UNESCO geschützte Burg von Jaisalmer gehört zu den letzten bewohnten Festungen der Welt. Seit über 800 Jahren leben die Menschen hinter den massiven Schutzmauern. Überhaupt siedelten sich erst im 17. Jahrhundert Menschen am Fuß des Felsens an, als es in der Festung zu eng wurde. Heute lebt noch etwa ein Viertel der Bewohner Jaisalmers in der Festung. Sie betreiben Restaurants und Hotels, Souvenirgeschäfte, Cafés, Boutiquen. Noch immer gebührt den Durchreisenden die Aufmerksamkeit. Doch es ist anders als früher. Eifrige Verkäufer warten in den Gassen auf neue Kunden. Lederwaren sind ein viel gehandeltes Gut, dazu bunte Stoffe, Marionetten in farbenfroher Tracht, Pumphosen und Umhängetaschen aus Massenproduktion, Schnitzereien, Gemälde.

Wie es wohl damals gewesen sein muss, als Händler mit Dromedaren aus der Wüste kamen? Erschöpft von der Reise suchten sie nach einem Teehaus, einer Unterkunft. Sie gingen auf die Märkte, handelten mit ihren Waren, kauften und verkauften. Silber war ein beliebtes Zahlungsmittel. Dem Edelmetall vertrauen die Menschen bis heute. Auch Opium galt lange als kostbare Tauschware. Manche Händler blieben nur wenige Tage, andere wollten in der Stadt, die im Abendlicht so schön golden funkelt, ihr Glück suchen.

In der Vergangenheit beherbergte Jaisalmer wertvolle Schätze. Der Herrscher der Stadt, Rawal Jethsi, vom Clan der Bhati-Rajputen, war im 13. Jahrhundert ein ziemlicher Draufgänger. Auf seinem Marmorthron sitzend, betrachtete er die Wüste als Spielplatz, und wer sich darin aufhielt, wurde – freiwillig oder nicht – zu seinem Spielgefährten. Seine Männer attackierten die Karawanen des Sultans von Delhi, raubten die Kostbarkeiten und lachten sich ins Fäustchen, bis der Sultan höchstpersönlich mit seinen Truppen vor den Toren Jaisalmers stand. Es folgte eine neunjährige Belagerung, an deren Ende Jaisalmer verdammt war. Die entscheidende Schlacht stand an, und Rawal Jethsi wusste, dass er sie verlieren würde. Die Armee des Sultans war weit überlegen. Doch Kapitulation kam nicht infrage. Rawal Jethsi war ein Rajput, ein Krieger, kein Diplomat und schon gar niemand, der vor einem aussichtslosen Kampf davonlief.

Doch bevor er in die Schlacht zog, traf er höfische Vorkehrungen. Frauen und Kinder begingen Jauhar, Selbstmord durch rituelle Verbrennung. Für die Rajputen war der freie Tod ehrenvoller als ein Leben in der Hand der Feinde. Danach war es still. Jaisalmer wurde vorübergehend zu einer Geisterstadt, bis sie von überlebenden Mitgliedern des Bhati-Clans wiederbelebt wurde.

Die dicken Sandsteinmauern der Festung haben schon viel erlebt. Aufstieg und Fall in immer wiederkehrender Reihenfolge. Davon unbeeindruckt erzählen die Fassaden der Havelis vom Glanz vergangener Tage. Prachtvolle Steinmetzarbeiten, die sowohl hinduistische als auch muslimische Motive aufweisen, zieren Balkone und Fensterrahmen. Es sind gemeißelte Erinnerungen im Poesiealbum der Stadt. Üppig dekorierte Gebäude stehen in den schmalen Gassen der Festung so eng zusammen, dass es kaum möglich ist, ihre vollständige Schönheit zu bewundern. Lediglich Teile des Ganzen lassen sich bestaunen. Hier ein paar Fenstergitter mit floralen Motiven, dort die Umrandung eines Balkons. Aus den Fragmenten formen wir ein Bild, das der wahrhaftigen Pracht wohl nur im Ansatz nahekommt.

Von den Bastionen und Dachterrassen der Festung öffnet sich ein weiter Blick über Jaisalmer und die Wüste. Tische und Bänke stehen auf der Verteidigungsmauer. Wo früher Soldaten aufmarschierten und mit geschultem Blick hinaus ins öde Land sahen, lehnen wir uns mit einer Tasse Kaffee zurück. Unter uns leuchten die Sandsteinhäuser im Sonnenlicht. Wäsche flattert auf den Flachdächern im trockenen Wüstenwind. Papierdrachen steigen hoch hinauf. Gleich dahinter beginnt die Thar.

Die Wüstenstadt Jaisalmer ist historisch und wunderschön. Doch noch immer ist Gefahr im Verzug. Etwas subtiler als angreifende Heere, aber nicht weniger problematisch. Auf Ton und Sand gebaut, ist das Fundament der Festung keineswegs stabil. Immer mehr Touristen wollen die Herrlichkeit Jaisalmers erleben und quartieren sich in der Festung ein. Der Wasserverbrauch auf dem Felsen steigt von Jahr zu Jahr – das Abwasser sickert in einem unzureichenden Leitungssystem in den Boden und unterhöhlt die Festungsmauern. Bereits mehrfach sind Schutzwände und Bastionen zusammengebrochen, weil ihr Halt weggespült wurde.

Am Fuß des Felsens, in der Altstadt Jaisalmers, finden sich die Basare und mit ihnen die aufgeregte Geschäftigkeit des Landes. Nirgendwo schaffen es die Menschen, einen Ort, und sei er noch so klein, derart ins Durcheinander zu stürzen wie in Indien. Honiggelbe Gassen winden sich ziellos hin und her. Es ist ein Labyrinth, in dem man sich gefahrlos verlaufen kann, weil alle Wege letztendlich doch wieder vor der Festung enden. In den hübschen Gassen Jaisalmers haben die Bewohner Schönheit zu etwas Alltäglichem kultiviert. Alte Frauen hocken zusammen. Leichte Stoffe in leuchtenden Farben umspielen sonnengegerbte Gesichter. Strahlend heben sie sich vom goldgelben Sandstein ab. Ein paar Schritte weiter schweben junge Frauen in ihren mit Ranken- und Blütenmustern verzierten Shalwar Kamiz wie Schmetterlinge durch die Stadt. Ihre Arme schmücken Dutzende bunt glitzernde Armreifen und Ringe.

In Jaisalmers verwinkelten Straßen hockt noch immer die mystische Aura vergangener Jahrhunderte. Kühe und Hunde säumen die schmalen Gassen in den Basaren, blockieren den Weg zwischen winzigen Kiosken, die ein paar Tüten Namkeen, beliebte indische Snacks, und Softdrinks verkaufen. Juweliere und Kleidergeschäfte reihen sich aneinander. Passanten drängen durch die engen, schattigen Korridore. Eine wuselige Menge wandert durch die Stadt. Drei muskelbepackte junge Männer aus Delhi tragen schreiend bunte Kappen, die überall in Rajasthan als billige Imitate der traditionellen Turbane der Rajputen verkauft werden. Pilotenbrillen, Schnurrbärte, Lederjacken lassen sie aussehen wie Bollywood-Posterboys. Allein die Wohlstandsplauzen verraten ihre unspektakuläre bürgerliche Herkunft.

Immer wieder werden wir heimlich fotografiert. Wie Spione schleichen sich Einheimische in unsere Nähe. Wenn wir sie mit strengem Blick anschauen, drehen sie die Köpfe zur Seite, als sei nichts gewesen. Auffällig unauffällig. Manchmal sind sie dreist, stellen sich kommentarlos zu uns und schießen ein Selfie nach dem anderen. In Indien gibt es keine Distanz. Wer das Land bereist, muss mit Haut und Haar eintauchen. Anders geht es nicht. Selfies gehören dazu und auch die heimlichen Aufnahmen, die von Familien ebenso gemacht werden wie von pubertierenden Jugendgruppen. Das ist in der Festung nicht anders als in den Gassen der Basare. Immer wieder werden wir angesprochen. Wir sind Exoten, selbst hier in Jaisalmer.

Ganz in der Nähe der Festung, vor dem Haupteingangstor, befindet sich ein Lassi Shop. Es ist ein winziges Geschäft, nicht mehr als ein paar Quadratmeter und doch eine Institution. Neben dem cremigen Joghurtgetränk, das hier mit Nüssen und Früchten verfeinert wird, verfügt das Geschäft zusätzlich über eine Bhang-Lizenz. Ein staatlich autorisierter Drogendealer, wenn man so möchte, oder spiritueller Gebrauchsladen. Vor dem Geschäft sitzt ein junger Mann in feinem Jäckchen. Eine bunte Kappe schmückt sein Haupt. Sein Blick ist glasig, und mir ist nicht ganz klar, ob das von der Natur gewollt oder vom Bhang verursacht ist. Drinnen sitzen die üblichen Gestalten. Weltentdecker in ihren 20ern, Weltentdecker in ihren 50ern und die Frauen, mit denen Weltentdecker gerne mehr anstellen möchten, als bloß in einem Bhang-Shop zu sitzen. Dazu eine Inderin, die so gar nicht in diese kleine Hippiezelle zu passen scheint. Gehobenes Alter, gehobener Stil. Zusammen mit einer Freundin bestellt sie ihren allerersten Bhang-Lassi. Seit Jahren, so erzählt sie, möchte sie schon die spirituelle Wirkung des Bhang kennenlernen, und heute traut sie sich.

Die Weltentdecker wollen eigentlich nur high sein. In einer Schublade versteckt befindet sich eine große Dose voller Haschkekse. Wer vom Bhang nicht genug bekommt oder einen Trip in die Wüste plant, greift zum Gebäck. Das ist allerdings weniger legal.

Wir schlürfen unsere Lassis und schlendern hinaus in den Abend. Es ist kühl geworden in der Wüste. Mit der Sonne verlässt auch die Hitze des Tages die Stadt. Dunkelheit verhüllt die Gassen der hoch gelegenen Festung. Alte Geschichten steigen an unsichtbaren Fäden aus dem Boden empor. Im Schummerlicht erwacht eine romantisch verklärte Vergangenheit. Das stolze Rajasthan taucht auf, die mutigen Rajputen, die gewieften Händler, die mit ihren Karawanen den Gefahren der Wüste trotzen. Es ist ein schönes Bild, ohne Schrammen und Kratzer; ein Bild, das es so vielleicht nie gegeben hat.

GÖTTERDÄMMERUNG IN PUSHKAR

ROCHSSARE

Vom Außenposten Jaisalmer trampen wir über Jodhpur und Ajmer zurück an den Rand der Wüste Thar. Es sind wortkarge Fahrten. Der Blick geht hinaus in die Weite, bis wir Pushkar erreichen. Das angenehme Städtchen liegt drei Stunden westlich von Jaipur und ist von den Bergen des Aravalligebirges umgeben. Klein, beschaulich, heilig ist es hier. Hunderte weiß getünchte Tempel zieren die Gassen. Hindus, Sikhs und Jains verehren ihre Götter, und auch Moscheen ragen über die Flachdächer der Stadt hinaus. Durch die Marktgassen klingen Gebete. Glocken läuten in den Tempeln, während Priester Opferzeremonien abhalten. Rauch steigt in fragilen Linien vor den Schreinen und Altären auf. Mit ihm erhebt sich ein mystischer Hauch, der ganz leicht durchs Nackenhaar streicht. Gläubige Hindus reichen den Göttern Blumenketten, Räucherstäbchen und Essensgaben, die nur wenig später von einer umherlaufenden Kuh verspeist werden. Gleichgültig trotten die Tiere durch Pushkar, schwenken von den Tempeln hinüber in die Marktstraße, die sich durch die gesamte Stadt windet.

In kleinen Geschäften werden religiöse Gebrauchsgegenstände verkauft. Da sind Abbilder der Götter, Gebetsketten, Duftöle, Amulette, aber auch allerlei Hippiekram, weite Kleidung in leuchtenden Farben, Batikdesign, Taschen, Ketten, Ohrringe. Das Mantra »*Om Namah Shivaya*« schwingt unaufgeregt durch die Gassen. Dürre Männer mit gewaltigen Turbanen sitzen auf Bambushockern. Restaurants öffnen zwischen den Souvenir- und Devotionaliengeschäften. Wie in den heiligen Orten Amritsar und Gangotri wird auch hier ausschließlich vegetarisch gekocht. Kein Fleisch, keine Eier und kein Alkohol – all das ist in Pushkar verboten. Selbst das Töten eines Tieres in der Umgebung der Stadt gilt als Provokation.

Ein See ziert das Zentrum Pushkars. Er gehört zu den fünf heiligsten hinduistischen Pilgerorten Indiens und wird bereits in den alten Epen, der Ramayana und der Mahabharata, erwähnt. Sein Wasser reinigt Sünden und heilt Hauterkrankungen, heißt es. In lange vergangener Zeit war der See ein Rastplatz für Karawanen und eine Tränke für die umherziehenden Hirten mit ihrem Vieh. Dromedare schlabberten hier Liter um Liter in sich hinein. Heute sind die Ufer einbetoniert. 52 Ghats führen hinab zum Wasser, die wie alles, was in Indien heilig ist, nur barfuß betreten werden dürfen. Hunderte Tauben wackeln an der Wasserkante gurrend durcheinander. Von hier ist es nur eine kurze Strecke bis zum Brahmaji Mandir, dem einzigen bedeutenden Brahma-Tempel in ganz Indien. Während Vishnu und Shiva mit ihren Inkarnationen überall auf dem Subkontinent verehrt werden, ereilt Brahma – dritte Kraft im hinduistischen Götter-Triumvirat – ein anderes Schicksal.

Verschiedene Legenden ranken sich um Brahmas Isolation. Eine von ihnen erzählt uns Prajith, den wir in unserer Unterkunft kennenlernen. »Brahma«, beginnt der junge Mann, »traf auf einen rüpelhaften Dämon, den er mit einer Lotusblume tötete. Dabei fielen Blütenblätter auf die Erde, die dort, wo sie den Boden berührten, einen See entstehen ließen.« Als Schöpfergott und Erschaffer des Universums nannte Brahma den neu entstandenen Ort Pushkar und rief zur Feier des Tages das hinduistische Pantheon zu einem Feueropfer zusammen. »Alle Götter kamen, nur seine Frau Savitri war nirgendwo zu finden«, erzählt Prajith. Doch entsprechend dem Zeremonienprotokoll brauchte Brahma ihre Unterstützung. Da stand er nun, der mächtige Gott. Aufgebracht von Savitris Unzuverlässigkeit, heiratete er das nächstbeste Mädchen, die Tochter eines Kuhhirten. Ihr Name war Gayatri, und durch die Hochzeit stieg sie zur Milchgöttin auf. Mit ihr an seiner Seite vollzog Brahma die Opferzeremonie. »Doch plötzlich tauchte Savitri auf«, grinst Prajith, »und war gar nicht begeistert, neben ihrem Mann eine andere Frau zu sehen.« Wütend verfluchte sie Brahma. »Nur hier in Pushkar sollst du verehrt werden und nirgendwo sonst.« So geschah es. Zwar taucht Brahma hier und dort als Randfigur in einem anderen Tempel auf, aber ein eigenes Haus hatte er nur im Brahmaji Mandir in Pushkar.

Der Marmortempel ist leicht zu erkennen. Die längste Menschenschlange der Stadt wartet an seinen Toren auf Einlass. Hunderte Gläubige bringen kleine Präsente und Opfergaben, die das Leid des verfluchten Gottes lindern sollen. Schritt für Schritt nähern sie sich der vierköpfigen Brahma-Statue, die im Tempelinneren verehrt wird. Dort befindet sich auch Gayatri noch immer an seiner Seite. Von den Flachdächern des Tempelkomplexes geht der Blick hinaus auf die Hügel im Westen der Stadt. Dort oben thront ein Savitri-Tempel. Etwa eine Stunde dauert der Aufstieg. Im heißen Klima Pushkars werden die Treppenstufen zur Charakterfrage. Jeder Schritt unter der unerbittlichen Nachmittagssonne kostet Überwindung.

Bis heute haben sich Brahma und Savitri nicht vertragen. Sie bringen ihren Streit sogar vor ein irdisches Gericht in Pushkar, wo sich ihre Stellvertreter gegenüberstehen. Es geht um Spendeneinnahmen. Alimente sozusagen. Der oberste Priester des Brahmaji Mandir glaubt an die Macht des Patriarchats und argumentiert, dass Savitri, als Ehefrau, Brahma hörig sei. Demzufolge müsse ein Teil der Einnahmen des Savitri-Tempels an den Brahma-Tempel abgegeben werden. Doch die Gegenseite weigert sich, überholte Argumente anzuerkennen, und erklärt: Durch die Heirat mit Gayatri habe Brahma Savitri verlassen und könne deshalb keine Ansprüche geltend machen. Seit 1984 ist das Gericht mit diesem Streit beschäftigt. Eine Lösung ist noch nicht in Sicht. Vielleicht würde den Beteiligten ein wenig Bhang helfen, das hier in Pushkar einen ausgezeichneten Ruf besitzt.

Der letzte Tag des Jahres ist angebrochen. Silvester steht vor der Tür, und wir treffen Carolin, eine junge Frau aus Deutschland. Sie erzählt von einem aufregenden Rave weit draußen in der Wüste Thar. Elektronische Musik, Psytrance – das klingt vielversprechend. Wir sind dabei und verlassen Pushkar mit Carolin, den Australiern Scott und Deklyn und ein paar anderen auf klapprigen Mopeds. Erst knattern wir im Rudel über den Asphalt, um irgendwann auf eine Schotterpiste abzubiegen. Wir fahren hinein in die sandige Ebene, doch die Strecke bremst unsere Euphorie. Unendlich langsam kommen wir voran, bis uns irgendwann tatsächlich wuchtige Bässe entgegenwummern. Die Party ist großspurig bis zum nächsten Abend angekündigt – 24 Stunden, ein Feiermarathon.

Gegen 21 Uhr erreichen wir den Einlassbereich zur Party. Die Tickets sind unverschämt teuer, was vor allem dem Bestechungsgeld für die hiesige Polizei geschuldet ist, das die Veranstalter auf die Gäste umlegen. Mitten in der nächtlichen Thar ist ein Provisorium aus Tanzfläche, Bars und Boxen entstanden. Absperrungen und Bauzäune grenzen das Gelände ein. In Plastikwannen voller Eis gekühlte Bierflaschen werden über den Tresen gereicht. Irgendwo hinter der Bar verliert das Dröhnen des Generators den Wettstreit mit der Musik. Nur ein leises Summen des Motors ist zu vernehmen. Die Bässe aus den Boxen dringen durch unsere Körper.

Ein paar Lichter erleichtern die Bezahlvorgänge an der Bar, lassen die Silhouetten der Gäste erkennen. Rings um das überschaubare Gelände taucht der Blick in die Dunkelheit der Wüste. Jetzt im Winter kühlt eine angenehme Brise die Abendluft. Am wolkigen Himmel leuchten vereinzelt Sterne und lassen die Schönheit des nächtlichen Firmaments erahnen. Darunter springen schon bald aufgeputschte Körper um die

Boxen. Die Zahl der Gäste steigt, und binnen kurzer Zeit geht es auf der Tanzfläche dicht gedrängt zu.

Wie immer sind auch unangenehme Personen dabei. Dickbäuchige Männer mit Schnurrbart auf Frauenjagd zum Beispiel. Immer wieder wirft mir ein Mann gierige Blicke zu und koordiniert seine Tanzbewegungen langsam, aber stetig in meine Richtung. Besorgte Inder warnen mich vor sexueller Belästigung. Sie empfehlen mir aus Sicherheitsgründen, doch lieber anderswo zu tanzen. Den fürsorglichen Ratschlägen zum Trotz wundere ich mich, dass es für die meisten Inder völlig normal ist, mich zum Rückzug aufzufordern, anstatt den Typen zu ermahnen.

Es ist zehn Minuten vor Mitternacht, als plötzlich etwa drei Dutzend mit Schnellfeuergewehren bewaffnete Polizisten in Schutzkleidung an der Bar vorbei auf die Tanzfläche stürmen. Mit dem Bestechungsgeld hat es wohl Unstimmigkeiten gegeben, und nun jagt das Sondereinsatzkommando herum. Die Reaktion: Massenpanik, Chaos, Flucht. Faszinierend, wie der Schwarm, der bis eben weltentrückt um sich selbst tanzte, blitzschnell in eine zielgerichtete Bewegung gerät. Hysterisch klettert das gerade noch fröhliche Partyvolk über die Absperrungen und rennt kopflos in die Finsternis der endlosen Wüste.

Die Musik ist aus. Stattdessen schwirrt panisches Kreischen hastender Frauen durch das Gedränge um uns herum. Aufgeregt werden Namen in die Dunkelheit gerufen. Das Wirrwarr aus Stimmen und Bewegungen lässt auch unseren Herzschlag rasen. Ohne stampfende Bässe ist es noch immer laut. Das Geschrei von Verfolgten und Verfolgern dringt durch die

Wüste. In den ersten Momenten dieses Schauspiels sind wir völlig perplex und betrachten irritiert die aufgescheuchte Menge. Doch dann dämmert uns ein Gedanke. Wenn alle rennen, sollten wir nicht vielleicht auch lieber weg hier?! Plötzlich haben wir es eilig. Unsere kleine Gruppe gehört zu den Letzten der fliehenden Masse. Umständlich klettern wir über einen Zaun und rennen hinein in die Wüste. Wohin genau, wissen wir nicht. Augenblicklich löst sich unsere Gemeinschaft im Getümmel auf. Mit unserem australischen Freund Scott und einer Handvoll Einheimischer finden wir uns wenige Minuten später bei einer winzigen Ansammlung aus Büschen, Bäumen und Sträuchern wieder. Hier ist es mucksmäuschenstill. Aus der Ferne schallt das Brüllen der Polizisten herüber. Es vermischt sich mit aufgeregten Stimmen und betrunkenen Diskussionen.

Eine junge Frau umfasst leise wimmernd meine Hände. Ihr banger Blick haftet an der Stelle, aus der die Stimmen aus der Dunkelheit zu uns herüberschwingen. Sie hat sich so nah an mich gedrängt, dass ich ihren Atem in meinem Gesicht spüre. Genau hier, als wir unter ein paar Sträuchern kauernd darauf warten, dass die Polizei wieder abzieht, springt der Minutenzeiger auf Mitternacht. Unser erster indischer Jahreswechsel. »Frohes Neues«, raunen wir uns unversehens zu.

Es dauert weitere 45 Minuten, bis wir uns aus der Deckung wagen. Langsam findet unsere Gruppe wieder zusammen. Die Party ist gelaufen, die Nacht irgendwie auch. Später sitzen wir in einem Garten in Pushkar. Unsere kleine Gruppe ist zu einer Schicksalsgemeinschaft der Enttäuschten herangewachsen, die nach der gesprengten Feier auf der Suche nach einer Alternative ist. In unserer Mitte prasselt ein Lagerfeuer. Ein Joint macht die Runde. So richtig gut wird die Stimmung nicht mehr. Immerhin, das Auseinanderdriften von Erwartung und Wirklichkeit hat an Silvester ja Tradition. Zum nächsten Jahreswechsel, so nehmen wir uns vor, essen wir einfach eine große Pizza und ein Schokoladeneis. Es sei denn natürlich, wir hören von einer vielversprechenden Party.

KURIOSES AUS INDIEN: DIENSTMÄDCHEN AHOI

Für Menschen der Mittel- und Oberschicht in Indien gehören Bedienstete zum Alltag. Sie kümmern sich um den Haushalt, bereiten Mahlzeiten zu und erledigen die Einkäufe. Dabei ist ihre Arbeitskraft so günstig, dass es nicht außergewöhnlich ist, wenn selbst ein 30-jähriger Single drei Männer und Frauen beschäftigt, die sechs Tage die Woche beinahe rund um die Uhr für ihn arbeiten. Ihre schweißtreibende Handwäsche ist oft sogar günstiger als die Anschaffung einer Waschmaschine.

AUF DEM DRACHENMARKT IN AHMEDABAD

ROCHSSARE

Bereits Wochen vor dem großen Fest ist Ahmedabad in heller Aufregung. In kleinen, improvisierten Wohnzimmer-Manufakturen oder in den professionelleren Betrieben auf dem Markt: Überall werden bunte Drachen gebastelt und grell leuchtende Leinen auf gewaltige Spulen gezogen.

Es ist Mitte Januar. Der Winter ist zu Ende, und traditionell wird der Beginn der Erntesaison mit dem Fest Uttarayan gefeiert. Hier in Gujarat, Indiens westlichstem Bundesstaat, und besonders in Ahmedabad steigen deshalb Tausende bunte Drachen in die Höhe. Auf dem Patang Bazaar, dem berühmten Drachenmarkt, werden rund um die Uhr Drachen, Schnüre und Spulen in großem Stil verkauft und bei Bedarf geflickt und ausgebessert. In diesem undurchsichtigen Tohuwabohu aus verwinkelten und überfüllten Gassen erwirtschaften die Drachenbauer den größten Profit des Jahres.

Bereits eine Woche vor dem Fest strömen die Besucher durch die vollgestopften Straßen, kaufen Drachen, die im Akkord zusammengesetzt werden. Besonders interessiert sind die Besucher an der Herstellung von Manja, der speziellen Drachenleine, die mit einer Mischung aus Klebstoff und Glasstaub bewehrt wird. In den täglich stattfindenden Drachenkämpfen ist sie besonders effektiv, wenn es darum geht, die Leinen der Rivalen durchzutrennen und deren Drachen zum Absturz zu zwingen.

Schon Tage im Voraus ist die Vorfreude auf das Drachenfest überall in Ahmedabad zu spüren. Hoch oben auf den Dächern der Stadt kämpfen die Menschen mit ihren Drachen über das Vorrecht am Himmel. Auch in den Straßenzügen, am Flussufer und auf öffentlichen Plätzen herrscht eine ausgelassene Stimmung. In der Drachensaison, die in Ahmedabad bereits im November startet, verändert sich das Verkehrsbild der Stadt. Dann krümmen sich provisorische Metallbügel in hohem Bogen um fast jede Motorradlenkstange. Sie reichen bis weit über die Köpfe der Fahrer und sollen während der Fahrt die scharfen Lenkschnüre der Drachen abfangen, erklärt uns Manjeep, unser Couchsurfing-Gastgeber in Ahmedabad. Immer wieder kommt es zu Kollisionen mit den praktisch unsichtbaren Leinen. Und auch wenn die Bügel eine simple Lösung bieten, kommt es jedes Jahr zu zahlreichen Unfällen, die für die Motorradfahrer mit gefährlichen Verletzungen im Gesicht und Nackenbereich enden.

Die Tage um Uttarayan sind fröhlich. Bereits um fünf Uhr morgens werden auf den Dächern der Stadt die ersten Drachen losgelassen. Weit schweben sie hinauf, sind oft nur noch als kleine Punkte am Himmel zu erkennen. Familien frühstücken die süßesten Süßigkeiten der Welt, Gulab Jamun und

Laddu, während das lang ersehnte Gemüsegericht Undhiyu im traditionellen Erdofen langsam gegart wird. Die größten Terrassen werden zum Treffpunkt für die Nachbarschaft. Aus ihrer Mitte entstehen mal spontane, oft aber auch lange im Voraus geplante Zweikämpfe am Firmament.

Auch wir versuchen uns an der Kunst des Drachensteigenlassens und verbringen Stunden mit Manjeep auf seiner kleinen Dachterrasse. Manjeep selbst, 30 Jahre alter Junggeselle mit Beamtenjob, verwandelt sich in ein großes Kind, das lachend versucht, so viele Drachen wie möglich vom Himmel zu holen. Wir hingegen sind das indische Drachensteigen nicht gewohnt. Statt den Drachen möglichst lange am Himmel fliegen zu lassen, geht es hier ausschließlich um das Eliminieren der gegnerischen Flugobjekte. Naiv und ungeübt verlieren wir Drachen um Drachen, die langsam und leise gen Boden schwanken. Manchmal eilt uns Manjeep in letzter Sekunde zu Hilfe. Dann wird aus unserem gejagten Drachen plötzlich ein Jäger, der selbst nach Beute lechzt.

Später am Abend besuchen wir mit Manjeep und Eureka, einer Freundin unseres Gastgebers, den Patang Bazaar. Morgen findet das Festival statt, und der seit Tagen rund um die Uhr geöffnete Markt ist zum Bersten gefüllt. Im Getümmel verlieren wir Manjeep und Eureka bald aus den Augen, werden immer weiter in die Gassen des Marktes geschoben. Wir gleiten hinein mitsamt der drängenden Masse, die sich kontinuierlich in dieselbe Richtung bewegt. Fremde Körper sind eng aneinandergeschmiegt, heißer Atem bläst in unbekannte Nacken. Wir versuchen, aus dem drängelnden Pulk zu gelangen, müssen aber ungeduldig einsehen, dass wir hier nicht mehr selbstbestimmt handeln können. Es bleibt uns nichts anderes übrig, als dem dynamischen Strom zu folgen. Immer wieder streifen fremde Hände meinen Körper, ob gewollt oder ungewollt, mag ich nicht beurteilen, doch klammere ich mich hilfesuchend fester an Mortens Hand.

Plötzlich spüre ich die unangenehmen Blicke einer uns entgegenkommenden Männergruppe auf mir. Bald schon quetschen sie sich unausweichlich eng an uns geschmiegt vorbei. Eine Hand grapscht mir abgebrüht zwischen die Beine, gefolgt von der nächsten, gefolgt von der nächsten. Die gesamte Männergruppe nutzt meine ohnmächtige Lage, aus der ich mich mit unkontrollierten Schlägen zu befreien versuche. Verzweifelt ohrfeige ich jeden, der sich in meiner Nähe befindet. Es ist mir völlig egal, ob ich Männer treffe, die ungewollt in den Tumult geraten sind. Doch die Bedrängungen und das Gegrapsche hören nicht auf.

Ich bin den Tränen nah, will weg, will, dass die gierigen Hände von meinem Körper lassen. Morten schiebt beharrlich jeden der Männer aus dem Weg, die mir zu nahe kommen, doch es gelingt ihm kaum, die Menge auf Abstand zu halten. Wir versuchen, aus den engen Gassen auf eine breitere Straße zu gelangen. Ich klammere mich von hinten an Morten, spüre Dutzend Hände überall auf meinem Körper. Der schmale Gang, den Morten mithilfe ungestümen Körpereinsatzes öffnet, schließt sich schwitzend und drängend hinter mir.

Wir treffen auf Manjeep, der unsere Situation erkennt und mich von hinten umklammert, während ich mich weiter fest

173

an Mortens Rücken drücke. Manjeep dirigiert uns in eine Seitengasse. Wir kommen kaum voran, wabern mit den Bewegungen der Masse, die sich wie Sirup in die überfüllten Straßen ergießt. Ich habe Schwierigkeiten, mich auf den Beinen zu halten, schwanke bedrohlich, bin unfähig, meine Bewegungen zielgerichtet zu lenken.

Bald gleiten Manjeeps Hände unter meine Kleidung, umklammern die nackte Haut um Taille und Bauch. Ich ignoriere die unangebrachten Berührungen im Angesicht der drängelnden und schiebenden Menge, bis Manjeeps Hände weiter nach oben wandern und sich fest um meine Brüste schließen. Ruckartig drehe ich mich um und starre in die kleinen Augen eines alten, beinahe tattrigen Mannes, die mich lüstern anblicken. Ich habe gar keine Zeit zu reagieren, da stößt Manjeep den alten Mann zur Seite. Doch der reagiert nur mit trotzigem Blick und Schulterzucken.

Endlich erreichen wir das parkende Auto, in dem Eureka bereits auf uns wartet. Das Adrenalin strömt noch immer durch meinen Körper, als ich in die vermeintliche Sicherheit des Autos schlüpfe. Es dauert ein paar stille, tiefe Atemzüge, bis ich Eureka aufgelöst vom gerade Erlebten berichte. Erschreckend unaufgeregt lauscht sie meinen Ausführungen. Schließlich zuckt sie gleichgültig mit den Schultern. »Ja, das passiert hier immer«, lässt sie mich wissen. »Darum habe ich heute extra meine große Handtasche dabei, damit ich sie mir vor den Schritt halten kann.«

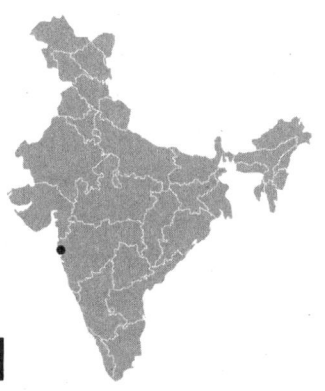

TRAUMFABRIK MUMBAI

MORTEN

»Erschreckt euch nicht, wenn ich die Regeln breche. Das hier ist Indien, niemand hält sich an die Regeln.« Wir sitzen auf der Rückbank eines Pkws und rauschen über die Schnellstraße. Die Felder der Kleinbauern fliegen hinter den getönten Fensterscheiben vorbei. Unser Fahrer Deepak hat es eilig. Er drängelt, wo er kann, nutzt jede sich öffnende Lücke. Die Hupe ist sein Spezialwerkzeug im Kampf um die Hoheit auf der Straße. Wir sind das indische Verkehrschaos mittlerweile gewöhnt. Tatsächlich ist es hier auf der Schnellstraße nach Mumbai noch einigermaßen überschaubar. Keine Kühe, Ziegen oder Hunde, keine Radfahrer, keine Ochsengespanne, keine Fußgänger – eine Reihe Unwägbarkeiten sind von der Schnellstraße verbannt, doch damit ist der Verkehr nicht weniger dramatisch. In einem Land, in dem jeder auf eigene Verantwortung Fahren lernt, sind Überraschungen vorprogrammiert. Ein Motorradfahrer wechselt um Haaresbreite zwischen einem Lkw und unserer Motorhaube die Spur.

»Indien braucht einen Diktator und keinen Premierminister, damit wir endlich Disziplin lernen«, stöhnt Deepak. Er ist aufgebracht. Wir sprechen schon eine Weile über Indien und die Gesellschaft, über Oben und Unten, Arm und Reich, Karma. Dabei ist Deepak kein einfacher Gesprächspartner. Er ist begeisterter Anhänger der Regierungspartei BJP, die gerade mit hindunationalistischer Politik für einige Unruhe im Land sorgt. Unruhe, die für Deepak in mangelnder Disziplin begründet liegt. »Disziplinlosigkeit«, so sagt er unheilvoll, »ist wie ein Krebsgeschwür.«

Je länger wir sprechen, desto mehr zeigt sich Deepaks Weltbild. Muslime machen ihm Angst, er hält sie für unzivilisiert. Aber Hitler, das war ein ganz großer Mann in der Geschichte. Ein Führer, wie er auch für Indien wünschenswert wäre. Irgendwann spricht Deepak offen rassistisch. »Wenn es keine Muslime in Indien gäbe, könnten wir viel einfacher Krieg gegen Pakistan führen. Wir könnten eine Atombombe auf das Land werfen, und alles wäre erledigt.« Es läuft uns kalt den Rücken runter. Die Atombombe, na klar, die Lösung aller Probleme.

Als die Sonne schon lange untergegangen ist, halten wir an einer Raststätte. Draußen vor der Tür tritt beißender Gestank in unsere Nasen. Ätzende Luft brennt in den Augen, reizt den Rachen. Wir laufen in ein geschlossenes, mit Klimaanlage gekühltes Restaurant. Unsere Schleimhäute beruhigen sich. Hier, irgendwo nördlich von Mumbai, befinden sich Chemiewerke, die rund um die Uhr giftige Dämpfe absondern. Die brennende Luft ist kein Unfall, sondern Normalität. Auf der

Gemeinsam lächeln mit Mahatma Gandhi: erste Schritte in Indien

Per Anhalter reisen wir durch den Subkontinent.

Warten auf die nächste Mitfahrgelegenheit

Es sind die Menschen, denen wir begegnen, die unsere Reise zu etwas Besonderem machen.

Auf offenen Ladeflächen nehmen wir immer wieder Platz. Uns ist fast jedes Fahrzeug recht.

Der Goldene Tempel in Amritsar ist das religiöse Zentrum der Sikhs.

Kolkata fasziniert mit eigener Identität und Charme.

Rasur to go: Straßen-
barbiere in Delhi

Handwerker in Kumartuli fertigen
Götterfiguren aus Lehm und Stroh.

Indien ist fest verankert in jahrhundertealter Tradition und Brauchtum.

Das Leben in Srinagar ist muslimisch geprägt. Vieles hier erinnert uns an Pakistan

Mechuka, mitten im Himalaja, ist ein abgelegenes Tal und sehr malerisch.

In Keralas Backwaters finden Schiffe einen sicheren Hafen.

Hoch oben auf dem Trikuta-Felsen in Jaisalmer erhebt sich eine mächtige Rajputen-Festung.

Rajasthan ist berühmt für seine Geschichte und die bunten Kleider

In der Wüste Thar stößt man auf die vielleicht schönsten Steinmetzarbeiten Indiens.

Bhang Lassi: legaler Rausch im Namen Shivas

Im Himalaja, an der alten Seiderstraße, liegt das Dorf Sonamarg in einer fantastischen Kulisse.

Der kleine Ort Turtuk gehörte einst zu Pakistan und ist nun eine der nördlichsten Siedlungen Indiens.

Hochgebirgswandern auf dem Markha-Trek in Ladakh

In Leh drehen Buddhisten unentwegt ihre Gebetsmühlen und senden gutes Karma in die Welt.

Mit dem Dromedar durch die Wüste Thar, so wie einst die Kara wanen auf den Handelsrouten

Die Nächte in der Wüste Thar sind oft sternenklar und ausgesprochen kalt.

Entlang der Malabarküste liegen idyllische Buchten und Strände wie hier in Varkala.

Chai und Snacks gibt es in Indien an jeder Ecke.

Jodhpur ist bekannt als die »Blaue Stadt«. Die Farbe ist Kennzeichen der Brahmanen.

Frischer Ingwer am Straßenrand

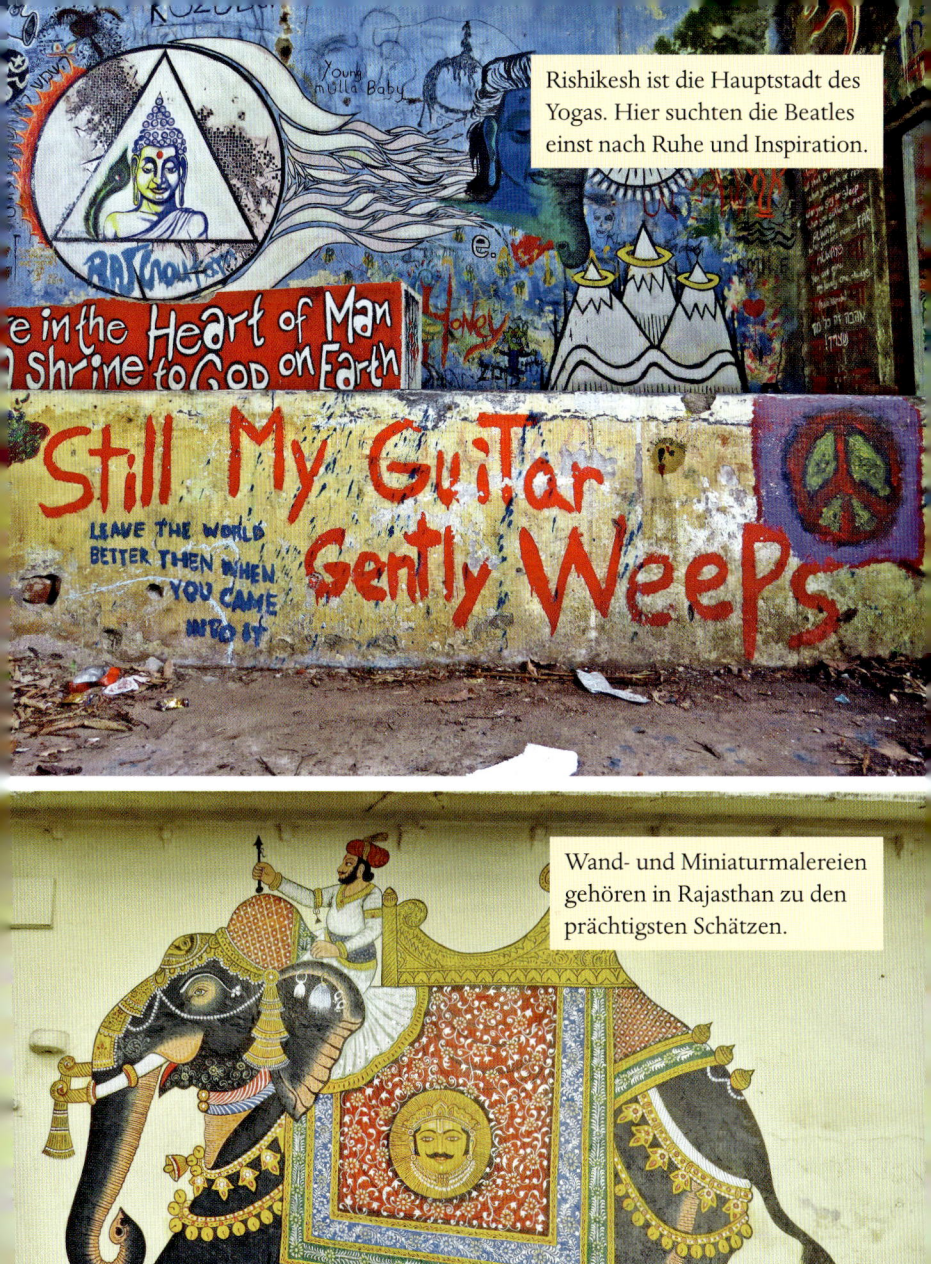

Rishikesh ist die Hauptstadt des Yogas. Hier suchten die Beatles einst nach Ruhe und Inspiration.

Wand- und Miniaturmalereien gehören in Rajasthan zu den prächtigsten Schätzen.

Wie in Bundi erheben sich überall in Rajasthan stolze Festungen über den Städten

Indien lebt von Traditionen. Auf den Märkten wird das besonders deutlich.

Hier hausen Affen, die Rudyard Kipling, Autor von »Das Dschungelbuch«, inspiriert haben sollen.

Aber auch in der Architektur ist die Geschichte des Landes spürbar.

Der Taj Mahal, Indiens berühmtestes Gebäude

In Mumbais größter kommerzieller Wäscherei arbeiten mehr als 5000 Männer.

Ganesha, der Elefantenköpfige

Shiva, rauchender Übergott

Lesen gehört auch in Indien zum guten Ton. Diese Buchhandlung in Delhi ist gut sortiert.

Sonnenuntergang über
den Feldern von Hampi

Auf Indiens Straßen sind
viele Lastentiere unterwegs.

Der Virupaksha-Tempel in Hampi wird seit Jahrhunderten von Pilgern aus Südindien besucht.

Der Tempelelefant Lakshmi soll Glück bringen und wird täglich herausgeputzt.

Am Manikarnika Ghat in Varanasi werden die Toten am Ganges verbrannt.

Der Ganges ist die Lebensader Indiens. Millionen Menschen sind von ihm abhängig.

Ein Sadhu ruht in den schmalen Gassen der Altstadt Varanasis.

Dutzende Ghats führen in Varanasi zum Ufer des heiligen Flusses.

Gemeinsam in Pose.
Indien. Ein Abenteuer!

anderen Straßenseite stehen einfache Hütten. Hier leben und arbeiten Menschen.

Am nächsten Tag stehen wir mittendrin in der Metropole am Meer. Mumbai, eine der größten Städte der Welt, begegnet uns mit gläsernen Hochhäusern, Finanztürmen und kolonialen Palästen. Doch der glänzende Schein trügt. Mumbai ist ein hungriges Ungeheuer, gewaltig, gewalttätig. Es verschlingt Menschen. Aus allen Teilen des Landes kommen die Begabten, die Glücksritter, die Hoffnungsvollen. Indien schaut auf Mumbai wie auf einen leuchtenden Stern. Und Mumbai liefert: Filme für die Massen, Geld für die Wirtschaft, Fische für die Armen. Das Stadtzentrum befindet sich auf einer Landzunge am Arabischen Meer. Hier ist man zu Hause oder in der Hölle. Mumbai ist kein Ort für Gleichgültigkeit. Mehr als 16 Millionen Menschen leben in der Stadt. Dazu noch ein paar Millionen im Einzugsgebiet. Genaue Zahlen hat niemand.

Es herrscht Platzmangel. Mumbais Infrastruktur steht seit Jahren vor dem Zusammenbruch. Es ist wie ein nicht endendes Herzflimmern. Die Trinkwasserversorgung, das Gesundheitswesen, der öffentliche Verkehr, alles steht am Rand des Kollapses. Und noch immer ziehen jeden Tag Hunderte Menschen in der Hoffnung auf ein besseres Leben hierher. Sie kommen in die Stadt wie die Motten zum Licht. Manche verbrennen, andere steigen auf zu den Sternen. Mumbai ist eine Stadt der Kunst, eine Stadt der Künstler. Überlebenskünstler, Kleinkünstler, Filmkünstler. Die Metropole ist mal König und mal Bettler. Eine Stadt des Geldes und eine Stadt der Armut. Was wir sehen, ist oft Illusion; ein Bild von dem, was wirklich sein könnte. Egal, ob auf den breiten Boulevards oder in den engen, hektischen Gassen der Basare. Mumbai erregt die Fantasie und ist nebenbei Kulturzentrum mit Universitäten, Theatern, Museen, Galerien und jeder Menge Lichtspielhäusern. Die hiesige Filmindustrie ist die produktivste der Welt. Ihre Stars und Sternchen wohnen in millionenteuren Villen und Apartments, während mehr als die Hälfte der Einwohner Mumbais in Slums lebt.

Es ist feucht und heiß, Abgase stehen über der Stadt, und wer sich kein gutes Leben erkaufen kann, kämpft sich durch Armut und Menschenmassen, hygienische Missstände und Perspektivlosigkeit, haust auf Mülldeponien, kleidet sich in Lumpen. Die Stadt kennt vor allem Extreme. Schönheitskliniken und Börsenhändler auf der einen Seite, Blechhütten und Müllsammler auf der anderen.

Noch vor ein paar Hundert Jahren war Mumbai ein kleines Fischerdorf. Nicht einmal die Landzunge, auf der die Stadt heute thront, existierte damals. Indigene Koli zogen mit schmalen Booten hinaus aufs Meer, lebten vom Fischfang. In der zweiten Hälfte des 17. Jahrhunderts siedelten sich die Briten an. Sie übernahmen den geschützten Naturhafen zwischen den vorgelagerten Inseln und dem sumpfigen Festland von den Portugiesen und nannten ihn Bombay. Doch die ersten Jahre waren hart für die Neuankömmlinge. Ruhr und Cholera forderten viele Todesopfer. Damals war man sich sicher: »Zwei Monsunregen entsprechen der Dauer eines Menschenlebens.« Nichtsdestotrotz etablierte sich die Stadt als Handelszentrum der East India Company. Kaufleute aus Goa und Gujarat zogen ebenso hierher wie muslimische Handwerker. Bombay wuchs unaufhaltsam und bediente die europäischen Märkte mit den Produkten Asiens. Später dann, Bombay war bereits eine wohlhabende Metropole, organisierte sich hier die indische Unabhängigkeitsbewegung. Und auch nach der Unabhängigkeit boomte die Stadt, ihre Einwohnerzahl explodierte; ihre Gebäude ebenso. Terroranschläge und Pogrome erschütterten Bombay. Sie waren Ausdruck wachsender Spannungen zwischen religiösen und ethnischen Gruppen.

Doch Bombay machte sich immer wieder frei. Die Stadt atmete Leben ein. Es ging weiter, immer weiter. Mitte der 1990er wurde Bombay offiziell in Mumbai umbenannt. Es war der Auftakt einer groß angelegten sprachlichen Entkolonialisierung. Die Lokalregierung streifte die britische Vergangenheit ab. Plätze, Straßen und Wahrzeichen erhielten neue hinduistische Namen. Doch für viele Einwohner blieb die Stadt weiterhin Bombay. Das Gateway of India, der riesige Triumphbogen am Meer, ist das Tor zur Stadt. In ihm ist das stolze Selbstverständnis Mumbais greifbar. Errichtet von den Briten 1911, gehört es seit Jahrzehnten zu den beliebtesten Hintergrundmotiven der indischen Filmindustrie. Für die Seele des Landes markiert das Gateway of India eine neue Zeitrechnung. Hier marschierten 1947 die letzten britischen Soldaten auf indischem Boden zu ihren Transportschiffen. Als sie ablegten, war Indien endlich frei.

Hinter dem Gateway of India liegt Mumbais Touristenviertel Colaba. Hier befinden sich Hotels und Spelunken, Restaurants, Kneipen, kolonialer Schick und urbanes Elend. In dunklen Seitengassen verfallen Wohnhäuser, Junkies vegetieren auf der Straße, Schlepper suchen geschäftsmäßig die Nähe der Touristen. Taxifahrer hocken vor ihren schwarz-gelben Ambassadors, lesen die Tageszeitung, trinken Chai. Sonnenstrahlen blitzen über die Frontscheiben. Das indische Auto ist ein Spiegelbild der Stadt. Zuverlässig, elegant, prächtig auf eine altmodische Art. Doch der glänzende Lack hat Kratzer und Dellen. Da sind abgenutzte Sitzbezüge, schiefe Kotflügel und kaputte Seitenspiegel. Die Taxifahrer warten auf Touristen, Touristen warten auf magische Momente. Sie wollen sich von Mumbai verzaubern lassen.

Biertürme werden aufgestellt. Drei Liter für 20 Euro, serviert im Leopold Café, nur ein paar Minuten vom Gateway of India entfernt. Das Leopold ist eine Institution, halbwegs schäbig, halbwegs charakterlos ist das Café ein immer wiederkehrender Schauplatz in Gregory David Roberts' Roman »Shantaram«. Die Geschichte von Lin und seinen Abenteuern in Bombay schafft eine gewaltige Anziehungskraft und setzt der Stadt ein unvergleichliches Denkmal. Im Leopold Café sitzen sie zusammen, die Reisenden und Einheimischen, sonnenverbrannte Touristen, Rast- und Ruhelose. In der großen Halle klirren bereits zur Mittagszeit die Bierflaschen. Geschirr scheppert auf Dutzenden Tischen, Stimmen schwirren umher. Die Sprachen der Welt fließen hier in babylonischem Wirrwarr ineinander.

Draußen auf der Straße ist es heiß. Die Sonne steht hoch, die Luft ist feucht, der Kopf schwer. Im tropischen Klima verschwimmt Mumbai zu einem glitzernden Fantasiewesen. Da ist die ausladende Kolonialarchitektur – weitläufige Museen, Universitäts- und Gerichtsgebäude – und daneben die Boulevards, die Banken, Einkaufszentren, Straßenstände. Über den nahen Bahnhof CST, Chhatrapati Shivaji Terminus, werden täglich etwa drei Millionen Fahrgäste in die Stadt geschleust. Alle paar Minuten fährt ein vollgestopfter Zug ein oder aus. Das rege Gewusel setzt sich in den engen Gassen der angrenzenden Basare fort. Tagelöhner drücken sich mit schwerer Last vorbei an Tempeln und Moscheen. Fünfstöckige Wohnhäuser stehen so nah beieinander, dass ihre Schatten die Straßen verdunkeln. Nur gegen Mittag fallen ein paar Sonnenstrahlen hinunter auf die Waren in den Auslagen der Marktstände.

Hier irgendwo in der Nähe wohnt Saad. Als jüngster von drei Brüdern lebt er mit seinen Eltern in einer eingezäunten Plattenbausiedlung. Es ist ein kleiner geschützter Raum in der großen Stadt mit eigenem Kiosk, Wäschereiservice, Chai-Wallahs und einem Wachmann an der Schranke. Hohe Mauern umgeben den Komplex, sie sind mit scharfen Glasscherben bewehrt. Verwaschene Fassaden und muffige Treppenhäuser gehören zu den Wohnblöcken. Nachts wühlen gigantische Ratten in überbordenden Müllcontainern und jagen Katzen durch die Dunkelheit.

Saads Familie lebt seit über 30 Jahren hier. Zwei Wohnungen und vier Zimmer teilen sie sich im obersten Stock eines Hauses. Saads Vater war lange Zeit Vorsteher der Hausgemeinde. Hier ist er verwurzelt. Man kennt sich. Saad selbst arbeitet als Manager in einem Technologieunternehmen. Die digitale Wirtschaft sorgt gerade in Mumbai für eine stetig wachsende

Mittelschicht. Gleichzeitig ist Wohnraum knapp und teuer. In keiner anderen Metropole Indiens sind die Mieten so hoch wie in Mumbai.

Saad ist ein aufmerksamer Typ, wissbegierig, eloquent und manchmal gelangweilt. Mit ihm schlendern wir durch die heißen und stickigen Straßen der Stadt. Es ist der 26. Januar, Nationalfeiertag; Tag der Republik. In den Häuserschluchten der Metropole drängen sich die Menschen. Lediglich am Marine Drive, der lang gestreckten Promenade am Arabischen Meer, weht ein leichter Wind. Am späten Nachmittag treffen sich hier die Einheimischen und spazieren entlang der rauschenden Brandung. Chai-Wallahs und Snackverkäufer laufen mit ihren Bauchläden auf und ab. Jugendliche sitzen auf aufgetürmten Felsen, an denen sich bei Sturm die Wellen brechen. Hier ist der Ort für Sonnenuntergänge, auch wenn sie oft im Smog verloren gehen.

Der Marine Drive verbindet Mumbais soziale Klassen. Die Schönen und Reichen kommen ebenso hierher wie die Obdachlosen der Stadt. Am südlichen Ende der Promenade befinden sich die Luxusapartments, Banken, Bürotürme und Botschaftsgebäude am Nariman Point. Ein Dreizimmerapartment mit 100 Quadratmetern Wohnfläche kostet hier mehr als eine halbe Million Euro. Damit gehören die Grundstücke und Wohnungen am Nariman Point zu den teuersten der Welt.

Ganz anders dagegen das nördliche Ende des Marine Drive. Am Chowpatty Strand breiten die Einheimischen bereits seit Generationen ihre Picknickdecken aus, sitzen im Sand, blicken hinaus auf die Bucht. Sie schlecken Kulfi oder knabbern das berühmte Bhel Puri: eine Mischung aus Puffreis, gebratenen Nudeln, Kartoffeln, Chilipaste, Tamarindenwasser, gehackten Zwiebeln und Koriander. Professionelle Ohrenreiniger rühren mit langen, dünnen Stäben in den Ohrmuscheln ihrer Klienten herum. Das Wasser schwappt dunkel und undurchsichtig ans Ufer, zieht Plastikflaschen und Verpackungsmüll mit sich. Auch um die vielen Essensstände weht ein Hauch von Mir-doch-egal. Papierfetzen und Plastiktüten liegen im Sand. Zerrissene Zeitungen gesellen sich dazu.

Zur Linken ragen mächtige Hochhäuser entlang der geschwungenen Bucht empor. Nach Sonnenuntergang, wenn die Lichter der Stadt glühen, lädt Mumbai zum Träumen ein. In der Dunkelheit versteckt sich das Schäbige hinter einer funkelnden Fassade, die vom Marine Drive bis zu den Filmstudios von Bollywood reicht. Die indische Traumfabrik lebt von dieser Oberflächlichkeit. Mitten in Mumbai schafft sie eine bunte Melange aus Tanz und Gesang, überbordenden Emotionen, unendlicher Liebe und skurriler Geschichten.

Die Filmindustrie ist ein gigantisches Geschäft, einer der wichtigsten Wirtschaftszweige Indien. Jedes Jahr werden etwa 1200 Filme gedreht. Kein anderes Land der Welt kann da mithalten. Die Hälfte der Filme entsteht in den Studios von Bollywood, wo jährlich ungefähr dreimal so viele Filme produziert werden wie in Hollywood.

Die Produktionen sind ein Fest für die Sinne, sie wurden jahrzehntelang nach Indiens ureigenem Masala-Prinzip gedreht – von allem ein bisschen. Horror, Komödie, Romanze, Action, Thriller, Drama, Musical, Bösewichte und Helden in einem Film. Genregrenzen sind in Bollywood lange Zeit unbekannt, plausible Handlungsstränge überbewertet. Auch wenn sich aktuelle Filmproduktionen einem internationaleren Publikum verschrieben haben, um auch im Ausland lebende Inder zu erreichen, läuft in vielen Filmen noch immer einiges durcheinander. Nichtsdestotrotz steht die Qualität Bollywoods den großen Blockbustern aus Hollywood in nichts mehr nach.

Dabei bedient sich der indische Film immer wieder an seinem amerikanischen Pendant. Produzenten und Drehbuchautoren nehmen international erfolgreiche Filme, schreiben die Geschichten auf indische Sehgewohnheiten um, fügen Gesang, choreografierte Tänze und Melodrama ein und feiern damit eigene Erfolge. Sie können es sich erlauben, denn in indischen Kinos werden fast ausschließlich nationale Produktionen gezeigt.

In der Traumwelt des indischen Films werden die bekanntesten Schauspieler wie gottähnliche Wesen von 1,3 Milliarden Menschen angehimmelt. Junge Frauen fallen in Ohnmacht, Männer imitieren Posen aus Filmen oder kleiden sich wie ihre Vorbilder. Shah Rukh Khan ist seit Jahren das Gesicht Bollywoods. Er ist der begehrende Held in romantischen Kinofilmen, gleichsam geliebt von Töchtern und Schwiegermüttern, ausgezeichnet, preisgekrönt und von der Presse als King Khan oder König von Bollywood gefeiert. Keine Zeitung ohne Abdruck seines Fotos, kein kitschiger Werbespot, der mit seinem Gesicht nicht zum grandiosen Erfolg wird. Dabei wirbt Shah Rukh Khan für ausnahmslos alles: Zement und Softdrinks, Tourismus in Dubai, Trockenpulver für die Achseln,

Telekommunikationsunternehmen und natürlich auch für Weißmacher. Bis heute ist helle Haut ein Status in Indien. Sie bedeutet, dass man es geschafft hat. Helle Haut symbolisiert ein Leben ohne schwere körperliche Arbeit, ein Leben in klimatisierten Räumen, ein Leben auf der Überholspur. Helle Haut ist vielleicht die größte indische Obsession.

Alles wird besser, wenn helle Haut im Spiel ist. Auch Kinofilme. Deshalb ist Bollywood ständig auf der Suche nach hellhäutigen Statisten, die für ein oder zwei Szenen durch den Hintergrund wackeln. In Colaba casten die Agenten der Filmstudios Touristen direkt von der Straße weg. Ein paar Rupien und eine Mahlzeit, aber vor allem die Gelegenheit, am Set eines Bollywoodfilms dabei zu sein, sind für viele Reisende Ansporn genug. Auch wir wollen unbedingt entdeckt werden. Einmal die Luft der Traumfabriken atmen, vielleicht sogar ein bekanntes Gesicht sehen. Doch wir wissen nicht genau, wie wir es anstellen sollen. Woran erkennt man einen Agenten Bollywoods? Wir schlendern umher, vorbei am Leopold Café, an den Hostels und Restaurants, die häufig von Touristen besucht werden. Hier irgendwo müssen sie doch sein, die Späher der Filmindustrie. Immer wieder schauen wir uns um, laufen mehrfach im Kreis. Wir suchen umherlungernde, windige Typen, die an Straßenecken warten und Passanten Filmrollen anbieten. Zumindest stellen wir uns vor, dass es so laufen müsste.

Verrückter Gedanke. Eigentlich gehen wir solchen Gestalten aus dem Weg, doch nun wollen wir sie unbedingt finden. Doch niemand spricht uns an. Wir bleiben unentdeckt. Auch einen Tag später interessiert sich niemand für unsere Gesichter. Am dritten Tag haben wir genug. Wenn wir nicht auf die Leinwand kommen, dann setzen wir uns davor. Wir gehen ins Kino. Hunderte Lichtspielhäuser gibt es in Mumbai. Art déco, samtene Sessel, schwere Vorhänge. Die Stadt atmet Filmkunst. Gerade läuft ein spektakulärer Historienfilm mit Starbesetzung: »Bajirao Mastani«. Bollywoods aufstrebende Schauspielgeneration ist hier vereint. Wir versprechen uns viel Tanz und Gesang, Drama und Liebe, ausschweifende Emotionen, die es unerheblich machen, ob wir den Dialogen in einer fremden Sprache folgen können.

Doch es kommt anders. Der Film ist ein Fest für die Augen. Opulente Kostüme, leuchtende Farben, pompöse Kulissen, nur die Handlung offenbart sich uns nicht. Da sind ein Held und eine Frau und ein Hofstab, aber wo sind die Zusammenhänge? Ohne Untertitel sind wir verloren. Erst nach etwas mehr als der Hälfte des Films wird uns klar, dass es nicht eine, sondern zwei Frauen sind und der Held sich offenbar in einem Entscheidungskonflikt zwischen beiden befindet. Außerdem wird auffällig wenig getanzt. Wir sind vor allem eines: verwirrt. Das Ende ist entsprechend konfus und offenbar tragisch. Genau wissen wir es nicht.

»Bajirao Mastani« wird zum Megaerfolg. Ebenso bekannt ist ein preisgekrönter Film, der international für Furore sorgte: »Slumdog Millionaire«. Die Geschichte eines Jungen aus Dharavi, dem größten Slum Mumbais, der trotz aller Widerstände der Liebe seines Lebens folgt. Typische Erzählung Bollywoods. Seitdem ist Dharavi weltweit bekannt.

Auf etwas mehr als zwei Quadratkilometern ist hier ein Labyrinth an engen Gassen und dunklen Gängen entstanden. Heruntergekommene, oft windschiefe Hütten, zusammengeschustert aus Beton, Holz und Plastik, rostendem Wellblech und feuchten Wänden, sind zwischen zwei Bahntrassen eingeklemmt. Jedes Gebäude ist ein Unikat, ein kleines statisches Wunder, gestützt vom ungebrochenen Willen der Bewohner. Auf wenigen Quadratmetern wohnen hier mehrere Generationen zusammen. In dreistöckigen Häusern teilen sich Familien erdrückend kleine Wohnräume. Mal zu viert, mal zu acht. Ratten huschen quiekend vorbei. Mehrere Tausend Menschen teilen sich im Schnitt eine öffentliche Toilette. Beißender Geruch liegt schwer in der Luft. In offenen Abwasserkanälen mäandert eine stinkende Brühe durch den Slum. Es heißt, Ruhr, Malaria und Hepatitis seien weitverbreitet. Besonders im Monsun, wenn starke Regenfälle die Abwasserkanäle überlaufen lassen und die schmutzige Brühe durch die Gassen und Wohnräume schwappt, verbreiten sich Krankheiten und Virusinfektionen. Wie viele Menschen hier hausen, ist unklar. Zwischen einer halben und einer Million sollen es sein. Damit hat Dharavi die weltweit höchste Bevölkerungsdichte.

Doch Dharavi ist keine Hölle. Der Slum gehört zu den wichtigsten Produktionsstätten in Mumbai. Zwischen den baufälligen Gebäuden, dem Müll, dem Schmutz, den Menschenmassen verbergen sich Kleinunternehmen und 10 000 Mini-Manufakturen. In jeder sind eine Handvoll Arbeiter beschäftigt; insgesamt eine Viertelmillion. Gemeinsam erwirtschaften sie einen Jahresumsatz von einer Milliarde US-Dollar. Die meisten Unternehmen sind mit der Abfallverwertung beschäftigt. Hier wird der Müll der Stadt gesammelt, sortiert und recycelt. Aluminium wird in den schmalen Gassen eingeschmolzen, Seifenreste wiederverwertet, Leder gegerbt und verarbeitet, Fässer und Kessel geflickt, Plastik erhitzt und in neue Formen gegossen, Lebensmittel und Kleidung hergestellt. Aber auch althergebrachtes Handwerk hat in Dharavi seinen Platz. Hunderte Töpfer formen und brennen Trinkgefäße, Schalen und Schüsseln in allen Größen – vom Chaibecher bis zum bauchigen Wasserkrug. Der kratzige Rauch des Brennofens zieht durch Gassen, die vom Ruß bereits schwarz gefärbt sind.

Im beginnenden 20. Jahrhundert, als Dharavi noch ein Fischerdorf außerhalb Bombays war, siedelten hier Landflüchtlinge, die ihr Glück in der rasant wachsenden Stadt suchten. Die ersten Zuwanderer Dharavis waren Töpferfamilien aus Gujarat, deren Nachfahren bis heute der Handwerkstradition nachgehen. Aber auch aus anderen Landesteilen zogen die Menschen nach Dharavi. Sie kamen aus Tamil Nadu, Karnataka, Rajasthan oder Uttar Pradesh und prägen den Slum bis heute. Die verschlungenen, schmalen Gassen schlucken den Lärm der Metropole. Schon nach wenigen Biegungen ist vom Motorenlärm und dem ständigen Hupen auf Mumbais Stadtautobahnen nichts mehr zu hören. Autos haben in Dharavi sowieso keinen Platz. Hier gehen die Menschen zu Fuß über holprige Wege. Das Viertel wirkt fast dörflich. In einem winzigen Friseursalon, der gerade so Platz für einen einzigen Kunden bietet, rasiert ein Barbier weiße Bartstoppeln von der faltigen Haut eines Mannes. Hunde streunen umher. Ziegen und

Kühe stehen stur in den schmalen Gassen. Knorrige Bäume wachsen zwischen den Häusern.

Bilder von Göttern und Gurus kleben an den Hauswänden. Frauen in bunten Saris sind in einen fröhlichen Schwatz vertieft. Männer zerren Lastenkarren durch die Gänge. Dharavi ist arm, aber nicht elend. Die Kinder haben schmutzige Gesichter, aber sie spielen, kaum jemand hungert, niemand bettelt in der Gosse. Hier gibt es Banken und Schulen, ein Krankenhaus, Restaurants, Dutzende Tempel, Moscheen und Kirchen sind in die engen Gassen eingelassen. Es sieht aus wie überall in Indien: nur noch komprimierter. Leben und Arbeiten finden gemeinsam auf engstem Raum statt. Dort, wo Müllbeutel aufgerissen auf dem Weg liegen, flattern Krähen umher. Sie zanken sich um die besten Stücke des Unrats. Fliegen steigen träge in der Luft auf und ab. Indischer Alltag. Normales Leben.

Aber Dharavi ist auch ein Spekulationsobjekt. Der Slum liegt zentral, mitten im Herzen der Megametropole und besetzt wertvolles Bauland. Wie alle Slums ist auch Dharavi illegal. Keines der einfachen Häuser hat eine Baugenehmigung. Und so wirft ein gewaltiges Sanierungsprojekt seinen dunklen Schatten über den Slum. Die Bewohner sollen in Hochhäuser umgesiedelt werden. Elektrizität, fließendes Wasser, verbesserte Hygienebedingungen werden prophezeit. Doch für die Existenz der Menschen, die kleinen Unternehmen und Manufakturen gibt es dort keinen Platz. Schwer vorstellbar, dass säckeweise Müll in den 30. Stock geschleppt wird, um ihn dort zu sortieren, oder dass die Lederarbeiter im zwölften Stock

Häute gerben. Die geplante Umsiedlung ins Vertikale mag einen höheren Lebensstandard versprechen, aber sie zerstört die Lebensgrundlage fast aller Familien in Dharavi.

Arm und Reich begegnen sich in Mumbai täglich. Baufällige Mietshäuser in den Arbeitervierteln und glänzende Hochhäuser entlang der Promenaden und Boulevards liegen nah beieinander. Von Dharavi nach Bandra sind es nur vier Kilometer. Vier Kilometer zwischen Hunderttausenden, die zusammengepfercht in dunklen Gassen hausen, und den Villen der vergötterten Bollywoodstars, Politiker und Kricketspieler. Vier Kilometer zwischen den Kindern, die dem Film »Slumdog Millionär« eine authentische Kulisse verliehen, und dem Luxusheim Shah Rukh Khans.

Doch in Mumbais Immobilienzirkus ist selbst Shah Rukh Khans Domizil eine vergleichsweise bescheidene Hütte. An der Westküste Mumbais, nur ein paar Hundert Meter vom Arabischen Meer entfernt, ragt die teuerste Wohnung der Welt auf 27 Stockwerken in die Höhe. Das Gebäude sieht aus, als wäre es von einem Fünfjährigen mit Legosteinen zusammengesetzt worden. Antilia heißt die merkwürdige Konstruktion, deren Bau zwischen 50 und 70 Millionen US-Dollar gekostet haben soll. Der Milliardär und Geschäftsmann Mukesh Ambani lebt mit seiner fünfköpfigen Familie hier. Zur Ausstattung ihres Heimes gehören ein sechsstöckiges Parkhaus für die private Sammlung luxuriöser Autos, Schwimmbäder, ein Kino, ein Tempel und eine Bibliothek. Angeblich soll es sogar einen Raum geben, in dem es schneit. Auf dem Dach befindet sich natürlich ein Hubschrauberlandeplatz.

Antilia ist nach dem Buckingham Palace die zweitgrößte Privatresidenz der Welt und Mukesh Ambani einer der zehn reichsten Menschen überhaupt. Indien macht es möglich, denn hier findet Reichtum in ganz anderen Dimensionen statt als in den meisten übrigen Ländern. Die Ungleichverteilung zwischen den wenigen Reichen und der endlosen Anzahl mittelloser Inder ist unvorstellbar. »Wer in Indien reich ist«, so hören wir immer wieder, »ist ohne jede Einschränkung überall auf der Welt reich.«

Uns überfordern sowohl diese unmittelbare Dekadenz als auch die enorme Kluft der Lebenswirklichkeiten. Wir spazieren durch die Straßen und fragen uns immer wieder: Wie kann das sein? Wie ist es möglich, mit wenigen Schritten zwischen unerklärlichem Elend und unerklärlichem Luxus hin- und herzuwandern?

Ganz in der Nähe von Antilia steht der Mahalakshmi-Tempel am Arabischen Meer, in dem die Göttin des Wohlstandes verehrt wird. Die ganze Stadt lechzt nach ihr. Im geschäftigen Tempel warten die Pilger oft stundenlang, um mit der goldgeschmückten Gottheit zu verhandeln: Opfergaben gegen finanzielles Glück, das ist der Deal. Dabei bleiben so viele Gaben vor dem Schrein liegen, dass zumindest die Tempelangestellten mit dem Wiederverkauf ein profitables Geschäft machen. Die Opfergaben gehören zu den kleinen, hoffnungsvollen Schritten in ein besseres Leben, das für die meisten Menschen nur ein Traum bleiben wird. Mumbais Alltag erzählt andere Geschichten.

Vom Mahalakshmi-Tempel sind es 20 Minuten zu Fuß bis zum Dhobi Ghat. Direkt hinter dem Bahnhof Mahalakshmi befindet sich Mumbais größte kommerzielle Wäscherei. In riesigen betonierten Wasserbecken wird hier gewaschen, was in den Krankenhäusern, Hotels und Gasthäusern der Stadt an schmutziger Wäsche zusammenkommt. Von einer Straßenbrücke blicken wir direkt auf die Arbeiter. Mehr als 5000 Männer wringen mit bloßen Händen Bettlaken und Kopfkissen, aber auch die Garderobe vieler Privathaushalte aus. In etwa 800 Becken werden Hemden und Hosen, Handtücher und Uniformen für wenige Rupien gereinigt. Ein frisch gewaschenes Bettlaken kostet etwa vier Cent.

Damit kauft sich niemand ein neues Leben. Auch nicht in Indien. Doch es reicht für Tagträume. Mumbai ist ein Versprechen und zugleich ein dunkler Abgrund. Die Stadt ist extrem, nicht nur für ihre Bewohner. Eine elegante Schöne und ein garstiges Monster. Glitzerwelt und Gosse. Verdammte, fiebrige Traumstadt. Nirgendwo treten die Brüche Indiens so intensiv auf wie in Mumbai. Die Metropole fordert, und wer sie übersteht, ist bereit, mehr vom Land zu erfahren.

KURIOSES AUS INDIEN: »NO MEANS NO« – ODER ETWA NICHT?!

Mädchen und Frauen penetrant nachzustellen hat in Bollywood-Filmen Tradition. In den meisten Schmonzetten der indischen Filmindustrie beobachtet man immer wieder denselben Plot: Der Mann zeigt Interesse an einer Frau, wird aber von dieser abgewiesen. Doch er gibt nicht auf, stellt ihr nach, verfolgt sie. Man kann getrost von wochen- und monatelangem Stalking sprechen. Am Ende überzeugt der Protagonist die Frau von seiner tiefen Liebe und erobert ihr Herz. Dass sich die Frau am Anfang zunächst ziert, ist Teil der Zurückhaltung, die in Indien von Mädchen und Frauen erwartet wird. Während Anti-Vergewaltigungs-Kampagnen im Land mit dem Slogan *»No means no«* werben, propagieren die Filme Bollywoods, die erheblich zur Meinungsbildung im kinoverrückten Land beitragen, eine andere Ansicht. Hier heißt *»No«* lediglich »noch nicht«.

GOA UND DIE FREIHEIT UNTER PALMEN

MORTEN

Goa ist Paradies und Sehnsuchtsort. Das Eldorado der Moderne, das Shangri La der Hedonisten. Seit den 1960er-Jahren verzaubert und hypnotisiert der Landstrich im Südwesten Indiens die Menschen. Zuerst die Hippies, dann die Raver und schließlich all jene, die bis heute das Paradies suchen.

Auf der Überlandroute, dem alten Hippietrail, war Goa die sagenumwobene Endstation. Über Istanbul, Kabul und Lahore führte die Reise hinaus aus der bürgerlichen Enge hin zu Freiheit, Nacktheit, Unbekümmertheit. Hier, zwischen den Bergen der West Ghats und dem Arabischen Meer, fanden die ersten Hippies eine Welt, die ihnen auf unerwartete Weise bekannt war. Erst wenige Jahre zuvor, 1961, endete die etwa 450-jährige portugiesische Kolonialherrschaft über Goa, und noch immer war der mediterrane Einfluss deutlich spürbar. Weiß getünchte Wohnhäuser mit Schindeldächern zierten die Städte, das Christentum war weitverbreitet, überall ragten Kirchen aus der tropischen Vegetation hervor, die einheimische Elite sprach Portugiesisch, Sadhus rauchten Haschisch. Kokosplantagen erstreckten sich entlang der sandigen Küste. Fischerdörfer lagen darin versteckt, Reisfelder leuchteten im satten Grün zwischen den Palmenwäldern, Flüsse mäanderten durch das fruchtbare Land. Für die Hippies war der Kulturschock gering und die Freiheit unbeschreiblich. Keine Zwänge, keine Tabus. Dafür traumhafte Sonnenuntergänge über dem Meer, feinstes Cannabis im Blut, Vollmondnächte, die mit ihrer Schönheit den Kopf explodieren lassen, und faszinierend-exotische Praktiken wie Yoga und Meditation. Die Rolling Stones waren hier, ebenso die Beatles und Madonna.

Bis heute hat sich wenig geändert. Anders als der Rest des Landes ist Goa noch immer europäisch geprägt. Die Dörfer und Städtchen sind sauberer und aufgeräumter. Vor allem die Hauptstadt Panaji schmückt sich bis heute mit kolonialen Gassen, wenn sie auch einen heruntergekommenen Charme versprühen. Der Lebensstandard ist verhältnismäßig hoch, die Menschen sind gebildeter und aufgeschlossener gegenüber dem westlichen Verhaltenskanon, denn die Globetrotter lassen es seit Jahrzehnten krachen: Psytrance, Goa-Trance, nächtelange Strandpartys, LSD, später MDMA, Sex, Hemmungslosigkeit. Was einst als politischer Akt begann, wurde immer mehr zum Exzess, sinnlich, triebhaft, ausschweifend, skandalös. Und dann, auf dem Höhepunkt der Ekstase, war es vorbei. Goa brach das Versprechen, von dem die Freigeister annahmen, es würde ewig bestehen. Heute ist der Bundesstaat im Wandel, befreit sich von der alten Haut, wie die Kobra im Reisfeld.

Arambol, im Norden Goas, ist ein Überbleibsel alter Tage, heißt es. Eine letzte Bastion oder so etwas Ähnliches. Hier klimpern langhaarige Menschen in Leinenhemden auf Klangschalen oder verrenken ihre Glieder in akrobatischen Yogaposen. Gebräunte Körper spazieren in neonfarbenen Stringhöschen an einem weichen, weiten Sandstrand entlang. Halb nackte Menschen rollen mit alten Mopeds über die staubige, parallel zum Wasser verlaufende Straße. Schütteres, verfilztes Haar wallt in Dreadlocks von den Köpfen, tätowierte Haut spannt über vom Wohlstand erschaffenen Fettreserven. Hier entsagt man gemeinsam dem Mainstream. Viele russische Familien haben sich im alternativen Dresscode niedergelassen. Es gibt russische Kindergärten, und selbst die einheimischen Obstverkäufer sprechen fließend Russisch.

In kleinen Baracken werden luftige Batikkleider und Strandtücher verkauft. Flyer kleben an Laternenpfählen, an Hauswänden und Zäunen. Sie werben für Psytrance-Partys, Feuer- und Zirkusvorführungen, Yogakurse und Healing-Angebote, Ayurveda-Behandlungen, Tarot-Wahrsagungen und Massagen. Wer will, kann ganz tief eintauchen in die Spiritualität und den Hokuspokus aus Esoterik und Bauernfang.

Am frühen Morgen sind die ersten Strandliegen mit Handtüchern reserviert. Malle in Goa. Die Spießigkeit erobert die Freiheit zurück. Der traurige Niedergang der Hippiekultur macht auch vor Arambol nicht halt. Die Protestbewegung der Hippies ist bloße Erinnerung. Auch ihr letzter politischer Funke ist erloschen. Hippie ist heute ein Lifestyle. Und dennoch weht ein Hauch von Unabhängigkeit über den Strand. Wer mit den

Augen eines Kindes sehen kann, ergötzt sich noch immer an Arambol und den eigenartigen Charakteren, die hier zu Hause sind. Da gibt es die hageren, sehnigen Aussteiger, die in einem Leben voller Liebe und Freiheit irgendwann das Essen vergessen haben. Daneben ragen die dicken Bäuche des Kapitals im wohligen Gefühl des Sich-leisten-Könnens über den Bund der Badehosen. Dennoch ist es erstaunlich, wie sehr man unter sich ist. Am Strand lassen sich kaum Einheimische blicken. Nur an den Wochenenden streifen ein paar betrunkene Gaffer durch den Sand, die in ihrem antrainierten Sexismus und wegen der eigenen unausgeglichenen Bedürfnisse fremde Körper begutachten.

In Arambol bin ich skeptisch. Ich kann nicht so recht glauben, was sich vor meinen Augen abspielt. Freiheit, Unabhängigkeit und Mündigkeit halte ich für Maskerade. Ich sehe Menschen, die zu Trommelrhythmen am Strand tanzen, weil das so hippiesk ist. Mit bunt flatternden Kleidern und wilden Haaren stellen sie ihre Abkehr von Konventionen zur Schau. Wer ist echt, und wer versteckt sich vor der eigenen Spießigkeit? In Arambol will niemand zur Masse gehören. Originalität ist ein Paradigma. Es ist der Beweis für die eigene Individualität. Vom ersten Tag an vergleiche ich Goa mit dem, was es einmal war. Dabei blicke auch ich in Arambol in den Spiegel. Auf welcher Seite stehe ich? Wie viel Authentizität erlaube ich mir selbst? Ich finde keine Antwort.

Anjuna, weiter südlich, die palmenbestandene Küste hinunter, das war mal was. Vollmondparty! Psytrance, psychedelischer Elektrowumms aus Goa. Hippies, Aussteiger, Rucksacktouristen formten hier einen Musikstil, der sich von Anjunas Stränden in die Welt aufmachte. Wuchtig stampfende Stakkato-Rhythmen gehörten dazu. Der Synthesizer mischte hypnotische Klänge mit indischen Melodien. Bis in die 1990er-Jahre war Anjuna ein Pilgerort für die vollendet Ausgestiegenen und solche, die es werden wollten. Doch sosehr sich die Raver und Freigeister in ihrem Rausch begeisterten, so einschlägig wurde der Ruf Goas. Immer mehr Menschen kamen, und längst nicht alle hatten Freude an der Szene in Anjuna. Die Dissonanzen häuften sich, bis die Politik einschritt. Erst wurden die Verstärker verboten, dann öffentliche Musikveranstaltungen am Strand nach 22 Uhr.

Es war das Ende einer Ära. Mit der Musik verschwand das Publikum, suchte sich andere Strände, andere Länder. Goa-Trance fand neue Domizile in Europa und Israel. Nur ein kleiner Rest blieb zurück. Die Althippies, Altaussteiger – sonnengetrocknet in Goa. Sie haben die Partys verloren und sind nun selbst die Attraktion in Goa. Anjunas vitales Zentrum ist vom Strand ein paar Meter landeinwärts gewandert. Dort, wo Buden und Bretter, Planen und Planken schmale Gassen bilden, ist jeden Mittwoch Markttag; Flohmarkttag. Ein grandioser, von Kokospalmen umstandener Erfolg. Weite Tücher sind zwischen die Bäume gespannt, sorgen für Schatten in den provisorischen Gängen. Schmuck, Taschen, Hängematten und Strandkleidung werden hier ebenso angeboten wie jede Menge billig produzierte Massenware. Die immer gleichen Hippiesouvenirs, wie sie auch in Hampi oder Kathmandu verkauft werden: lockere Kleider in grellen Farben, bunte Lampenschirme,

Mützen mit Ohrenklappen, für die es in Goa keine Verwendung gibt, Trance-CDs und Räucherstäbchen. Der Markt ist riesig. Die Händler kommen aus allen Ecken Indiens, von Rajasthan bis Tamil Nadu. Sie bringen Klangschalen und tibetische Masken, Marionetten, Traumfänger und gefälschte Paschmina-Schals mit. Es riecht nach Ingwer, Zimt und Kardamom.

Zwischen den belanglosen Waren blitzen immer wieder Perlen auf. Anjunas Flohmarkt hat eine erstaunliche Antiquitätensammlung. Da sind Grammofone, Taucherglocken, uralte Gabeltelefone und Fernrohre, Taschenuhren und Kompasse, Sextanten und Sanduhren. Strahlend poliertes Messing und Kupfer. Aber auch Handarbeiten, traditionelles Kunsthandwerk und Selbstgeschneidertes gehören zum Markt. Die Qualität ist so hoch wie die Preisvorstellungen der Verkäufer. Erst recht bei den Händlern, die zur Aussteigerszene gehören; zu jenen Westlern, die schon vor langer Zeit in Goa eine neue Heimat gefunden haben. Von Freiheit und Liebe können auch sie nicht leben. Die, die einst Hippies waren, suchen nicht nur nach Selbstverwirklichung, sondern auch nach einem wirtschaftlichen Fundament.

Das Gefühl der Unverbindlichkeit ist den Menschen hier eigen. Alles kann, nichts muss. Trotzdem ist der Flohmarkt ein durch und durch kommerzialisiertes Produkt – eine Massenveranstaltung, zu der Hunderte Touristen in Dutzenden Bussen herangekarrt werden. Hier werden Standgebühren nach Metern berechnet, und angeblich müssen selbst Bettler einen Obolus zahlen, wenn sie auf dem Markt ihre Hände aufhalten wollen.

In einem Café mit Blick auf den Strand und die seicht heranrauschenden Wellen finden wir einen Flyer, der für den Abend eine Party ankündigt. In einem Klub am Strand von Vagator, nördlich von Anjuna, wollen wir feiern. Gegen 21 Uhr stehen wir vor der Tür und sind wenig überraschend die ersten Gäste. Wir sitzen, trinken, rauchen. Psytrance wummert im Hintergrund. Etwa vier Stunden später erreicht die Party ihren Höhepunkt. 30 Menschen befinden sich auf der Tanzfläche. Zwei halb nackte Russinnen gehören dazu, die von ein paar Indern unentwegt angestarrt werden. Unter normalen Umständen wäre diese Party eine furchtbare Veranstaltung. Aber wir sind in Goa und die Legenden von ausschweifenden Feiern tanzen in unseren Köpfen mit. Es ist der furchtlose Versuch, in die Vergangenheit zu gleiten. Wir wollen uns einer Erinnerung nähern, die nie unsere war.

Der elektronische Klangteppich isoliert mich. Brachiale Bässe vibrieren durch meinen Körper, doch in meinem Kopf herrscht dumpfe Stille. Ist das hier wahrhaftig? Ist das Goa? Ein Zerrbild des Vergangenen? Die Realität verschwimmt, ich hole mir ein Bier. Es ist drei Uhr morgens, als im Klub in Vagator die Musik aus- und die Lichter angehen. Wir spazieren zurück nach Anjuna, trinken Bier am Straßenrand und warten auf den Sonnenaufgang am Strand.

HAMPI UND DIE UNERTRÄGLICHE LEICHTIGKEIT

MORTEN

Wir stehen am Rand der Umgehungsstraße von Hosapete, irgendwo im indischen Bundesstaat Karnataka. Ein paar Kilometer noch, dann erreichen wir Hampi, die einst stolze Hauptstadt des letzten großen südindischen Hindureiches. Der Tag rotiert über den Horizont. Noch immer ist es heiß. Wir sind müde und hungrig; kraftlos vom stundenlangen Warten unter der tropischen Sonne und der zehrenden Reise ins Landesinnere. Graue Betonwände erheben sich hinter der mehrspurigen Fahrbahn. Es sind die letzten Gebäude der Stadt. Auf der gegenüberliegenden Straßenseite liegen weite Ackerflächen. Drei Finger genügen, um die Pkws zu zählen, die hier vorbeikommen. Stattdessen nähern sich Rikschafahrer, die uns fordernd auf ihre Dienste aufmerksam machen. Wir lehnen ab, erst freundlich, dann bestimmt, und ernten beleidigende Gesten.

Als endlich ein Pkw hält, rollen drei Rikschas knatternd aus der Dunkelheit und versperren den Weg. Die Fahrer marschieren auf uns zu. Ihr Rädelsführer, ein feister Typ, verbietet uns, in den Pkw einzusteigen, und verlangt, dass wir mit seiner Rikscha fahren. So viel Dreistigkeit verschlägt uns die Sprache.

Wer bist du denn?, frage ich mich und füge laut hinzu: »Wenn mir einer Befehle gibt, dann nur mein Vater.« Die Familie ist in Indien das höchste Gut. In einem Staat, der dem Individuum nichts gibt, ist der familiäre Rückhalt überlebenswichtig. Ihr gebührt umfänglicher Respekt, denn ohne Familie geht man in Indien unweigerlich unter. Ich weiß, dass der Rikschafahrer das weiß. Gegen die Familie wagt er nichts zu sagen. Schon gar nicht gegen den Vater. Wir schauen uns wütend an, aber der Konflikt ist bereits zu unseren Gunsten entschieden. Wir steigen in den Pkw und lassen die aggressiven Kerle mit ihren Rikschas am Straßenrand zurück. Nichtsdestotrotz fühle ich mich schlecht. Dass wir glimpflich aus der Situation entkommen konnten, ist purer Zufall. In Indien ist körperliche Gewalt nie besonders weit entfernt. Latent liegt sie in der Luft, wartet nur darauf, im überbevölkerten, von Schikanen und Korruption gezeichneten Land auszubrechen. Fäuste fliegen schnell, und oft bleibt es nicht dabei. Das Kastensystem trägt seinen Teil dazu bei. Obwohl offiziell abgeschafft, ist es im indischen Gesellschaftsgefüge noch immer präsent. Nach unten wird getreten, nach oben gebuckelt. Was uns in Alarmbereitschaft versetzt, lässt Vinush, den Mann am Steuer unserer Mitfahrgelegenheit, ungerührt. »So ist das hier in Indien«, ist seine lapidare Einschätzung, und damit ist das Thema für ihn erledigt.

Wir erreichen das Dorf Hampi Basar in der frühen Nacht. Häuser ragen wie dunkle Schatten empor. Der Fluss Tungabhadra windet sich an der Siedlung vorbei. Die meisten Unterkünfte befinden sich am anderen Ufer. Eine Fähre setzt die Besucher trockenen Fußes über das Wasser. Doch im Schutz der Nacht wird aus dem jungen Fährmann ein dreister Pirat, der für die dreiminütige Überquerung das 25-Fache des üblichen Preises verlangt. Wir versuchen zu handeln, was ihn offenbar persönlich beleidigt, denn unvermittelt wird er ähnlich ausfallend wie die Rikschafahrer in Hosapete. Mit wilden Gesten brüllt er uns konfuse Dinge entgegen. Dann erklärt er das Ufer zu seinem Privatbesitz, und weil wir noch immer nicht bereit sind, unverschämte Preise zu zahlen, verscheucht er uns vom Fähranleger.

Wir nehmen uns ein Zimmer in Hampi Basar und vermissen die Schwerelosigkeit, die bisher stets im indischen Chaos zu finden war. Es dauert nicht lange, bis wir die Geister ausfindig machen, die die Menschen in Hampi umtreiben. Hier befinden sich die imposanten Reste der Stadt Vijayanagar. Die Hauptstadt des gleichnamigen Reiches war in ihrer Blüte, zwischen dem 14. und 16. Jahrhundert, größer als Rom und prächtiger als Lissabon zur gleichen Zeit. Die UNESCO würdigt die Ruinen seit 1986 als Weltkulturerbe. Touristen kommen, Unterkünfte und Restaurants entstehen ebenso wie kleine Geschäfte, die in ihrer Summe eine beachtliche Infrastruktur stellen. All das mitten in den Ruinen. Die historischen Mauern stützen Kioske, halten Wellblechdächer und Planen, gewähren Unterschlupf.

In Hampis Ruinen herrscht Leben, doch die UNESCO möchte ein Museum. Es geht um den Erhalt alter Steine, archäologischer Schätze und so weiter. Denkmalschutz. In Indien bedeuten solche Forderungen Willkür, Polizeigewalt, Zwangsumsiedlung. 2011 kamen die Bulldozer zum ersten Mal. Sie rissen Häuser ein, die über Nacht mit roten Kreuzen markiert worden waren. Wo eben noch ein Zuhause war, war wenig später nur Schutt und Staub übrig. Das ist nun bereits Jahre her. Noch immer stehen ein paar Wohnhäuser in Hampi Basar. Auch die touristische Infrastruktur funktioniert weiterhin. Wie lange, das weiß niemand. Unsicherheit begleitet die Bewohner Hampis jeden Tag. Vielleicht stehen schon morgen die Bulldozer erneut in den staubigen Gassen. Angst und Wut brodeln in den Herzen der Menschen.

Noch vor wenigen Jahrzehnten war Hampi ein großer weißer Fleck. Ein gemütliches Dorf, Reisbauern und Ruinen. Die Öffentlichkeit hatte keine Ahnung vom Schatz, der zwischen Palmen und Bananenstauden in der Gegend herumsteht. Dann rückte der besagte einstige Königssitz des Reiches Vijayanagar am südlichen Ufer des Tungabhadras in den Fokus der Öffentlichkeit. Reiche Könige und Prinzen hatten dort prachtvolle Tempel und Paläste errichten lassen. Um sie herum war eine Stadt gewachsen, die sich in ihrer Blüte auf 25 Quadratkilometern erstreckte. Im beginnenden 16. Jahrhundert reichte der Einfluss des Reiches über weite Teile des indischen Südens.

Die Herrscher von Vijayanagar kontrollierten den Handel von der Westküste am Arabischen Meer bis zur Ostküste am Golf von Bengalen. In ihrer Hauptstadt lebten 300 000 bis 500 000 Menschen. Vijayanagar war so bedeutend wie Agra und Delhi. Paläste und Villen säumten Prachtstraßen, die an Grandeur kaum zu überbieten waren. Europäische Reisende berichteten von mitreißenden Festen, von Edelsteinen und

Seide an den feingliedrigen Körpern edler Damen, von einem Luxus, den sie selbst aus ihrer Heimat nicht kannten. In einer Zeit, in der die großen europäischen Königreiche ihre Kassen im Wettlauf um die Entdeckung der Welt leerten, horteten die Herrscher Vijayanagars sagenhafte Schätze. Sie ließen sich regelmäßig mit Gold und Silber aufwiegen, um die Reichtümer dann unter ihren Untertanen zu verteilen. An den Küstenhäfen Südindiens waren sie es, die das Monopol auf Arabische Pferde und indische Gewürze hielten. Ein lukratives Geschäft. Ihre Handelsbeziehungen reichten vom chinesischen Kaiserhof bis zu den Adelsfamilien in Portugal.

Doch nur ein paar Jahrzehnte später verbündeten sich die benachbarten Sultanate zu einer Allianz und forderten Vijayanagar zur entscheidenden Schlacht heraus. 1565 fiel das letzte unabhängige Hindureich. Die königliche Familie floh mit einer Elefantenkarawane voll beladen mit Luxusgütern, und noch immer blieb so viel Wertvolles zurück, dass ihre Hauptstadt für sechs Monate geplündert und gebrandschatzt wurde. Als die letzte Glut erlosch, waren die ruhmreichen Tage der Stadt beendet. Das Zentrum der Macht geriet in Vergessenheit. Die größte Stadt des indischen Südens verfiel in provinzielle Bedeutungslosigkeit. Was blieb, ist ein Ruinenfeld: Steine, Ziegel, Stuck, Götterfiguren und die hoch aufragenden Gopurams, die Eingangstürme der Tempel.

Heute heißt Vijayanagar Hampi. Von unserem Quartier, einer kleinen Hotelanlage mit einfachen Hütten und Bungalows, sind es nur ein paar Meter bis zu leuchtend grünen Reisfeldern und noch ein paar Meter mehr bis zu einem Hügel aus gewaltigen Granitfelsen. Von dort oben betrachten wir die Sonne, die tieforange hinter einem grauen Dunstschleier hängt. Vor uns liegt ein weites, fruchtbares Land. Saftige grüne Reisfelder, ausladende Palmen und üppige Bananenplantagen schmiegen sich in der hügeligen Landschaft um gigantische Felsbrocken, die sich goldbraun von der Vegetation abheben. Bis an den Horizont liegen sie verstreut, verkeilen sich zu kleinen Gebirgen und balancieren in gewagten Winkeln aufeinander.

Das dunkle Band des Tungabhadras schlängelt sich mitten durch das Grün. Ruinen und Tempel ragen aus der malerischen Landschaft empor. Trübes Licht hüllt sie in mystischen Schein. Hier oben auf dem Hügel schauen wir gemeinsam mit etwa 50 Reisenden in die Weite. Gitarren und Trommeln klingen im Hippiesound über die Felder. Tätowierte Menschen jonglieren, trinken Bier, reichen Joints umher. Es ist magisch. Wie ein luzider Traum. Im Licht der immer tiefer sinkenden Sonne scheint die Natur wie im Rausch, als sortiere sie die Granitbrocken in einem gigantischen Steingarten. Kurz vor dem Horizont durchtrennt eine Wolke den feuerroten Ball am Himmel, der nun in zwei Teilen aus dem Blickfeld rutscht. Eine Handvoll einheimische Jungen sind auch hier oben. »*Your name? Your country?*«, wollen sie wissen. Sie verkaufen Postkarten und Bier und Softdrinks in eisgekühlten Eimern. Die Gespräche flauen ab. Bekiffte starren Richtung Horizont.

Das Entrückte gehört zum Dorf Hampi Basar. Sadhus sind hier zu Hause. Die wilden Männer mit ihren verfilzten Haaren leben zu Dutzenden in den Höhlen rund um Hampi. Dort üben sie sich in Askese und Meditation oder berauschen sich am Charas. Rucksackreisende auf Sinnsuche fühlen sich erst dann angekommen, wenn ihre Gedanken so psychedelisch bunt sind wie die Batik-T-Shirts mit Shiva und Ganesha, die auf der Straße verkauft werden. Sie nennen es Selbsterfahrung, was ihnen offenbar besonders gut in der Gruppe und mit einem Cocktail aus Rum, Bier und Marihuana gelingt. Von einer Terrasse schauen wir in den Garten unserer Unterkunft. Ein paar Meter weiter sitzt eine Israelin aus der Generation unserer Eltern. Jeden Morgen, wenn die Temperaturen noch erträglich sind, führt sie eine kleine rote Bong an den Mund. So beginnen planlose Tage. Wenig später klimpert sie auf einer Klangschale. Frei sein, high sein. Am Abend haben wir neue Nachbarn. Noch bevor wir Hallo sagen können, sind die beiden Russen schon betrunken. Sie torkeln umher, verfehlen ihre Hängematte und purzeln, als sie doch zufällig in die Aufhängung fallen, schnell wieder heraus. Sie kotzen über die Veranda und liegen nach intensiven Momenten gekrümmt und nicht mehr ansprechbar auf dem Betonboden vor ihrem Zimmer.

Wir ziehen uns zurück. Doch die Nächte werden nicht ruhiger. Fünf junge Hunde, die tagsüber träge vor unserer Tür rumhängen, werden nachts an gleicher Stelle aktiv: Kauen, Klauen und Zerlegen sind ihre Lieblingsbeschäftigungen, weshalb die Terrasse jeden Morgen aussieht, als seien über Nacht mehrere Müllbeutel explodiert. Unsere Schuhe sind weg, dafür haben wir anderthalb neue Paare. Treudoofe Blicke verfolgen uns, als wir unsere Latschen im Blumenbeet wiederfinden. Die

Köter sind vermutlich ein bisschen stolz auf ihr Werk. Don't worry, be Hampi.

Mittendrin in Hampi Basar steht der Virupaksha-Tempel. Seit Jahrhunderten kommen Pilger aus ganz Südindien hierher, um an dieser historischen Stätte Shiva anzubeten. Ein etwa 50 Meter hoher Tempelturm ragt über den Gläubigen empor. In bunten Saris schlendern einheimische Frauen durch die beiden Innenhöfe. In den schattigen Gängen des Tempels verbringen sie die heißen Mittagsstunden, und manchmal lassen sie sich vom Tempelelefanten Lakshmi für ein paar Rupien segnen. Doch Hampis wichtigstes Kleinod liegt außerhalb; vorbei am Virupaksha-Tempel, vorbei an der alten Marktstraße. Nordöstlich von Hampi Basar erhebt sich der Vittala-Tempel am Ufer des Flusses. Errichtet im 15. Jahrhundert, gilt er als der architektonische Höhepunkt im Vijayanagar-Reich. Er ist in all seiner Pracht dem Gott Vishnu und dem Fabelwesen Garuda gewidmet.

Die archäologische Stätte Hampi ist vollgepackt mit historischen Bauten – mal sakral, mal säkular, aber immer anschaulich. Zwischen Palmenwäldern, Felsen und Feldern erheben sich die Überreste alter Tempel und Pavillons. Es ist nicht schwer, sich in der herrlichen Landschaft zu verlaufen. Ehe wir es uns versehen, versperrt uns ein Wasserbüffel den Weg. Wir versuchen, uns zu orientieren, und laufen schließlich aufs Geratewohl weiter. Zu schön ist es hier, als dass die kürzeste Strecke eine Option wäre. Auf dem Hemakuta Hügel, der sich hinter dem Virupaksha-Tempel erhebt, stehen Tempel und Schreine, die viel älter sind als das Vijayanagar-Reich. Hier beten die Hindus schon seit dem 9. Jahrhundert ihre Götter an. Ganesha gehört natürlich dazu. Der Elefantenkopfgott sitzt hinter dem Hügel in einem Pavillon mit groben Säulen, die seinem dicken Bauch gerade so Platz lassen.

Drei Kilometer weiter südlich stehen die Überreste der ehemaligen Palastbauten der Königsfamilie. Von den meisten Gebäuden sind nur noch die Grundmauern geblieben. Nur wenige Bauwerke ragen wie Skelette ihrer selbst empor. Da stehen verfallene Wachtürme, gewaltige Elefantenstallungen und Gartenpavillons. Von hoch aufragenden Podesten betrachtete der König einst imposante Paraden, ließ sich von Musik und Tänzerinnen betören oder von Kämpfen belustigen: Mann gegen Mann, Elefant gegen Elefant. Im königlichen Palasttempel sind die Wände detailreich mit Szenen aus der hinduistischen Mythologie verziert. Die Legenden aus der Ramayana tauchen immer wieder auf. Doch es sind nicht nur Mythen abgebildet. Viele Reliefs im alten Vijayanagar sind antike Comicskripte. Sie zeigen das Leben am Hof, erzählen von Tänzerinnen mit melonengroßen Brüsten und breiten Hüften, von Kriegern und wilden Elefanten, vom tanzenden Gott Shiva. Wir schlendern die verzierten Mauern entlang, verlieren uns in den Bildergeschichten vergangener Jahrhunderte. Manche Szenen sind hochgradig erotisch. Unbekleidete Frauen spreizen die Beine, öffnen ihre Scham. Daneben legen nackte Männer Hand an sich selbst. Öffentliche Pornografie, die Epoche für Epoche überdauerte. Wie konnte aus den freizügigen Bildhauern und Wandgestaltern die prüde indische Gesellschaft der Gegenwart werden, in der die Menschen selbst beim Baden vollbekleidet sind?

In einem Bambusverschlag an der erdigen Dorfstraße mieten wir einen Roller und fahren durch die malerische Landschaft. Es ist unglaublich heiß, klebrig feucht. Zuckerrohrfelder und Bananenplantagen säumen den Weg. Reis wird großflächig angebaut.

Nördlich des Tungabhadra erhebt sich der Hügel Anjanadri. Auf seiner Kuppe steht ein kleiner weißer Tempel. Er ist dem Affengott Hanuman geweiht, der als General die mächtigste Primatenarmee befehligte, die je durch die Baumkronen dieser Erde tobte. Ein steiler Pfad führt mit 578 Stufen auf den felsigen Hügel. Dort oben turnen Makaken über das unwegsame Gelände. Ohne Scheu klettern sie auf die Schultern und Köpfe der Tempelbesucher, stibitzen Wasserflaschen und Sonnenbrillen. Schließlich ist das hier ihr Zuhause.

Alte Legenden erzählen vom Königreich Kishkindhya, das hier einst in einem gigantischen Wald lag. Hanuman soll auf dem Hügel Anjanadri geboren sein. Er war Berater, Kriegsherr und Botschafter seiner Könige. Ein wackerer Recke, gutmütig und loyal, unermesslich stark und schnell wie der Wind. Außerdem konnte Hanuman fliegen und seine Größe nach Bedarf verändern. Ein richtiger Superheld. Neben Shiva und Ganesha ist Hanuman einer der beliebtesten Götter in ganz Indien. Vor allem Angehörige der unteren Kasten, Bedienstete und Angestellte, verehren ihn. Hanuman verkörpert das Ideal eines Dieners. Er ist opferbereit, unerschrocken, demütig und gehorsam. Die Geschichte vom Helden Rama und der Affenarmee Hanumans kennt bis heute fast jedes Kind in Indien. In der Ramayana wurde der Affengott zum treuen Helfer des

Gottes Rama, der gegen den Dämon Ravana in den Krieg zog, um seine Frau Sita zu retten. Unter der Führung Hanumans stellte Rama eine Affenarmee der besten und stärksten Kämpfer zusammen. Jeder wollte dabei sein, wenn es gegen den Dämon in die Schlacht ging, und zum Beweis ihrer Muskelkraft verstreuten die Affenkrieger überall gigantische Felsen, stapelten sie zu mächtigen Türmen übereinander.

Der legendäre Wald ist nicht mehr da, aber die von den Affen hin und her geworfenen Granitblöcke liegen noch immer in der Landschaft. Vom Anjanadri Hügel mit dem Hanuman-Tempel öffnet sich eine fantastische Aussicht auf Reisfelder und Palmen und Felsbrocken, die unwirklich mitten aus dem dichten Grün herausragen. Die Makaken schlendern noch immer um den Tempel. Im Land Hanumans haben sie nichts zu befürchten. Entspannt hocken sie in unserer Nähe, und weil wir ihnen irgendwann zu langweilig werden, genießen auch sie den Blick in die Ferne.

An der irren Landschaft rund um Hampi können wir uns kaum sattsehen. Faule Tage, gleißende Sonnenuntergänge und imposante Ruinen verführen nicht nur uns. An den Felsen hinter Hampi Basar hängen Kletterer an schroffen Wänden. Sie nutzen die weniger heißen Morgenstunden, danach geht es zum Baden an den nahe gelegenen Sanapur See oder gemütlich in die Hängematten. Es könnte herrlich sein. Doch neben der Leichtigkeit liegt die Ungewissheit. Wie es mit Hampi Basar weitergeht, steht in den Sternen. Vielleicht vermag ja Hanuman zu helfen.

KURIOSES AUS INDIEN: NICHT OHNE MEIN MASALA

Am häufigsten wurden wir in Indien gefragt, wie wir das mit dem Essen handhaben und ob wir genügend deutsches Essen in unserem Gepäck verstauen konnten, um während unserer Reise davon zu zehren. Für viele ist es undenkbar, dass wir landestypische Gerichte essen. Aus indischer Perspektive ist die Frage gar nicht unberechtigt. Viele Inder sind sehr unflexibel, was ihre Ernährung angeht. Anders gesagt: Sie sind so an scharfes Essen gewöhnt, dass Gerichte ohne den nötigen »Masala-Mix« für sie unerträglich geschmacklos sind.

Diese Probleme treten bereits zwischen den Bundesstaaten Indiens auf. Auf das Essen aus Punjab, bekanntermaßen das beste indische Essen, könne man sich noch einigen, aber darüber hinaus? Gujaratis wollen es süß, Malabaris brauchen Kokosnuss, Tamilen können nicht ohne Chili. Kulinarisch trennen Indiens Norden und Süden Welten.

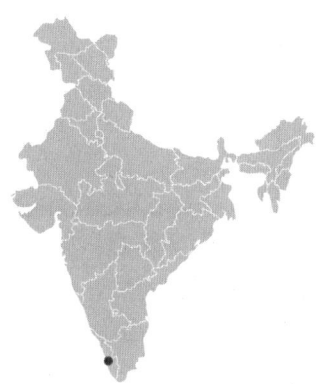

KERALA UND DIE MALABARKÜSTE

MORTEN

Im Süden Indiens flimmert die Luft über dem Asphalt. Ein Fuhrmann juckelt mit seinem Ochsengespann durch den hitzegeschwängerten Nachmittag. Mannshohe hölzerne Räder bewegen sich auf quietschenden Achsen. Das grüne Band der Palmenkronen folgt der Straße bis weit hinein in die Landschaft. Passanten unterbrechen ihren Weg, starren uns an, winken Freunde herbei, damit auch sie starren können. Wir sind das gewohnt. An Indiens Straßen sind wir für die Einheimischen oft so abwegig wie notgelandete Außerirdische. Sobald ein Auto hält, sind wir weg. Dann rollen wir über die Fahrbahn vorbei an Feldern, auf denen Süßkartoffeln, Tomaten und Bananen für die landesweiten Märkte angebaut werden. Hinter den Ackerflächen folgt Buschland und plötzlich dichter Wald. An der Grenze zu Kerala explodiert die Natur. Riesige Termitenhügel erheben sich zwischen den Bäumen. Wir fahren durch den üppigen Urwald des Nilgiri Biosphärenreservats, in dem Tiger und Elefanten durch das Dickicht streifen.

Mein Blick geht aus dem Fenster hinein in den Wald und bleibt an dicken grauen Hinterteilen hängen. Ganz nah an der Straße stapfen drei Elefantenkühe durch den Dschungel. Ein Kalb trottet mit schlackernden Ohren hinterher.

Kerala ist ein schnuckeliger, tropischer Landstrich zwischen der Malabarküste am Arabischen Meer und den grünen Bergen der West Ghats. Flüsse und Kanäle durchschneiden die fruchtbare Küstenebene. Reisfelder schmiegen sich an zierliche Dörfer, die hier und da am Straßenrand auftauchen. In den kühlen Bergen wachsen Gewürze und Tee. Die Region ist übersichtlich, bietet eine Atempause im sonst so hektischen Wirrwarr des indischen Subkontinents. Die Menschen hier sind gebildeter und werden älter als der nationale Durchschnitt. Auch die Armut ist nicht ganz so krass wie in anderen Teilen Indiens, was sich offenbar beruhigend auf die Menschen auswirkt.

Wir erreichen das Meer in Kozhikode, das früher einmal als Calicut bekannt und eine der reichsten Handelsstädte ganz Asiens war. Chinesische und arabische Händler tauschten hier ihre Waren. In der Nähe landete Vasco da Gama 1498 und gilt seitdem als Entdecker des südlichen Seeweges nach Indien. Natürlich war er nicht der erste Europäer, der seine Zehen in den Sandstrand der Malabarküste grub. Schon die antiken Griechen und Römer entsandten Kaufleute in die Region, die vor allem wertvolle Gewürze wie Pfeffer, Nelken und Kardamom, aber auch Elfenbein und Sandelholz in die Heimat brachten. Selbst die Sumerer, Ägypter, Babylonier und Assyrer sollen hier bereits Handel betrieben haben – 2000 Jahre vor unserer Zeit. Kaufleute kamen und gingen. Die Portugiesen blieben. Sie nisteten sich ein und beherrschten die Küste bald mit Piraterie, Unterdrückung und Gewalt. Im 17. Jahrhundert übernahmen dann die Holländer, und zum Ende des 18. Jahrhunderts waren die Briten bis zur Unabhängigkeit Indiens an der Macht.

Der lang anhaltende europäische Einfluss hat Spuren hinterlassen. Sechs Millionen Christen, etwa jeder fünfte Einwohner in Kerala, leben hier, so viele wie in keinem anderen indischen Bundesstaat. Sie verteilen sich auf katholische, orthodoxe, protestantische und anglikanische Glaubensrichtungen. Ihre hübschen Kirchen schmiegen sich ansehnlich in die tropisch grüne, ja fast schon paradiesische Landschaft. Nicht von ungefähr wirbt Kerala mit dem schmissigen Slogan *God's own Country.*

Die Stadt Kochi liegt zentral an der Malabarküste. Hier errichteten die Portugiesen eine Festung, von der sie mit harter Hand den Gewürzhandel kontrollierten. Heute ist die Stadt Keralas beliebtestes Touristenziel. Sie liegt auf einer Halbinsel zwischen dem Arabischen Meer und den verzweigten Wasserwegen der Backwaters. In den alten Stadtvierteln Mattancherry und Fort Cochin lässt sich noch ein wenig von der kolonialen Vergangenheit erahnen. Jahrhundertealte Lagerhallen und Wohnhäuser, Kirchen und selbst eine Synagoge sind erhalten. Ziegeldächer schützen die Gebäude. Hier befanden sich die berühmten Gewürzmärkte der Malabarküste. Viele alte Bauwerke sind heruntergekommen, doch noch immer haben Großhändler in Mattancherry ihre Lager und Büros. Sie verkaufen Reis, Kartoffeln, Zwiebeln und Knoblauch, Mehl, Tee. Summende Ventilatoren wirbeln die schwere Luft hinter hochgezogenen Rollläden umher. Alt gewordene Händler dösen auf ihren gepolsterten Schreibtischstühlen. Ein Lkw rumpelt durch die Gasse. Von der rostenden Ladefläche werden die Waren mit bloßer Muskelkraft in Lagerhallen geschafft. Im Viertel Fort Cochin hebt die St. Francis Church ihr Kreuz seit dem frühen 16. Jahrhundert in den Himmel. Hier, in der ältesten europäischen Kirche Indiens, wurde Vasco da Gama 1524 begraben.

Schon früh am Morgen ist es extrem heiß und schwül. In Kochis historischen Vierteln geht es gemächlich zu, nicht nur aufgrund der tropischen Hitze, die jede Bewegung in Lethargie versinken lässt. Friedliche Ruhe liegt über den Gassen. Abends sitzen wir am Strand, schauen der Sonne zu, wie sie hinter ausladenden, trapezförmig aufgespannten sogenannten chinesischen Fischernetzen versinkt. In der Dämmerung schleichen Geister durch das Land. Uralte Abenteuer und Legenden steigen aus dem warmen Erdboden. Es ist der ewige Kampf zwischen Göttern und Dämonen, der im traditionellen expressiven Schauspiel Kathakali in bildhaften Gesten und Tänzen zum Ausdruck kommt. Das rituelle Theater gehört zu den kulturellen Schätzen Keralas. Schon seit Jahrhunderten werden die alten Geschichten aus den hinduistischen Epen Mahabharata und Ramayana gespielt. Opulent gekleidete Schauspieler erwecken ihre Figuren mit Hunderten eingeübten Gesten und Bewegungen zum Leben. Aus bunten Maskeraden und viel Schminke erwachsen stolze Krieger, gefährliche Dämonen und edle Prinzessinnen. Es tobt ein Krieg auf der Bühne, der in der tropischen Abendhitze noch intensiver wirkt.

Ein paar Tage später trampen wir mit vier jungen Männern, die fröhlich ihre Bärte und Föhnfrisuren streicheln, in südliche Richtung. Ihren Van haben die Jungs in eine rollende Karaoke-maschine verwandelt, und gemeinsam schmettern sie eine Bollywood-Ballade nach der anderen. Auch ein paar englische Klassiker dürfen nicht fehlen. »My Heart Will Go On«. Die palmenbestandene Straße führt schnurgerade an Reisfeldern und kleinen Dörfern vorbei. Ziegen wackeln mit großen Ohren am Straßenrand. Enten watscheln durch die Felder.

60 Kilometer südlich von Kochi befindet sich die Stadt Alappuzha, die früher einmal unter dem Namen Alleppey bekannt war. Sie liegt mitten in den Backwaters, einer bezaubernden Landschaft, die zwischen den Hafenstädten Kochi und Kollam weit ins Hinterland der Malabarküste reicht. In diesem verzweigten Netz aus Flüssen und Kanälen war Alleppey im 19. Jahrhundert der wichtigste Handelshafen. Gewürze, Kaffee, Tee und Kokosbast wurden aus dem Landesinneren bis hierher ans Meer gebracht. Heute geht der Transport in die entgegengesetzte Richtung. Die wichtigste Einnahmequelle in den Backwaters ist mittlerweile der Tourismus.

In den breiteren Flüssen liegen wichtige Fischgründe. Garnelen werden gezüchtet, und selbst Muschelsammler und Krabbenjäger sind unterwegs. Winzige, palmenumstandene Dörfer befinden sich in den Backwaters. Hübsche Blumengärten schmücken die Siedlungen, in denen kommunistische Fahnen flattern. In den späten 1950er-Jahren setzte die damalige kommunistische Regierung in Kerala eine Landreform durch, die noch immer als die fairste und umfangreichste Landreform Indiens gilt. Bis heute sind vor allem einfache Bauern dankbar, eigene Brunnen graben zu dürfen.

In den späten Nachmittagsstunden baden die Menschen im Fluss oder flicken ihre Fischernetze am Ufer. Kormorane und Kraniche sitzen in den Bäumen. Wasserhyazinthen treiben auf den grün schimmernden Flüssen. Die traditionellen Lastkähne, mit denen einst Waren und Rohstoffe zu den Märkten am Meer gebracht wurden, transportieren nun Touristen durch die Backwaters. Die etwa 15 Meter langen, mit eleganten Aufbauten aus Holz und Kokosbast bestückten Hausboote sind das Wahrzeichen der Region. Zu Dutzenden kreuzen sie die Wasserwege. Daneben gleiten Fähren durchs Gewässer. Sie verbinden die idyllischen Siedlungen in der tropischen Vegetation miteinander und tuckern gemächlich durch die malerische Landschaft bis hinunter nach Kollam. Vom Oberdeck des schwimmenden Personennahverkehrs sehen wir die Reisfelder und Palmenwälder, die Bananenstauden am dicht bewachsenen Ufer, die Dörfer. Wir fahren über breite Flussläufe und durch schmale Kanäle. Hinter dem Palmengürtel zu unserer Rechten funkelt das Arabische Meer herüber.

In der beginnenden Dämmerung erreichen wir Kollam. Gerade rutscht die Sonne an den Horizont und färbt die Wolken in leichtes Orange. Schon bevor die Häfen in Kochi und Calicut an Bedeutung gewannen, wurden die Gewürze der Region hier umgeschlagen. Handelsschiffe kamen aus Europa, dem Nahen Osten und China. Die Backwaters enden in Kollam. Vom Pier sind es wenige Schritte heraus aus der Idylle und hinein in das typisch indische Stadtgeschehen. Und dennoch hat Kerala diese ganz eigene Identität. Es ist nicht nur *God's own Country*, sondern auch einer der schönsten Flecken Indiens.

DER ASCHRAM DER HUGGING MOTHER

ROCHSSARE

Der beste Ort im Aschram ist die Trockenterrasse im elften Stock. Es ist 5:45 Uhr morgens, und Reihen weißer Wäsche flattern im Wind, während hoch oben am noch blassblauen Himmel eine Handvoll Adler vornehm ihre Runden drehen. Unten schwankt ein dichter Wald aus Kokospalmen im warmen Licht der aufgehenden Sonne, das Meer dahinter, in den frühen Morgenstunden beinahe reglos, schiebt eine leichte Brise zu uns herüber. Mein Blick richtet sich gen Sonnenaufgang, erfreut sich am mystischen Morgendunst, der zwischen den Palmwedeln hängt. Krähen sitzen auf dem Terrassengeländer und beobachten mich. Mich und Dutzende weitere Bewohner des Meditationszentrums. Mich verwundert ihr Interesse nicht. Denn was hier noch vor Tagesanbruch zwischen den Wäscheleinen passiert, ist wahrlich einen Blick wert.

Die größte Terrasse im Aschram verwandelt sich in der Morgendämmerung in eine inoffizielle Yoga- und Meditationshalle. Neben den üblichen Posen und im Lotussitz meditierenden Aschrambewohnern verschaffen sich insbesondere die Pranayama-Techniken Gehör. Laut hechelnd, schnaubend, prustend oder keuchend beherrschen die Atemübungen die Geräuschkulisse. Elegante Tai-Chi-Bewegungen schieben sich still und unmerklich zwischen die laut Schnaubenden. Nicht weit entfernt erreicht das leise Klacken einer Meditationskette mein Ohr. Mantras werden gemurmelt. Lang gezogene »Om«-Gesänge sind allgegenwärtig.

Ich schaue in entspannte, aber auch in angestrengte, in verzerrte, in bemühte Gesichter und stupse Shyam, einen Briten mit indischen Wurzeln, an, mit dem ich mich zum gemeinsamen Yogatraining verabredet habe. »Verrückt, oder?«, raune ich ihm zu. Ganz gleich, wie verschieden die Übungen und die Methoden sind, haben doch alle dasselbe Ziel. Sie versuchen, den Geist zu beruhigen, die Gedanken verstummen zu lassen, für einen Moment Frieden und Leere in die aufgewühlten Köpfe zu bringen.

Shyam lacht: »Ob man den Geist beruhigen, die Gedanken verstummen lassen möchte, kommt immer auf die eigenen Gedanken an. Hat man einen positiven Geist, eine positive Einstellung zum Leben und positive Gedanken, braucht man diese Übungen wahrscheinlich nicht. Es gibt Menschen, die ihr Leben lang nicht an eine dieser Übungen denken. Und trotzdem geht es ihnen gut.«

Shyam spricht aus Erfahrung. Der junge Veganer aus London besucht den Aschram, weil ihn die Trennung von seiner langjährigen Freundin nach zahlreichen Monaten noch immer ungewöhnlich stark belastet. Um den Tag nicht mit negativen

Gedanken zu beginnen, greift er noch im Bett liegend zu seiner Gebetskette und murmelt Mantras, so wie es ihm Amma geraten hat.

Ich befinde mich in Amritapuri, einem kleinen Fischerdorf in Südindien, im Bundesstaat Kerala, während Morten weiter im Süden, in Tamil Nadu, zwischen Strand und der Kommune Auroville hin- und herpendelt. Hier, in Kerala, steht das Geburtshaus von Mata Amritanandamayi, besser bekannt als Amma, Mutter, eine der bekanntesten spirituellen Führerinnen Indiens. Aus dem kleinen Kuhstall neben ihrem Elternhaus, in dem sie in jungen Jahren ihre Anhänger mit einer Umarmung segnete, ist ein riesiger Aschram geworden, ein Meditationszentrum und Ort der spirituellen Lehre. 3500 Menschen leben in Amritapuri, wie Ammas Aschram genannt wird. Die zahlreichen westlichen Besucher des Aschrams kennen Amma als »*The Hugging Mother*«, denn Amma ist bis heute bekannt dafür, dass sie während der Zusammentreffen mit ihren Anhängern Umarmungen verteilt, um ihre spirituelle Energie weiterzugeben. Bislang hat Amma weltweit schon über 30 Millionen Menschen umarmt. Nächstenliebe ist ein Grundpfeiler ihrer Lehre, unabhängig von der Religion. Und so ist die fast 70-Jährige auch für ihr soziales Engagement berühmt. In ihrer Heimat Indien hat Amma in den letzten Jahren ein umfangreiches humanitäres Hilfswerk aufgebaut, Schulen, Universitäten und Krankenhäuser bauen lassen, Dörfer für Mittellose und eine Hilfsorganisation für alleinerziehende Mütter gegründet.

Der Aschram ist für jedermann geöffnet. Eine kurze Online-Anmeldung genügt, um hier eine Zeit lang leben zu können.

Kommen viele Besucher nur für einen Tag, um sich von Amma mit einer Umarmung segnen zu lassen, bleiben andere mehrere Wochen oder gar Jahre. Viele haben sich bereits für ein Leben im Dienst des Aschrams entschieden. Ich plane, vier Wochen in Ammas Aschram zu bleiben. Er gleicht einer kleinen, spirituellen Stadt. Der Komplex ist riesig, verwinkelt, und manchmal finde ich mich nur mithilfe von GPS zurecht. Amma ist nur vier Monate im Jahr im Aschram, die restliche Zeit reist sie innerhalb Indiens und im Ausland. Dort umarmt sie ihre Anhänger, spricht auf Konferenzen und unterstützt ihre sozialen Initiativen. Da sie jetzt im Aschram ist, sind besonders viele Gäste hier. Zahlreiche Tagesbesucher aus der Umgebung essen im Aschram zu Mittag und lassen sich von Amma segnen. Die eigentlich friedliche Atmosphäre stemmt sich vergebens gegen den Lärm, die Menschenmengen und das Gerangel.

Viele Bewohner und auch die Besucher selbst beklagen sich über die Hektik, die Schnelllebigkeit. Auch ich hatte mir Ruhe und einen geregelten Tagesablauf gewünscht, als ich plante, vier Wochen in einem Meditationszentrum in Südindien zu leben. Doch nun muss ich einsehen, dass hier weder das eine noch das andere zu finden ist.

So richtig still ist es in Ammas Aschram nie, das Meditieren fällt schwer zwischen schreienden Babys und aufgeregten Tagesbesuchern. Doch Amma und ihre Energie halten uns hier – auch mich. Manch einer reißt Witze, die Menschenmenge sei eine Hürde, eine Lektion und fördere die Fähigkeiten der Konzentration und der Meditation. Das hier sei ein Meditations-Bootcamp, höre ich lachend aus einer anderen Ecke.

Vor beiden Haupteingängen des Aschrams werden seit einigen Jahren Polizeikontrollen durchgeführt. Wer das Gelände betreten möchte, muss durch einen Metalldetektor, ähnlich denen am Flughafen. Aus Sicherheitsgründen, heißt es. Amma gilt als einer der wichtigsten Gurus Indiens und genießt den besonderen Schutz der Regierung. Doch die Kontrollen sind halbherzig. Zwar piept es jedes Mal, wenn jemand durch den Metalldetektor tritt, doch juckt das den Sicherheitsmann nicht, der im Plastikstuhl daneben entspannt vor sich hin träumt.

Der Komplex ist in die Jahre gekommen, modrig und hässlich. Daran ändert auch der blassrosa Anstrich nichts. Doch er ist mit allem ausgestattet, was eine Gemeinschaft braucht. Neben riesigen Wohntürmen, in denen die Bewohner des Aschrams leben, gibt es einen Tempel zu Ehren der Göttin Kali, der Göttin der Zerstörung und der Erneuerung, und die große Halle, in der Amma ihre Darshans, die Zusammenkünfte mit ihren Anhängern, abhält. Sie ist von der indischen und der westlichen Kantine flankiert, und daneben gibt es noch allerhand Seminarräume und Hallen, ein Krankenhaus, einen Souvenirshop, eine ayurvedische Apotheke, etliche administrative Büros, eine Bank und eine eigene Schneiderei sowie einen Supermarkt und weitere Essensstände. Shops verkaufen Gebetsketten und kleine Amulette mit Ammas Gesicht. Es gibt sogar einen Pool, den man, zu bestimmten Zeiten und nach Geschlechtern getrennt, gegen Entgelt besuchen kann.

Die tägliche Routine und der Tagesablauf im Aschram sind nicht streng geregelt, und wie man den Tag verbringt, ist jedem Bewohner selbst überlassen. Morgens von vier bis fünf

Uhr werden im Kali-Tempel gemeinsam Mantras rezitiert. Den Vibrationen des Sanskrits werden heilende Kräfte nachgesagt, und die ständigen, rhythmischen Wiederholungen sind zugleich eine Atemübung, die den Geist beruhigt. Zeitgleich findet neben dem Geburtshaus von Amma, das inmitten des Komplexes steht, eine Puja, eine religiöse Zeremonie, statt – meist zu Ehren des elefantenköpfigen Gottes Ganesha, der Göttin Kali oder Sarasvati, der hinduistischen Göttin der Weisheit und Gelehrsamkeit.

Keine Veranstaltung im Aschram ist verpflichtend, Ammas großes Herz und ihre Angewohnheit, gerne mal ein Auge zuzudrücken, ziehen sich wie ein roter Faden durch die Hausregeln im Aschram. Ammas Großzügigkeit hat natürlich Folgen, und ein nicht unwesentlicher Teil der Besucher im Aschram verschläft den frühen Morgen. Auch ich besuche beide frühmorgendlichen Veranstaltungen nur jeweils einmal. Stattdessen starte ich meine Tage zum Sonnenaufgang auf der Dachterrasse im elften Stock des Aschrams. Eine dreistündige Yoga- und Meditationsroutine ist mein überambitionierter Plan für die folgenden Wochen.

Von acht bis 10:30 Uhr morgens serviert die indische Kantine Frühstück – perfekt für die Langschläfer. Danach helfe ich für zwei Stunden auf der Trockenterrasse im 14. Stock die Wäsche der aschrameigenen Wäscherei aufzuhängen und abzunehmen. Die Aussicht auf das grüne Meer aus Kokospalmen und das tiefblaue Arabische Meer ist grandios. Es ist gewünscht, dass man einige Stunden am Tag Seva leistet, Freiwilligenarbeit. Während die dauerhaft im Aschram lebenden Bewohner Ammas Rat befolgen, tun sich die Besucher und Touristen wesentlich schwerer, sich an einen festen Zeitplan zu halten und langfristige Seva-Aufträge anzunehmen. Beliebt sind hingegen spontane Sevas, die einmalig stattfinden, wie etwa das Helfen in der Küche oder das Übersetzen in einem der vielen Seminare und Workshops.

Nach dem Mittagessen verkrieche ich mich meist für einige Zeit in meinem Zimmer und freue mich über einige ruhige Atemzüge in Stille und Einsamkeit. Die Menschenmengen und der Lärmpegel im Aschram sind eine Herausforderung für mich, war ich doch auf der Suche nach Frieden, Stille und Entspannung und sehe mich nun Hektik und Gepolter ausgesetzt.

Am Nachmittag finden dann, je nach Wochentag, Veranstaltungen mit Amma in der großen Halle statt. Wenn zwischendurch Zeit bleibt, gehe ich zum Sonnenuntergang an den kleinen Strandabschnitt am Rande des Komplexes. Hier verbringen viele Bewohner des Aschrams ihre Zeit, trinken Chai, lesen, schreiben oder meditieren.

Amritapuri ist ein spirituelles Dorf. Das kommerzielle Angebot an Workshops, Kursen und Selbsthilfemaßnahmen ist breit. In Kleingruppen kann man klassische indische Instrumente wie Tabla oder Harmonium erlernen. Workshops zur Traumdeutung, mehrtägige Meditationskurse und verschiedenste Massagen stehen zur Auswahl. Ganzheitliche Heilmethoden werden gelehrt und Tarotkarten gelegt. Auch Akupunktur, Tai Chi und Yogaunterricht gehören zum Programm. Die Seminare, die an großen Informationstafeln aushängen, sind vielfältig, manche finden immer wieder statt, andere werden nur einmalig angeboten und sind schnell ausgebucht. Regelmäßige kostenlose Workshops lehren Ammas eigene Meditationstechnik, eine Mischung aus Atemübung, Yoga, Meditation und Visualisierungen.

Viermal wöchentlich findet eine angeleitete Meditation mit Amma in der großen Halle statt, an der auch ich teilnehme. Eine hölzerne Bühne ist das Herzstück der Halle, die mit Hunderten Klappstühlen gefüllt ist. Männer und Frauen sitzen getrennt. Die Wand hinter der Bühne ziert eine kitschige Fototapete, die einen blutroten Sonnenuntergang über dem Ozean zeigt. Filter lassen die Farben unnatürlich leuchten. Davor steht ein überlebensgroßes Foto von Amma, golden gerahmt und mit Blumenketten geschmückt. Direkt vor der Bühne sind die beliebtesten Plätze. Hier sitzt oder kniet man zwar auf dem Boden, ist aber näher an Amma dran als alle anderen. Diese besten Plätze werden bei allen Veranstaltungen Stunden im Voraus reserviert – wie in beliebter Urlaubermanier. Doch statt Handtüchern kommen im Aschram Yogamatten und kleine Teppiche zum Einsatz. Die spirituelle Gelassenheit und innere Balance gehen dem einen oder anderen dabei gerne mal verloren, und ein wenig Gerangel, angespannte Stimmung und Rücksichtslosigkeit schwirren durch den Raum. Dabei ignorieren Ammas eifrigste Anhänger das Wichtigste in ihrer Lehre: die Nächstenliebe.

Die nach außen getragene spürbare Energie, die jeder hier im Aschram an Amma liebt, wohnt auch jedem Einzelnen von uns inne. Amma zu lieben ist einfach, ermahnt sie. Das Ziel sollte es sein, jedem Menschen mit genauso viel Liebe zu begegnen. Und sie hat recht. Amma zu lieben ist einfach. Auch ich ertappe mich dabei, wie ich die kleine, herzliche Frau mit einem breiten Lächeln anschaue, wenn sie den Raum mit der ihr eigenen positiven Energie füllt, die von einem anderen Ort zu kommen scheint. Ammas Energie ist besonders. Sie ist der Grund, warum ich die für mich schwer zu ertragende hektische Atmosphäre im Aschram auf mich nehme.

Der mittlere Hallengang führt zur Bühne. Er ist für Amma reserviert und darf nur barfuß betreten werden. Vorneweg begleiten Amma beim Gang zur Bühne zwei Soldaten mit Maschinengewehren, hinter ihr läuft ein Tross von Frauen. Sobald Amma in der großen Tür zur Halle erscheint, erheben sich die Wartenden, glückseliges Lächeln zeichnet die Gesichter. Die Menschen stehen Spalier, wollen so nah wie möglich an die fast 70-Jährige heran. Amma wirkt beinahe zerbrechlich in der großen Menge.

Sie setzt sich auf einen gepolsterten Stuhl vor der Bühne, begrüßt ihre Anhänger mit dem größtmöglichen Respekt, faltet ihre Hände über der Stirn, blickt gerührt in die Menge. Eine Kamera ist in kurzer Distanz vor ihr aufgestellt, projiziert eine bewegte Großaufnahme ihres Gesichtes auf riesige Leinwände. Eng an Amma geschmiegt, sitzt eine Handvoll Kinder, die immer wieder liebevoll von Amma unterhalten werden.

Die geführte Meditation beginnt, und die Stille im Raum wird nun nur noch unterbrochen von gelegentlichem Husten und dem Geschrei des ein oder anderen unzufriedenen Kleinkindes. Doch eine für mich überraschend große Zahl der Kinder und Babys – viele junge Familien wohnen hier oder besuchen den

Aschram – genießt die friedliche Energie, die die Meditierenden umgibt. Sie schlafen ein oder schauen Amma gebannt und mucksmäuschenstill an. Immer wieder hört man Kindergebrabbel aus entfernten Ecken der Halle. »Amma, Amma«, quiekt es dann durch den Raum, gefolgt von einem entzückten Lachen des Publikums, und auch Amma gluckst vergnügt.

Amma gibt ruhige Meditationsanweisungen in ihrer Muttersprache Malayalam, der Sprache Keralas, die von einer unsichtbaren tiefen männlichen Stimme ins Englische übersetzt werden. Nach ein paar Minuten meditieren Hunderte Menschen in Stille. Amma sitzt mit geschlossenen Augen vor uns, während ihre Energie den Raum erfüllt.

Nach einer halben Stunde gibt es die Möglichkeit, Amma Fragen zu stellen. Ein Mikrofon wird durch die Reihen gereicht, Hunderte Augenpaare springen von Ammas rundem Gesicht, das mit einem großen Tilaka zwischen den Augenbrauen geschmückt ist, auf die fragende Person im Publikum. Die Anliegen sind unterschiedlich. Praktische Fragen konkrete Meditationstechniken betreffend, persönliche oder nach allgemeinen Erläuterungen zu spiritueller Theorie: Was auch immer spontan aus dem Publikum auf Ammas Ohren trifft, beantwortet sie mit langen, unterhaltsamen Ausführungen. Die Worte, die in kurzen Abständen ins Englische übersetzt werden, sind gespickt mit Fabeln, Legenden und Geschichten aus ihrem Leben. Ammas besondere Art versprüht Freude; es wird viel gelacht. Einige im Publikum machen sich während der Fragestunde Notizen, doch die meisten hängen nur gebannt und mit leuchtenden Augen an Ammas Lippen.

Ammas zahlreiche Assistenten wuseln ständig um sie herum, richten ihren weißen Sari, kümmern sich um das Wohl der Kinder und reichen Amma bunte Malstifte. Denn Amma bleibt während der langatmigen Übersetzungen natürlich nicht tatenlos. Sie malt konzentriert auf eine kleine Tafel. Am Ende präsentiert sie dem Publikum ein buntes Bild, das meist an eine Mischung aus Mandala und naiver Kindermalerei erinnert. Ammas kleines Kunstwerk wird immer mit Applaus und freudigen Gesichtern aufgenommen.

Nach dem Satsang, wie in der indischen Philosophie das Zusammentreffen mit einem spirituellen Lehrer genannt wird, der als erleuchtet gilt, ist ein guter Moment, um draußen in den lauen Abendstunden eine Kokosnuss oder einen Chai zu genießen und ein bisschen frische Luft zu atmen, denn in der großen, immer gut besuchten Halle ist es meist heiß und stickig. Nach einiger Zeit versammeln sich jedoch wieder alle in der Halle, gehen auf ihre mit Tüchern oder Broschüren reservierten Sitzplätze und bereiten sich auf das gemeinsame Singen der Bhajans, religiöser hinduistischer Lieder, vor.

Am Abend, nach der geführten Meditation, singt Amma für etwa 90 Minuten auf der großen Bühne. Sie wird dabei von einer mehrköpfigen Band mit traditionellen indischen Instrumenten wie Tablas, Sitars oder Sarods begleitet. Die religiösen Lieder, die hinduistische Gottheiten wie Ganesha, Krishna, Shiva oder Kali preisen, sind meist auf Malayalam. Doch singt sie auch, zur großen Freude der indischen Besucher, Lieder auf Hindi und auf Tamil, der Sprache des Nachbarbundesstaates Tamil Nadu, aus dem viele Menschen anreisen, und in

Gujarati, Kannada und Bengali – es gibt immer eine Handvoll Zuschauer im Publikum, die ein kleines freudiges Jauchzen von sich geben, wenn sie unerwarteterweise ein ihnen bekanntes Lied aus den Tempeln ihrer Heimat hören.

Eine Kamera ist, wie immer, dauerhaft auf Ammas Gesicht gerichtet. Auf der großen Bühne ist die kleine Frau dennoch auf besondere Art und Weise präsent. Ihre Hingabe ist einzigartig, ihre Stimme, trotz ihres Alters, stark und schön. Nach 90 Minuten endet das Konzert, und ein wenig indischer Kitsch darf natürlich nicht fehlen. Beim letzten Mantra wird auf den Bildschirmen über die Nahaufnahme von Ammas Gesicht digital ein leichter, transparenter Schleier aus Sternenstaub gelegt. Und bald schon strömen die Menschen in einer gelösten, friedlichen Stimmung Richtung Abendessen.

Dienstag ist ein besonderer Tag im Aschram. Es ist Zeit für Prasad, Zeit für ein von Amma gesegnetes Mittagessen. An Prasad-Tagen ist der Aschram besonders gut besucht, und eine wuselige Stimmung ist schon in den frühen Morgenstunden zu spüren. Hunderte Mittagessen müssen, am besten in Windeseile, angerichtet, von Amma gesegnet und an die Aschrambewohner, Gäste und Pilger verteilt werden. Die Organisation erstaunt mich. Während des Prasads sitzt Amma an einer großen Tafel auf der Bühne. Ihr Gesicht ist wie so oft in Großaufnahme auf den Bildschirmen zu sehen. Eine Handvoll Helfer bringen die vor der Bühne angerichteten Teller wie ein Fließband vor Ammas greifende Hände. Blitzschnell fasst sie immer wieder an die beiden Teller, die von Neuem vor ihr auftauchen. Ammas Gesicht ist konzentriert, fast schon mürrisch. In geordneten Reihen werden die gesegneten Teller nun weitergereicht. Die Dutzenden menschlichen Fließbänder, die sich durch die gesamte Länge der Halle ziehen, gehören zum rituellen Spaß an den großen Prasad-Tagen dazu. Was am Anfang nach einer nicht enden wollenden Prozedur aussieht, geschieht dann doch schneller als erwartet. Alle Teller sind verteilt. Nach einigen wenigen Worten Ammas wird gemeinsam gespeist.

Amma unterbricht ihre Mahlzeit immer wieder, um die Teller der Zuspätkommenden zu segnen, und ich hoffe, dass sie noch ausreichend Zeit findet, um selbst in Ruhe essen zu können. Die Stimmung wandelt sich jedoch bereits wenige Minuten nach dem Prasad. Es geht ans Geschirrwaschen. Laminierte Schilder weisen darauf hin, kein Wasser zu verschwenden. Zur Untermalung werden Zitate von Amma abgedruckt: »*Waste of water for Amma is like blood oozing out of her body.*« An den lang gezogenen Waschbecken wird um die Vorherrschaft geschubst und gedrängelt. Nach dem Prasad gleicht der Aschram einem Boxring, und ich muss lachen bei dem Gedanken daran, dass ich vor nur wenigen Tagen mit freudiger Erwartung von Ruhe und Einsamkeit Richtung Aschram gereist bin.

Da Amma berühmt dafür ist, ihre Anhänger mit einer Umarmung zu segnen, sind ganze vier Tage in der Woche für diese besonderen Treffen reserviert. Amma umarmt mit unglaublicher Energie von morgens bis spät in die Nacht.

Bereits morgens nach dem Frühstück muss man für Ammas Umarmung in der großen Halle eine Wartemarke ziehen. Einheimische Pilger und Tagestouristen werden am Morgen und im Laufe des Tages umarmt, Aschrambewohner in der Regel erst in den frühen Abendstunden auf entsprechende Warte-reihen rechts und links der Bühne verwiesen. Das System ist kompliziert, und man rückt, meist für insgesamt ein bis zwei Stunden, Stuhl um Stuhl einen Platz näher an Amma heran – natürlich nicht, ohne zuvor vom Sicherheitspersonal auf Waf-fen kontrolliert zu werden.

In der großen Halle beobachten zahlreiche Zuschauer Ammas Gesicht in Nahaufnahme. Während der Umarmungen unterhält sie sich lachend, beantwortet Fragen, erzählt Anek-doten. Wie immer erfüllt ihre Energie den Raum, viele sit-zen nur in der Halle auf den Stühlen, um Amma zuzusehen – manch einer stundenlang. Eine Band spielt auf einer kleinen Plattform vor der Bühne Bhajans, und auch ich sitze manch-mal nur in der Halle, um den beruhigenden Klängen zu lau-schen und Ammas Energie beizuwohnen.

Als ich endlich die Bühne über einen Seiteneingang betre-ten darf, bin ich aufgeregt. Noch einen Schritt, und ich stehe Amma gegenüber. Routiniert, gerne auch mal unfreundlich werde ich von ihren Assistenten nach vorne gerufen. Amma sitzt auf einem hohen, mit weißem Stoff überzogenen Stuhl, mehrere Ventilatoren sind auf sie gerichtet.

Aus meiner wartenden Position heraus beobachte ich, wie viele der Anhänger Ammas vor ihr auf die Knie fallen, den Boden vor ihren Füßen mit der Stirn berühren, ihr Gegen-stände oder Fotos ihrer Liebsten zum Segnen entgegenhalten. Gegen Aufpreis kann man am Eingang zur Bühne Blumenket-ten erwerben, um sie um Ammas Hals zu legen. Ein Assistent entfernt die Kette im selben Augenblick und bringt sie gesammelt wieder an den Eingang der Bühne, wo sie erneut verkauft werden.

In der vordersten Stuhlreihe zu Ammas Linker angekommen, wird mir ein Taschentuch gereicht. Ich soll mein Gesicht von Schweiß und Dreck befreien, bevor ich zur Umarmung antrete. Ich werfe einen Blick auf Ammas rechte Schulterkuhle. Und tatsächlich: Schweiß, Tränen, Kokosöl, Sandelholzpaste und Make-up haben ihren weißen Sari im Schulterbereich in ein buntes Schlachtfeld der Emotionen verwandelt.

Wieder wird mir etwas in die Hand gedrückt. Diesmal ist es ein laminiertes Blatt Papier, das Regeln in mehreren Sprachen verkündet. Während der Umarmung sei darauf zu achten, dass man sich nicht auf Amma abstütze oder sein Gewicht auf sie verlagere. Die Hände sollen während der Umarmung auf Ammas Armlehnen verweilen. Man solle Amma nicht an sich drücken.

Bevor ich an der Reihe bin, steht Amma für eine kurze Pause auf. Sofort erheben sich alle Anwesenden, bilden einen engen Gang um Amma, strecken die Hände nach ihr aus. Schnell wird der weiße Bezug ihres Stuhles gewechselt, die Kissen neu bezogen und luftig aufgeschlagen, der Boden wird gefegt.

Ich beobachte die Szene mit gemischten Gefühlen. Die Anbetung und der Kult um lebende Menschen sind mir schon immer suspekt. Doch was, wenn es bei der Verehrung eines Gurus gar nicht um den Guru geht, es gar keine Rolle spielt, wem man überhöhten Respekt entgegenbringt? Vielleicht geht es bei der Verehrung eines Gurus lediglich darum, sein eigenes

Ego, seine eigene Selbstüberschätzung abzuwerfen und sich in Demut zu üben. Vielleicht ist die ergebene Berührung von Ammas Füßen oder das ehrfurchtsvolle Berühren des Bodens vor ihren Füßen mit der Stirn eine bedeutsame Lektion auf dem Weg zum inneren Frieden.

Ammas Pause währt nur wenige Minuten. In einen frischen, blitzblanken Sari gekleidet, betritt sie, wieder umringt von ihren Jüngern, die Bühne. Es ist fast 22 Uhr, und Amma umarmt bereits seit zwölf Stunden im Akkord. Und obwohl sie noch mehrere Stunden vor sich hat, lächelt sie und versprüht Lebensfreude wie kein anderer im Raum. Ammas Antwort auf die Frage, woher sie die Energie nimmt, ist simpel: »*Where there is true love, everything is effortless.*«

Ammas zahlreiche Assistenten, die den Darshan betreuen, verunsichern mich. Schnell soll es gehen, bitte genau so und nicht anders, man soll doch bitte hier an der rechten Markierung knien und nicht dort. Klebestreifen am Boden zeigen an, aus welcher Richtung man in welcher Reihenfolge vorrücken soll. Der Weg zu Amma ist gespickt mit bösen Blicken und mürrisch gebellten Kommandos. Schließlich knie ich schräg gegenüber von Amma, auf dem Boden zu ihrer Rechten. Im Reißverschlussverfahren rücken wir näher an Amma heran. Dann bin ich an der Reihe. Unerwartet drückt ein Assistent meine rechte Hand auf Ammas Armlehne, ein weiterer tut ebendies mit der linken, ein weiterer Assistent drückt meinen Rücken sanft nach vorne, während ein vierter Assistent meinen Kopf, am Nacken packend, unsanft an Ammas Schulter presst. Amma drückt mich fest an sich, ihre Wange ist an meine geschmiegt, als sie mir »Meine Liebe, meine Liebe, meine Liebe« ins Ohr flüstert. Sie wiegt mich leicht in ihren Armen, ihr Duft steigt in meine Nase, ich spüre ihre starke Energie, eine Hitze, die aus ihrem Körper strömt. Mein Herz rast.

Wieder unsanft packt mich jemand am Nacken, zieht mich nach hinten. Meine Sekunden mit Amma sind vorbei. Noch immer verwirrt mache ich Platz für meinen Hintermann. Nach der Umarmung darf man noch für einige Minuten in einer kleinen Traube neben Amma knien, ihr aus nächster Nähe zusehen, wie sie Liebe und Mitgefühl verströmt, lacht, tröstet und lehrt. Viele der hier Sitzenden meditieren mit nach oben gerichteten Handflächen, murmeln Mantras, schieben die Perlen ihrer Gebetskette hin und her. Doch auch hier ist die Zeit knapp, und einer der unzähligen Assistenten fordert mich nach wenigen Minuten auf, die Bühne zu verlassen.

Nachdem ich einige Tage im Aschram verbracht habe, versuche ich mich im Murmeln von Mantras, weil viele der Bewohner im Aschram es so machen und es mir empfohlen haben. Auch Amma benennt die Vorteile der Mantras: Neben der die Chakren ausgleichenden Vibration des Sanskrit und der gleichmäßigen ruhigen Atmung, die sich bei dem rhythmischen Rezitieren der Mantras einstellt, beschäftigt das wiederholte Aufsagen der Mantras den Geist und hält unnötige Gedanken und Grübeleien fern. Denn, so erzählt uns Amma eines Nachmittags, wenn man erst einmal damit anfängt, über die Schwierigkeiten und Probleme seines Lebens nachzudenken, wird man kaum zu einem Ende kommen.

Wer weniger grübelt, hat weniger Probleme.

KURIOSES AUS INDIEN: VERKACKT UND ZUGENÄHT

70 Prozent der Bevölkerung in Indien haben keinen Zugang zu sanitären Anlagen. Sein Geschäft verrichtet man aus diesem Grund draußen. Beliebt sind Strände und offene Grünflächen. Morgendliche Spaziergänge enden dabei schnell in einer unangenehmen Situation für beide Seiten. So offen der Toilettengang in Indien auch getätigt wird, so beschämend ist er für die meisten. Frauen bringen sich durch nächtliche Toilettengänge zudem auch in Gefahrensituationen. An den touristischen Stränden und in den Wohngegenden der Reichen verbieten Schilder den öffentlichen Toilettengang und drohen mit einer Geldstrafe.

TAMIL NADU, DER STOLZE SÜDEN INDIENS

MORTEN

Es ist März, und wir sind im südlichsten Bundesstaat Indiens, in Tamil Nadu. Er ist so groß wie Bayern, Baden-Württemberg, Hessen und das Saarland zusammen. Weit weg von den Metropolen Mumbai, Neu-Delhi oder Kolkata, weit weg vom politischen Zirkus, weit weg auch von den turbulenten Jahrhunderten, die den Norden Indiens immer wieder umwälzten. Tamil Nadu ist eine stolze Region, das Kernland südindischer Kultur und Tradition. Mächtige Tempel stehen hier. Auf ihren gigantischen, detailreich verzierten Eingangstürmen, den Gopurams, hocken dickbäuchige, schnurrbärtige Wächterfiguren und leuchtend bunte Wesen aus der hinduistischen Mythologie. Sie blicken hinab auf die Tamilen, die mit ihren flinken Zungen eine Sprache sprechen, in der Ungeübte wie wir kaum erkennen, wo ein Wort endet und das nächste beginnt. Tamil ist ein Klangteppich ohne Zwischenräume. Pausen braucht es nicht. Uralte Lobgesänge ehren die Götter Shiva und Vishnu, sie werden bis heute kaum verändert in den Tempeln gesungen. Jahrhundertealte Schriften gehören in Tamil Nadu noch immer zum kulturellen Gemeingut und selbst die mit ihr einhergehende Tanz- und Musiktradition besteht bis in die Gegenwart fort.

Wir juckeln mit Joseph in einem klapprigen Kleinwagen durch das bäuerliche Hinterland. Es ist spät geworden, die Nacht bricht herein, und Josephs Herz ist schwer. Der junge Ingenieur hatte sich selbstständig gemacht und wurde von seinen Geschäftspartnern über den Tisch gezogen. Joseph ist nicht nur pleite, sondern hoch verschuldet. Die Bankkredite, die er vor wenigen Monaten für seine Hochzeit aufnahm, muss er zurückzahlen. Nur weiß er nicht, wie. Harte Fakten. Unsere Fahrt wird zur Therapiesitzung: Joseph lässt alles raus. Wir hören ihm zu, sind bedrückt und hilflos zugleich. Ich würde gern Nützliches sagen. Aber jeder schlaue Satz entpuppt sich als belanglose Floskel. Ich bleibe stumm. Verzwickte Situation.

Spät erreichen wir Kanyakumari, ein kleines, uninspiriertes und mehrheitlich christlich geprägtes Küstenstädtchen. Hier treffen das Arabische Meer, der Indische Ozean und der Golf von Bengalen aufeinander. Spülen sich gegenseitig durcheinander und branden an das Kap Komorin, den südlichsten Punkt des indischen Subkontinents. Der Horizont ist so weit, dass Sonnenuntergang und Mondaufgang gleichzeitig zu sehen sind. Kanyakumari ist ein geografisch seltener Ort und für viele Hindus von spiritueller Bedeutung. Nur wenige Meter vom brandenden Meer entfernt, besuchen sie den Tempel der Göttin Kumari Amman. Sie ist die alte Schutzgöttin der Küste, die hier in der Gestalt Parvatis, der Partnerin Shivas, verehrt wird.

Am felsigen Ufer brechen die Wellen. Wuchtig ergießt sich die Gischt über die Spaziergänger auf der Promenade. Junge Männer und Frauen werfen sich in Posen, die manchmal lustig, manchmal verführerisch und doch immer gleich sind. Selfies verschwinden in Datenspeichern. Am Rand der Promenade verzweifeln ein paar Gestalten mit Digitalkameras und Farbdruckern. Noch vor ein paar Jahren hatten die Straßenfotografen ein Monopol auf Familienbilder vor schöner Kulisse. Doch heute legt kaum jemand Wert auf ihre Dienste. Die Fotografie ist aus der Hand weniger in die Hand vieler übergegangen.

Knochige Bettler sitzen im Staub. Tiefe Falten ziehen sich durch ihre Gesichter. Lederne Haut wellt sich über dünne Arme. Um sie herum stehen Buden, in denen allerlei Schnickschnack verkauft wird. Nichts davon hat irgendeinen Wert. Billige Plastikunterhaltung. Ein Aussichtsturm erhebt sich über dem Ufer. Von oben geht der Blick nach Süden. Dort liegt der Indische Ozean. Ein blauer Gigant. Nichts als Wasser. Im Osten brandet er irgendwo ans Ufer Sri Lankas, im Westen umspült er in der Ferne die weichen weißen Sandstrände der Malediven. Im Süden ragt die Amsterdam-Insel in 5000 Kilometern Entfernung aus den Fluten. Sie liegt auf halbem Weg zum antarktischen Festland.

Nicht ganz so weit weg – nur ein paar Hundert Meter vom Kap Komorin entfernt – ragt die Statue des tamilischen Dichters Tiruvalluvar über einer kleinen Felseninsel aus dem Meer. Er gilt als Autor des Tirukkural, dem bis heute wichtigsten Werk der klassischen tamilischen Literatur. Tiruvalluvar ist so etwas wie der Goethe Tamil Nadus; ein Idol des Kulturnationa-

lismus mit dem Status eines beinahe Heiligen. Dabei ist Tiruvalluvar ein unerhörtes Kind aus der Beziehung eines Brahmanen mit einer Unberührbaren. Keine idealen Voraussetzungen,
um es im Indien des 5. Jahrhunderts zu etwas zu bringen. Tiruvalluvar wird ausgesetzt, wächst heran, schreibt den Tirukkural, ein 1330 Doppelverse umfassendes Lehrgedicht, und trägt
es in die Stadt der Künste, nach Madurai.

Madurai, 250 Kilometer nördlich von Kanyakumari, ist das
Kinderzimmer der tamilischen Kultur. Es gilt als eine der ältesten Städte im Süden Indiens und war bereits vor über 2000 Jahren ein wichtiges Religions- und Handelszentrum. Hier befand
sich der königliche Hof des Pandya-Reiches, das in der Antike
weit vernetzt war. Griechische Botschafter residierten am Hof.
Römische Soldaten bewachten die Stadttore. Die Handelsbeziehungen reichten vom antiken Griechenland und römischen
Kaiserreich, die mit Seide, Perlen und Gewürzen beliefert wurden, bis nach China. Madurai war über 1000 Jahre eine reiche,
einflussreiche Stadt. An den Häfen am Ufer des Flusses Vaigai
legten regelmäßig ausländische Handelsschiffe an. Kaufleute
begutachteten Pferde und Edelsteine, aber auch Trockenfisch
und Tamarinde, die hier für den Export gehandelt wurden.

Die Stadt war kosmopolitisch. Die klassische tamilische Literatur wurde hier in Akademien zu einem Kanon zusammengefasst, der bis heute Bestand hat. Wer aufgenommen werden wollte, musste die etablierten Dichter überzeugen. So ein
dahergelaufener Typ wie Tiruvalluvar wurde da bestenfalls
belächelt, wahrscheinlich aber offen angefeindet. Die Dichter
lehnten den Tirukkural ab, ohne auch nur ein einziges Wort

gelesen zu haben. Der Sohn einer Unberührbaren war es schlicht nicht wert. Also legte Tiruvalluvar seine Schrift auf die Bank vor der Akademie, auf der die wichtigen Dichter saßen. Plötzlich schrumpfte die Bank auf die Größe des Buches und warf die Literaten in den Staub zu Füßen Tiruvalluvars. Der Rest ist Geschichte. Noch heute ehren die Tamilen den Tirukkural und seinen Verfasser Tiruvalluvar.

Zu jener Zeit war Madurai das Weimar des indischen Südens. Nur wesentlich früher und wesentlich größer. Mehrere Tausend Dichter zogen in der lang anhaltenden Blütezeit in die Stadt. Sie schrieben über das Leben und die Liebe, die Herrscher und Beherrschten. Auch Madurai selbst taucht in den alten Versen auf. Die reiche Stadt wird in Heldendichtungen gepriesen. Sie erzählen von hohen Schutzmauern und starken Toren, von Straßen, so breit wie Flüsse. Auf ihnen marschierte die Armee des Königs mit ihren Elefanten und Streitwagen durch die Stadt. Ein vielfältiges Sprachengewirr drang durch die Märkte. Gebückte alte Weiber verkauften bunte Blumen und Parfüm. Wohlhabende Adlige unternahmen Ausfahrten in noblen Karossen. Königliche Ratgeber und Minister ließen sich in Restaurants Delikatessen servieren. In den Tempeln wurde Musik gespielt, Familien betraten die heiligen Hallen, brachten Opfer für die Götter. Junge Frauen baten um baldigen Nachwuchs.

Sobald der Mond aufstieg, flackerten in den Wohnhäusern Öllampen. Frauen spielten Harfe. Andere prostituierten sich in den dunklen Straßen und warben um die Gunst betrunkener Freier. Gegen Mitternacht, wenn die Stadt schlief, schlichen Räuber und Diebe durch Madurai. Nachtwachen patrouillierten bis zum Sonnenaufgang. Dann sangen die Brahmanen in den Tempeln. Mahuts fütterten königliche Elefanten und Pferde. Langsam erwachte die Stadt. Türen knarrten, ließen das Licht des Tages in die Häuser. Verkaterte Männer grummelten, während ihre Frauen den morgendlichen Haushalt regelten. Jemand rief die Uhrzeit aus. Hähne krähten. Draußen vor den Toren standen die Jäger mit ihrer Beute der letzten Nacht.

Madurai war berühmt. Die Stadt wuchs, weckte Begehrlichkeiten, wurde angegriffen, eingenommen und zurückerobert. Wohin mit all dem Reichtum, fragten sich die Könige und begannen im 12. Jahrhundert mit einem gigantischen Bauprojekt. Auf einem sechs Hektar großen Areal errichteten sie den Minakshi-Tempel, der bis heute das Stadtbild Madurais prägt. Zwölf gewaltige Gopurams, steil aufragende Eingangstürme aus dem 16. Jahrhundert, schmücken die Anlage. Auf ihnen hocken, stehen und tanzen unzählige mythologische Stuckfiguren in bunten Farben. Götter und Dämonen treiben hier Schabernack mit- und gegeneinander. Die Türme sind mit 46 Metern die höchsten sakralen Gebäude im Süden Indiens und ragen weit über die modernen Betonquader der Millionenstadt Madurai hinaus. Täglich beten etwa 15 000 Menschen in der Tempelanlage zu Minakshi, einer lokalen Erscheinungsform der Göttin Parvati, und ihrem Gatten Shiva, die nach der hinduistischen Mythologie hier in Madurai geheiratet haben sollen.

Rund um den Tempel ist Madurai eine gewöhnliche Großstadt. So gewöhnlich wie eine Großstadt in Indiens Süden sein kann. Es ist laut, heiß und stickig. Auf den staubigen Straßen knattern Mopeds und Motorrikschas. Schon von Weitem winken die Fahrer potenziellen Kunden entgegen. Reklametafeln hängen an schmutzig verwaschenen Wänden. Männer in Lungis und karierten Hemden schieben mobile Verkaufsstände an Schlaglöchern vorbei. Dabei geraten sie immer wieder in den Gegenverkehr, was sie entweder nicht bemerken oder ignorieren. Das späte Nachmittagslicht taucht die Straßen in warme Farben und schenkt dem Chaos einen träumerischen Anstrich. Zwischen den Häusern der Altstadt wachsen die Eingangstore des Minakshi-Tempels aus den Gassen heraus. Sie überragen die kreuz und quer aufgespannten Stromleitungen, als wären bunte Pilze in die Höhe geschossen.

Die Tempellegende ist auf klassisch indische Weise völlig absurd. Sie erzählt von einem kinderlosen König, der die Götter um Nachkommen bittet und dafür ein Opferfeuer abbrennt. Aus den Flammen tritt Minakshi, ein Mädchen mit drei Brüsten. Gleichzeitig prophezeit eine himmlische Stimme, dass sie die überschüssige Brust verliert, sobald sie ihren zukünftigen Ehemann erblickt. Minakshi wächst heran, wird zur Königin gekrönt und zieht mit ihrer Armee in alle möglichen Kriege. So gelangt sie zum Berg Kailash, dem Sitz der Götter, und fordert Shiva heraus. Der Gott der Zerstörung betritt das Schlachtfeld und plumps, schon liegt die dritte Brust auf der blutigen Erde. Wenige Tage später heiraten Minakshi und Shiva in Madurai. Hier vollbringen sie ein paar göttliche Wunder, bekommen einen Sohn namens Murugan und ziehen sich irgendwann in den Minakshi-Tempel zurück. Wie alle hinduistischen Geschichten sprüht auch diese Legende vor Wahnwitz. Der

Tempelkomplex ist weitläufig. Korridore und Säulenhallen liegen um die Hauptschreine, die Minakshi und Shiva gewidmet sind. Weit mehr als 30 000 Götterdarstellungen befinden sich in der verwinkelten Tempelanlage, und überall finden religiöse Zeremonien statt.

Nicht nur Minakshi und Shiva werden hier verehrt. Auch der dickbäuchige Elefantenkopfgott Ganesha hat im Tempel einen Schrein. Wie sein Bruder Murugan ist Ganesha ein Sohn Shivas und Parvatis und zugleich der Wächter der Tore und der Überwinder von Hindernissen. Ganesha ist aber auch ein gefräßiger Genießer. Eines Tages errichtet Kubera, der hinduistische Gott des Wohlstands, einen neuen Palast aus purem Gold. Er ist so stolz auf sein Heim, dass er Shiva, den Gott der Götter, einlädt, um ein bisschen zu protzen. Doch der mürrische Shiva hat keine Lust auf das Schauspiel und schickt stattdessen seinen Sohn Ganesha. Im goldenen Palast angekommen ist dieser absolut nicht beeindruckt. Kubera gibt sich die größte Mühe, aber nichts imponiert Ganesha. Dann betreten die beiden den großen Speisesaal, wo auf einer langen Tafel die herrlichsten Köstlichkeiten warten. Der vor Langeweile bereits hungrige Ganesha fängt augenblicklich an zu essen. Er isst und isst, schaufelt mit seinem Rüssel alles in sich hinein. Delikatessen, die für 1000 Gäste bestimmt sind, vertilgt Ganesha in wenigen Minuten. Dann läuft er in die Küche, wo er rohes Gemüse und alle anderen Vorräte verputzt. Er mampft die goldenen Teller, Gabeln, Löffel, Becher; alles, was sich irgendwie in seinen Mund befördern lässt. Er isst die Bilder von den Wänden, die Vorhänge von den Fenstern, die Ziegel vom Dach. Ganesha ist im Rausch, und Kubera fürchtet um seinen Reichtum. In seiner Panik ruft er Shiva: »Alter, dein Sohn frisst mir die Haare vom Kopf, mach was!« Und Shiva, der Kubera noch immer nicht sehen will, schickt seine Frau Parvati.

Als sie den goldenen Palast erreicht, knabbert Ganesha gerade an der Haustür. Parvati überreicht ihrem Sohn in mütterlicher Fürsorge ein Laddu, eine süße, frittierte Kugel aus Kichererbsenmehl mit Nüssen und Trockenfrüchten, die augenblicklich zwischen den Stoßzähnen Ganeshas verschwindet. Plötzlich fühlt Ganesha tiefe Befriedigung. »Ah, genau das habe ich gebraucht«, murmelt er, streichelt glücklich seinen Bauch und kehrt Kuberas verwüstetem Palast den Rücken. Seitdem trägt Ganesha immer ein Körbchen voller Laddu mit sich herum.

Dabei bietet der Süden Indiens noch ganz andere Köstlichkeiten. Dosa, Idli, Uttapam, Pfannkuchen, Bohnenküchlein, belegte Fladen, die lokale Küche unterscheidet sich stark vom Norden Indiens. Sie ist geprägt von Reis und Kokosnüssen. Auf Bananenblättern werden Currys serviert, die wir mit der rechten Hand vermischen, zu kleinen Kugeln formen und uns mit den Fingern in den Mund schieben.

Noch im Norden haben wir uns erzählen lassen, wie furchtbar unästhetisch die Esskultur des Südens sei. Wie unzivilisiert es wäre, nur mit Händen zu essen. Perspektivwechsel. Jetzt sitzen wir am Aluminiumtisch in einem einfachen Restaurant mit reisverklebten Fingern und ernten anerkennende Blicke der Einheimischen. Wir sind in Tamil Nadu, im stolzen Süden Indiens.

ZWISCHENSPIEL
SRI LANKA UND AUROVILLE

ROCHSSARE

Im April enden unsere zweiten Indienvisa. Seit einem Jahr sind wir auf dem Subkontinent unterwegs, und nach Nepal bereisen wir nun Sri Lanka. Der Inselstaat ist wie eine angenehme Miniatur des gewaltigen Indiens. Alles, wofür wir Indien bewundern, finden wir auch hier. Alles, was uns in Indien Kopfschmerzen bereitet, finden wir dagegen nur in abgeschwächter Form, wenn überhaupt. Sri Lanka kennt weniger Extreme. Dafür ist Sri Lanka bedeutend touristischer. Es ist eine ähnliche und eine andere Welt. Sechs Wochen halten wir es aus, dann ruft uns Indien erneut zu sich.

Diesmal bleiben wir länger an einem Ort. In der Kommune Auroville nahe der Stadt Pondicherry wollen wir lernen, wie eine Gemeinschaft funktionieren kann, wenn sie unkonventionelle Wege geht. Vier Wochen planen wir ein, doch es werden zehn Monate. In dieser Zeit arbeiten wir an Haus- und Gartenprojekten, werden Freunde von Max und Tony, von Natalie und Hannah, von Nimmi und Khistij, von Jonny und Deep, von Devin, Ruba und Joseba. Es ist ein wilder Haufen, der sich hier zusammengefunden hat. Und es ist ein Ort, von dem wir später denken werden, dass er Menschen schöner macht.

ABSTECHER NACH KOLLYWOOD

ROCHSSARE

Wer ist in diesem unüberschaubaren Gewühl eigentlich der Hauptdarsteller? Ich stehe mitten in einer hin und her wabernden Traube aus Schauspielern, Komparsen, Assistenten und Visagisten. Hektisch umherlaufende Verantwortliche schleudern laute, für mich unverständliche Befehle durch blechern klingende Megafone. Grelle Scheinwerfer tauchen die dunkle Nacht am Strand von Pondicherry in taghelles Licht. Kitschige, meterhohe Leuchtdekorationen, wie man sie sich bunter und aufdringlicher kaum vorstellen mag, stehen überall. Hunderte schaulustige Inder, die sich aufgeregt starrend und beharrlich schubsend um das Filmset drängen, pirschen immer näher, sobald einer der Sicherheitsleute auch nur für eine Sekunde unaufmerksam ist.

In diesem völlig absurden und planlos scheinenden Spektakel schlürfe ich scharf gewürzten Chai aus einem winzigen Pappbecher. Plötzlich gerät Unruhe in unsere kleine, verunsicherte Gruppe Ausländer. Niemand von uns weiß so recht, was hier eigentlich passieren soll. Erst vor wenigen Stunden wurden wir in Auroville angesprochen, ob wir nicht Lust hätten, den Hintergrund in einem indischen Film zu beleben. Was in Mumbai nicht klappte, sollte nun im Süden des Landes wahr werden. Wir waren sofort Feuer und Flamme. Nun brüllt uns ein untersetzter, dickbäuchiger Mann – wie wir später herausfinden sollen, der Drehbuchautor – übellaunig und mit großen, rudernden Armbewegungen an. Seinem harschen Befehlston irritiert erlegen, lassen wir uns einige Schritte weiter in das Zentrum des überladenen Filmsets führen. Wir halten uns an unseren kleinen Pappbechern fest. Geht es jetzt etwa los?

Wir sind hier Teil des bereits geschilderten Helle-Haut-Syndroms, das die Filmindustrie beeinflusst. Helle Haut ist gerade für Party- und Tanzszenen der ganz große Hit. Denn dort, wo Weiße ihre Hüften schwingen, steigen bekanntermaßen die größten Feste – so zumindest die Annahme der meisten Inder. In Bollywood ist das schon seit geraumer Zeit üblich. Da aber das im Norden gesprochene Hindi im Süden des Landes nicht verstanden wird, haben die meisten Staaten Südindiens eine eigene Filmindustrie in ihren eigenen Sprachen. Die größte befindet sich in Tamil Nadu, insbesondere in der Metropole Chennai. In Anlehnung an Kodambakkam, dem Stadtviertel, in dem sich die Filmstudios befinden, wird sie – wie sollte es anders sein – Kollywood genannt.

Indiens Filmindustrie und damit ihr Vorreiter Bollywood ist völlig zu Recht als Schmonzetten-Fabrik bekannt. Gewalt und Sex sind tabu – familientauglich soll es sein. Die Geschichten gehen immer gut aus. Im Mittelpunkt steht natürlich die Liebe.

Eine ohnehin tragische Angelegenheit in dem von traditionell arrangierten Ehen geplagten Land. Immerhin: Seit Kurzem huscht hin und wieder mal ein Küsschen über die Leinwand. Ansonsten wird Sex lediglich durch kitschige Metaphern angedeutet. Wenn Bäume im Wind hin und her wiegen oder eine Blüte in Nahaufnahme und Zeitlupe aufgeht, dann wird hier in den großen Kinos verlegen gekichert.

Die Filmindustrie Kollywoods ist da ein wenig innovativer. Die Filme seien wie das Leben selbst, erzählen die Tamilen mit stolzgeschwellter Brust. Ein bisschen Drama, ein bisschen Komödie, ein bisschen Liebesschnulze, ein bisschen Actionfilm, ein bisschen Gewalt. Ja, richtig gehört: Gewalt. Die populären Kampfkunstelemente im tamilischen Film haben der hiesigen Filmindustrie in letzter Zeit sogar Exportmöglichkeiten in den ostasiatischen Raum eingebracht. Besonders die Japaner sind völlig angetan von dem bunten Low-Budget-Mix aus Südindien.

Da stehen wir nun, spontan über drei Ecken angeheuert und mit dem Taxi in die hereinbrechende Nacht an den Strand der ehemaligen französischen Kolonie Pondicherry chauffiert. Wir kommen geradewegs von einer Baustelle, auf der wir an einem Projekt zu nachhaltigem Hausbau mit Lehm mitarbeiten. Dementsprechend sehen wir aus. Für die Party- und Tanzszene, die heute gedreht werden soll, ist das wohl nicht die angemessene Erscheinung. Dennoch empfängt man uns mit offenen Armen. Unsere weiße Haut macht es möglich. Seit geraumer Zeit umklammern wir unsere leeren Pappbecher, als wir schließlich in Paaren über das gesamte Filmset aufgeteilt werden. Wir sollen uns bitte natürlich und angeregt unterhalten, uns lächelnd auf die bevorstehende Party freuen. Immer wieder wird an uns herumgezupft, unser Winkel zur Kamera verändert, unsere Schultern gedreht. Verschiedene Menschen haben verschiedene Meinungen. Doch lieber hier? Nein, dort! Einer arbeitet, fünf gucken zu und geben Ratschläge aus dem Hintergrund. Es ist eine Farce. Irgendwann, nachdem wir jedwede Position auf dem gesamten Filmset mindestens einmal eingenommen haben, sind sich endlich alle einig. Doch es geht noch immer nicht los. Der Dreh ist ein langwieriger Prozess, durchzogen von schlechter Organisation, Vergesslichkeit und den Allüren der Schauspieler.

Nach einer ganzen Weile erblicke ich ihn endlich: den Hauptdarsteller, Prakash Kumar, ein Kollywood-Star, seit mehr als zehn Jahren im Geschäft. Bis jetzt saßen er und sein Kollege Balaji, der Sidekick im Film, im klimatisierten Auto: ein kleiner roter, tiefer gelegter Flitzer mit weißer Rennstreifen-Verzierung. Dann wird ihnen die Tür geöffnet, und der Hauptdarsteller lächelt sein unverkennbares Filmstar-Lächeln. Eine mächtige Föhnwelle erhebt sich majestätisch über seinem Kopf. Die Zähne blitzen in einem unnatürlichen Weiß, der dichte schwarze Bart bedeckt ein milchiges Schönlingsgesicht. Der Schnurrbart erinnert mich dagegen ein wenig an den eines Walrosses: in der Mitte ganz kurz gestutzt und lang in den Enden. Kumar lehnt seine ganzen 162 Zentimeter Körpergröße übertrieben lässig gegen das Auto, die personifizierte Coolness schlechthin. Augenblicklich stürmen seine Assistenten herbei. Einer hält ihm ununterbrochen einen kleinen

Ventilator ins Gesicht, der andere richtet Haare und Bart. Die dunkle Mähne schaukelt in der Brise des Ventilators vor sich hin. Ein bisschen Make-up wird nachgelegt. Ein kleiner Kamm streicht über seine Augenbrauen. Für den noch immer jungen Filmstar ist das Tohuwabohu um ihn herum augenscheinlich eine Selbstverständlichkeit. Keinen Blick hat er für seine aufgeregt umherwuselnden Assistenten übrig. Stattdessen schaut er ununterbrochen auf das Display seines Handys.

Sein Schauspielkollege Balaji, ein großgewachsener, sympathisch wirkender junger Mann mit Hornbrille und lustigem Gesicht, braucht weniger Extrawürste. Ein bisschen Puder – das war's. Die ganze Situation kommt mir unwirklich vor. Wir sind in die Produktion des Filmes »Kadavul Irukaan Kumaru« (Da ist ein Gott, Kumar) reingeschlittert. Eine bunte Liebes-Action-Komödie nach tamilischer Tradition und dem Regisseur zufolge die südindische Version von »Hangover«.

Kumars Blick ist noch immer starr auf sein Handy gerichtet und endet erst mit dem Geräusch der Klappe. Die nächste Szene beginnt. Mit wiegenden Schritten schlendert das ungleiche Duo vom Auto kommend an uns vorbei mitten in das Filmset hinein. Auf der Bühne zu unserer Rechten klimpert eine lautlose Band enthusiastisch auf ihren Instrumenten. Die Party ist in vollem Gang. Schnitt. Diese Einstellung, vielleicht vier Sekunden Filmlänge, wird fünf Mal gedreht. Wie auf Kommando zückt Kumar nach jedem Schnitt sein Handy. Sein Blick bleibt starr, während in Windeseile Ventilator, Kamm für Augenbrauen und Bart sowie Make-up zum Einsatz kommen. Minutenlang wird hin und her gebrüllt, bevor die Szene ein weiteres Mal gedreht wird und nach einer Stunde endlich im Kasten ist.

Zweite Szene: Wir stehen nun im Hintergrund des Bildes, wieder in kleine Grüppchen aufgeteilt, und tanzen entspannt zu Musik, die erst später in den Film hineingearbeitet wird. Neben Kumar und seinem Freund Balaji betritt nun eine weitere Figur die Szene. Ich nenne sie, ausschließlich ihrer äußeren Erscheinung wegen, den Zuhälter. Der Zuhälter, so grotesk er für mich auch aussehen mag, hat alle Attribute dessen, was im kitschigen Indien als cool und männlich gilt: Seinen mächtigen Bauch umspannt ein weißes, zu eng anliegendes T-Shirt, das mit einem riesigen, bunten und mit Pailletten verzierten Tigerkopf auf Brusthöhe geschmückt ist. Darüber trägt er ein Jackett, dessen Knöpfe meilenweit davon entfernt scheinen, die Knopflöcher zu finden. Der Kragen des Jacketts ist mit einer breiten Spur weißer Glitzersteinchen verziert. Er trägt – natürlich – eine Pilotenbrille mit Goldrand. Dass die Partyszene nachts stattfindet, ist dabei unerheblich. Große goldene Klunker hängen von seinen Ohrläppchen. An seiner Seite steht eine weiße, dunkelblonde Französin. In einen Sari gesteckt, hoffen die Produzenten wohl, sie als Inderin durchzubekommen.

Die beiden Hauptdarsteller begrüßen den Zuhälter in der Szene überschwänglich. Ein großes »Hey, Dude« wird mit offenen Armen, einem heftigen, freundschaftlichen Schulterklopfen und einem noch lauteren »Hey, Dude« beantwortet. Die Szene ist an Lächerlichkeit kaum zu überbieten und wird etliche Male wiederholt, bevor auch sie im Kasten ist.

Mittlerweile ist es fast Mitternacht, und unsere Nerven liegen blank. Das nicht enden wollende Drama aus Wiederholungen, dröhnenden Stimmen aus knackenden Lautsprechern und knisternden Megafonen und in Gesichter gehaltenen Mini-Ventilatoren ist ermüdend. Wir liegen schon lange nicht mehr im vorab angekündigten Zeitplan und bekommen keinerlei Informationen. Mit uns redet schlichtweg niemand. Wir stehen die meiste Zeit ahnungslos in einer Ecke und warten, teilweise stundenlang, auf unseren nächsten Einsatz.

Endlich eine kleine Pause. Anstatt direkt zum provisorisch aufgebauten Büfett aus Reis und einigen Currys zu gehen, besuchen wir lieber die Bar, die sich neben dem Set am Strand befindet. Uns dürstet es nach Bier, und wir haben noch genau 20 Minuten, bevor die Kneipe schließt. Der Wirt, mutterseelenallein, ist überrascht, Kundschaft in seinem Laden zu sehen. In Anbetracht der Situation, in der wir offensichtlich die ganze Nacht gefangen bleiben werden, entscheiden wir uns nun doch für Cocktails. Kaum erreicht die zweite Runde unseren Tisch, wird draußen schon hektisch nach uns gesucht. Wir spülen die gerade erst servierten Getränke in viel zu großen Schlucken runter, verlassen leicht angetrunken die Bar und torkeln Richtung Filmset.

Erneut werden wir in den Hintergrund gestellt, doch plötzlich packt mich jemand am Arm und zieht mich direkt vor die Kamera. Ich bin jetzt anscheinend die Freundin von Superman, einem jungen Tamilen mit einem überladenen, sehr bunten und mit Glitzerpartikeln bestäubten Superman-T-Shirt. Aber so genau weiß ich es selbst nicht. Mit mir redet man weiterhin nicht viel. Ich verstehe nicht, was meine Aufgabe ist. Außerdem bin ich angetrunken. Superman klärt mich fragmentarisch auf. In der ersten Szene unterhalte ich mich lächelnd und angeregt mit ihm, während der Zuhälter, die Kamera im Rücken, auf uns zustolziert.

Ich werde unsanft gepudert, möchte schon lautstark nach dem Ventilator schreien, da werde ich auch schon in Position gebracht. Mein Gesicht ist jetzt, für mein westliches Distanz-Verständnis, sehr nah an dem von Superman. Ich überlege noch, was ich mit diesem völlig fremden Typen in dieser unangenehmen Situation sprechen soll, da beginnt auch schon die erste Szene. Wir führen katastrophalen Small Talk. Da ich weder die Abläufe kenne noch die dröhnenden Anweisungen aus dem Megafon verstehe, bekomme ich nie mit, wann die Szene startet, und erst recht nicht, wann sie aufhört. Wenn Superman das Gespräch abrupt beendet und sich wegdreht, dämmert es mir, dass die Szene vorbei ist. Oder er macht mich milde lächelnd darauf aufmerksam, dass wir jetzt nicht mehr weiterzusprechen bräuchten. Immerhin: Nachdem er erfahren hat, wie alt ich bin, wechselt er vom flapsigen »*my friend*« zum respektvollen »*Madame*«.

Nächste Einstellung: Superman und der Zuhälter geben sich laut klatschend die Hand, ich stehe wie ein kleines Mädchen daneben und nicke eifrig zur Begrüßung. Meine dritte und letzte Szene ist noch weniger erquickend. Soweit ich es verstehe, lässt mich Superman wegen einer anderen Frau stehen. Ich bleibe, wütend und fassungslos, die Hände in die Hüften gestemmt, zurück. Da niemand mit mir spricht, kann ich nur erahnen, was ich überhaupt machen soll. Superman gibt mir wirre Anweisungen. Nach dem ersten Versuch kommt irgendein Verantwortlicher auf Superman und mich zugestürmt. Aggressiv und unzufrieden brüllt er eine Zeit lang auf Tamil auf mich ein. Dann wendet er sich an Superman und macht auch ihn zur Schnecke. Irritiert gucke ich Superman an, er winkt meinen fragenden Blick nur ab. Nachdem alles etliche Male abgedreht ist und ich auf gut Glück jedes Mal etwas anderes mache, darf ich endlich gehen.

Dann betritt sie die Szene: die Hauptdarstellerin Nikki Galrani und Grund dafür, dass mich Superman hat sitzen lassen. Die junge Frau, weiß wie eine Mitteleuropäerin, trägt einen funkelnden, wunderschön verzierten, pompösen, knallroten Sari. Ihre langen, dunklen, spiegelglatten Haare wehen ununterbrochen im Wind eines alten, riesigen Ventilators, der ihr für diesen Zweck – und trotz seines Gewichts – ständig hinterhergetragen wird. Nikki kommt natürlich nicht aus Tamil Nadu. Die Schauspielerinnen in den Filmen Kollywoods stammen nur in wenigen Ausnahmefällen aus dem südlichsten Staat Indiens. Grund dafür ist schlichtweg die hier typische dunkle Hautfarbe, die den Schönheitsidealen der Inder nicht entspricht. Indiens Gesellschaft, besessen von heller Haut, erklärt Mädchen und Frauen mit dunklem Teint ganz direkt, dass sie nicht schön seien. Obskure Cremes und Wässerchen, die eine magische Aufhellung über Nacht versprechen, werden an jeder Ecke angepriesen. Keine Schauspielerin, kein Model, keine Werbeanzeige, kein Plakat: Nichts und niemand wirbt mit dunkler Haut. Alle schönen Menschen in Indien sind weiß wie eine Wand. Es

257

geht sogar so weit, dass das schneeweiße britische Model Amy Louise Jackson massenhaft Rollen in Kollywood angeboten bekommt, in denen sie indische Charaktere mit malerischen Namen wie Nandhini Ramanujan spielt.

Nikki hat jetzt ihre erste Sprechszene. Die Nordinderin hat Probleme mit der tamilischen Sprache und vermasselt die Szene mehrfach, bis der Regisseur ihr nachsichtig anbietet, den Text auf Englisch zu sprechen. Der Film wird im Nachhinein sowieso synchronisiert. Die schöne Nikki steigt nun aus einem schneeweißen Audi A6. Wir laufen wie Aufziehmännchen hinter dem Auto die Straße auf und ab. Fast eine halbe Stunde lang. Nikki hat Probleme, mit ihrem Sari aus dem Fahrzeug auszusteigen, ohne zu stolpern. Es ist fast zwei Uhr morgens. Und die Allüren der Hauptdarstellerin kosten alle Mitarbeiter am Set die letzten Nerven. Nun, da Nikki es endlich geschafft hat, aus dem Auto auszusteigen, fährt die Kamera ganz langsam von ihren Füßen hinauf zu ihrem Gesicht. Sie probt schon ihren lasziven Ausdruck, mit zur Seite geneigtem Kopf, leicht geöffnetem Mund und dem Wind des Ventilators in ihrem Haar, dabei verbleibt die Kamera noch mehrere Sekunden lang auf Höhe ihrer Brüste. Eine außerordentlich bizarre Szene. Plötzlich stoppt Nikki völlig hysterisch die Aufnahme. Sie möchte noch mal nachgeschminkt werden. Und jemand muss sich dringend um ihre Haare kümmern. Sie wird zu ihrem Wohnwagen gebracht, in dem sie laut polternd ihrer Unzufriedenheit Luft macht.

Wir hinken dem Zeitplan drei Stunden hinterher. Dann endlich die vorletzte Szene. Etwa 25 Tänzer treten auf. Konzentriert und eifrig übt jeder für sich die gelernten Tanzschritte, eine Choreografin gibt Anweisungen und führt die Tänzer schließlich als Einheit zusammen. Zu lauter, beatlastiger Musik explodiert nun ein wahres Feuerwerk an Klischees indischer Filme. Synchron werden Hüften geschwungen, Körper und Köpfe verdreht, mit weit gespreizten Beinen kraftvoll Unterleibe nach vorne geschleudert. In der tropischen Nacht sind die Tänzer nach wenigen Minuten komplett nass geschwitzt. Dabei bewegen sich junge, athletische Typen neben mächtigen Wohlstandsplauzen, die umso mehr meinen Respekt verdienen, da sie das hohe Tempo in der Hitze durchhalten.

In der Zwischenzeit posiert der Zuhälter, lässig auf der Motorhaube der blendend weißen Limousine liegend, für zukünftige Filmplakate. 3:30 Uhr morgens: Endlich wird die letzte Szene vorbereitet. Auf 300 Metern entlang der Straße werden quietschbunte, meterhohe Leuchtdekorationen entlang der Fahrbahn aufgebaut. Im Vordergrund steht die Gruppe der Tänzer, der sich der Hauptdarsteller Kumar anschließt. Doch er ist deutlich weniger talentiert und wird von der Choreografin noch mal eingehend unterwiesen. Einige Meter dahinter stehen wir, völlig übermüdet, und sollen, ganz nach Gusto, aber bitte wild und in großen Bewegungen, zu indischer Popmusik tanzen. Hinter uns hat der Audi seinen letzten dekorativen Auftritt für diese Nacht. Die Kamera, weit oben an einem kleinen Kran angebracht, filmt die gesamte Straße hinunter.

Wie jede Nacht schlafen etliche Obdachlose am Strand von Pondicherry. Dass wir sie bis in die frühen Morgenstunden

259

mit lauter Musik aus meterhohen Lautsprechern beschallen und ihren Schlafplatz in eine Disco verwandeln, hat sie nicht gestört. Doch nun werden einige gebeten, sich aus dem Bild zu entfernen. Kommentarlos ziehen sie von dannen und legen sich einige Meter weiter wieder in den Sand.

Irgendwann, als fast schon der Morgen über dem Golf von Bengalen graut und schallend die letzte Klappe fällt, stehen immer noch Dutzende Schaulustige um uns herum. Es sind Männer, die sich wenig später zu den anderen, die Nacht für Nacht am Strand schlafen, legen. Am frühen Morgen, wenn die Sonne am Horizont über dem Meer aufgegangen ist, wird die Brandung als öffentliche Toilette genutzt. Dann hocken sie dort, in Reih und Glied mit dem Rücken zum Meer und verrichten ihre Notdurft, die augenblicklich von den Wellen in die Weite des Meeres gezogen wird. Vom Glitzer und Glanz Kollywoods wird am Strand von Pondicherry nicht mehr als eine vage Erinnerung übrig sein.

KURIOSES AUS INDIEN: DAUERHAFTER HÖRVERLUST DURCH LÄRMBELASTUNG

Der andauernde Lärm in Indiens Großstädten vermindert mit der Zeit bei vielen Menschen das Hörvermögen, was bis zum dauerhaften Hörverlust führen kann. Studien zeigen, dass drei von vier Polizisten, die täglich Streife in einer der Megastädte Indiens fahren, in relativ kurzer Zeit an permanentem Hörverlust leiden. Die Wahrscheinlichkeit, nach vier Jahren in diesem Beruf an Schwerhörigkeit zu erkranken, liegt bei fast 100 Prozent. Das permanente Hupen trägt einen Großteil zur Geräuschbelastung bei. Werte von 100 Dezibel im indischen Großstadtverkehr sind die Regel. Das entspricht dem Lärm einer auf Hochtouren laufenden Kettensäge, direkt neben dem Ohr.

ZWISCHENSPIEL AM STRASSENRAND IN INDIEN

ROCHSSARE

Trampen ist was Feines. Wir genießen es, am Straßenrand zu stehen, dem Verkehr freudig entgegenzublicken und auf die nächste Mitfahrgelegenheit zu warten. Auf Indiens Straßen sind wir selten allein. Egal, ob in der Wüste Rajasthans, auf den kurvigen Pisten des Himalajas oder wie jetzt in der tropischen Hitze des Südens – überall begegnen uns schräge Typen.

Vor ein paar Stunden haben wir Auroville verlassen und sind auf dem Weg von Tamil Nadu nach Westbengalen. 1800 Kilometer liegen zwischen uns und unserem nächsten Etappenziel Kolkata. Draußen sind es 36 Grad Celsius, drinnen in einer weich gepolsterten Limousine klimatisierte 19,5 Grad Celsius. Wir fahren mit Sukar, dem Chauffeur eines lokalen Politikers, der seinen Chef gerade in Pondicherry absetzte und nun auf dem Heimweg ist. »Karmatraveller« nennt er uns. Hinter den getönten Scheiben arbeiten Bauern in Lungis auf den Feldern. Kühe stehen am Straßenrand. Natürlich. Sie stehen überall. Wir fahren durch staubige Dörfer, vorbei an staubigen Dhabas und staubigen Werkstätten. Der Staub hört nicht auf. Aus heiß wird superheiß. Verdorrte Büsche und niedrige Bäume säumen die Straße.

Wir essen Samosas im Niemandsland. Irgendwo im ländlichen Raum. Es könnte auch Stadtrandgelände sein. Die Unterschiede sind marginal, denn immer ähneln sich die Szenen. Wir passen nicht in den Alltag der Menschen um uns herum. In ihren Augen, mit denen sie uns oft minutenlang fixieren, sind wir Exoten. Immer wieder bilden sich Trauben um uns. Da sind die Wegweiser, die uns bedeuten, in welche Richtung wir ihrer Meinung nach müssten (auch wenn es nicht immer die Richtung ist, die tatsächlich stimmt), und da sind die improvisierten Chaistübchen. In ihnen versammeln sich Menschen, die darüber beraten, wie mit uns umzugehen sei.

Hält ein Pkw, springen alle auf, stecken mit uns die Köpfe ins Fahrerfenster und versuchen, unsere Gespräche mit potenziellen Mitfahrgelegenheiten aufzuschnappen, wobei sie oft selbst mitreden wollen. Sprachbarriere hin oder her.

Die Wegweiser sind freundlich und hilfsbereit, angenehmer als die fantasielosen Skeptiker, die zwar verstehen, was wir vorhaben, uns aber um alles in der Welt davon abbringen wollen. Niemand wird für uns halten, sagen sie, nachdem wir bereits Zigtausende Kilometer auf indischen Straßen getrampt sind. Warum? »*Because I am Indian and this is my country.*« Ah, okay. Und, bist du schon einmal per Anhalter gefahren? »*No, never in my life.*«

Wir fahren vorbei an Chennai und Ongole, sitzen mit einem Profi-Kricketspieler aus Tamil Nadu im Auto, der mindestens eine lokale Größe zu sein scheint, denn Kricket ist in Indien wie Fußball in Deutschland. Wir sind mit Nathan und Logesh unterwegs. Die beiden Männer trennen wohl 15 Jahre, und wir sind nicht sicher, ob sie ein Paar sind oder der eine der Lustknabe des anderen ist. Einfache Hütten sind mit Palmwedeln gedeckt. Wellblech, bunte Farbe, grüne Felder, klapprige Schafe. Im Auto klimpern Bierflaschen.

Hinter Anakapalle sind wir der Küste nah. Nur ein paar Kilometer trennen uns vom Golf von Bengalen. Unsere Mitfahrgelegenheit stellt sich mit einem achtsilbigen Namen vor. Der Zusatz »Indian Army Special Task Force« kommt noch dazu. Der Horizont verschwindet im Dunst einer grauen, bisweilen braunen Luft. Hier sind die Felder abgeerntet. Im Bundesstaat Odisha sind wir wieder im Norden Indiens. Die Straßen werden voller. Motorräder, Rikschafahrer, Radfahrer, Fußgänger, Kühe, Ziegenherden; alle sind hier unterwegs. Lagerhallen und Autohäuser nehmen Platz ein. Ein Transporter hat ein Rad verloren und liegt verlassen und unbeweglich auf der Überholspur.

Wieder stehen wir am Straßenrand. Es sind noch etwa 200 Kilometer bis Kolkata. Zwei Jungen auf einem Motorrad halten, um uns näher zu betrachten. Für uns ist das nicht besonders günstig, denn wenige Minuten später sind es schon fünf Motorräder, die um uns herum parken und uns aus dem Sichtfeld der vorbeirollenden Autofahrer verbannen. Es ist unverändert heiß, und wir werden unverändert wie Außerirdische angestarrt.

Wir steigen in Lkws. Das ist immer spannend, denn die Gesellschaft ist oft rau, aber ehrlich. So wie die Straße mit ihren

Schlaglöchern und Rissen. Fünf Tage sind wir unterwegs. Fünf Tage in der Hitze, im Staub, im Durcheinander Indiens. Dann erreichen wir Kolkata.

KOLKATA, ASPEKTE EINER ELENDSMETROPOLE

MORTEN

Die Sudder Street in Kolkata gibt ein dreckiges Versprechen. Wer sich ihr anvertraut, findet Schutz und ein Leben nahe der Gosse. Schäbige Hotels stehen eng beieinander. Die Zimmer sind muffig und abgewohnt. Es ist schwer zu sagen, ob die Unterkünfte mit der Zeit schrecklich heruntergekommen sind oder schon immer so elendig waren. Rucksackreisende mit schmalem Budget mieten sich hier ein. Wer es sich leisten kann, macht einen Bogen um die Sudder Street. Wer sich nichts leisten kann, sucht in der Sudder Street das Glück.

Bettelnde Kinder mit ausdruckslosen Augen halten ihre schmutzigen Händchen den Vorbeilaufenden entgegen. Routiniert und resigniert. Freundlichkeit beantworten sie mit emotionslosem Gleichmut. Dennoch sind sie anhänglich. Die Straße hoch, die Straße runter, zum Geldwechsler an der Ecke und vorbei an den kleinen Kiosken: Die Knirpse bleiben an unserer Seite. Wir bringen ihnen Fingerspiele bei und ernten ein leises Lächeln. Das Leben ist hart. Auch die anderen sind hier.

Mitleidsbettler. Die Milchpulvermafia. Frauen mit Babys auf dem Arm, die so flehentlich um Zuwendung betteln, dass sich mir das Herz zusammenzieht. Auch sie folgen uns die Straße rauf und die Straße runter. Ihre Anwesenheit ist viel schwerer zu ertragen. Sie wollen kein Geld, sagen sie. Es ginge nur um das Baby, sagen sie. Es bräuchte Milch, sagen sie. Wer sich darauf einlässt, kann wenig später beobachten, wie die Frau das gerade erst erstandene Milchpulver zum Ladenbesitzer zurückbringt und von ihm einen Teil des Verkaufspreises kassiert. Der Trick ist uralt, aber funktioniert immer noch prächtig.

Das abgekartete Spiel macht mich wütend. In meiner Welt ist nur Platz für ehrliche Bettler. Lüge und Betrug sind etwas für Chefetagen, für Verkehrsminister und Automobilbauer, aber nicht für Bettler. Wenn schon im Elend, dann anständig. Das ist natürlich ein lächerlicher Gedanke. Wer hätte in dieser korrupten Welt ein größeres Anrecht auf Betrug als diejenigen, die sonst nichts haben? Es ist auch gar nicht der Betrug, der mich wütend macht, sondern seine Notwendigkeit. Ich reagiere auf Armut in der Großstadt wesentlich gereizter als auf Armut auf dem Land. Dort, in den Dörfern und auf den Feldern, wirkt sie viel weniger tragisch. Aber hier, in den Schluchten der Metropole, steht sie in Relation zu den Einkaufszentren, den schicken Restaurants und Cafés, den Türmen aus Stahl und Beton, den kolonialen Machtprotzereien. Armut in der Stadt ist anklagend und ungerecht. Ich reagiere auf Bettler, Kranke, Krüppel, auf das ganze Elend erst mit Traurigkeit, dann mit Ohnmacht und schließlich mit ignoranter Gleichgültigkeit. Anders halte ich es nicht aus, ohne mir dauerhaft die Schuldfrage zu stellen.

Neben den Bettlern ist die Sudder Street auch für ihre Dealer berüchtigt. Jeder Zweite verkauft hier Haschisch. Riksha- und Taxifahrer, Restaurantbesitzer und Hotelmanager – die Dealerdichte in der Sudder Street ist enorm. Auch ein paar Taugenichtse und Schleicher verdingen sich hier. Es sind junge Typen, gerade einmal 20 Jahre alt, groß, schlaksig, vernarbte Gesichter. Ihre Arbeit ist das Organisieren, das Ausloten von Möglichkeiten. Sie sind professionell, freundlich, unaufdringlich. Vor allem jetzt, da gerade wenig los ist. Nur ein paar Schritte entfernt von einer winzigen Hütte, in der ein Polizist auf Recht und Ordnung in der Sudder Street achtet, sprechen wir übers Geschäft. Die Lieferkette des Haschisch ist lang. Die Jungs wissen selbst nicht genau, wo ihre Ware herkommt. Bestenfalls aus den Bergen Himachal Pradeshs, erzählen sie. Aber das scheint mir unwahrscheinlich. Dafür ist das Angebot zu groß und die Preise zu niedrig.

»Macht euch der Polizist keinen Ärger?«, frage ich und deute auf das kleine Häuschen.

»Kein Problem«, lachen die Jungs, »der ist nur da, damit die Touristen ein gutes Gefühl haben.«

Ein paar Ecken weiter lehnen schmierige, zwielichtige Gestalten an Mauerwänden. Es ist nicht sofort klar, ob sie Dealer oder Junkies sind.

In der Sudder Street dreht sich alles um die Touristen. Die Bettler, die Dealer, die Rikschafahrer wollen ihren Teil vom großen Los, das andere qua Geburt gezogen haben. Im Curd

Corner wird westliches Frühstück serviert. Es gibt Müsli, Toast mit Marmelade und Eier. Das Spanish Café zieren vollgekritzelte Wände. Euphorisierte junge Inder spielen Jenga. Das Personal ist abgeklärt freundlich – es fehlt jegliche Atmosphäre. Die Sudder Street ist ermüdend. Sie wirkt ausgelaugt. Das vibrierende, bunte, lebendige Indien findet woanders statt.

Am westlichen Ende der Sudder Street öffnen improvisierte Küchen auf dem Bürgersteig. Currys brodeln über selbst gebauten Feuerstellen. Ein paar Holzbänke stehen unter bunten Sonnenschirmen. Hier gibt es das günstigste Essen in ganz Kolkata – Tandoori Roti, Paneer Masala, Aloo Gobi. Jeden Morgen sind die Holzbänke bis auf den letzten Platz belegt. Rikschafahrer und Tagelöhner, Zeitungsverkäufer, Ladenbesitzer und Rucksackreisende starten hier in den Tag. Frauen waschen Geschirr in der Gosse an einer öffentlichen Pumpe. Kleinkinder krabbeln um ihre Beine. Auf dem Gehweg haben sie sich ihr Zuhause eingerichtet. Eine Heimat aus Holzverschlägen und Plastikplanen. Dahinter erhebt sich die koloniale Pracht des indischen Nationalmuseums. In den schmalen Seitengassen, die von der Sudder Street abgehen, riecht es nach Urin. Ziegen suchen in Müllhaufen nach Fressbarem. Krähen sitzen auf Mauern und Dächern, recken ihre scharfen Schnäbel in die Höhe. In der Dämmerung verrichten ein paar arme Gestalten hier ihre Notdurft.

Müde Rikscha-Wallahs schleppen sich durch die angrenzenden Gassen. Hier in Kolkata rollen die letzten offiziell in Indien zugelassenen Laufrikschas über den Asphalt. Als Sinnbild kolonialer Zweiklassengesellschaft sollten sie bereits mehrfach verboten werden. Doch die Rikscha-Wallahs protestieren. Ihre unwürdige Arbeit ist immerhin Arbeit und für viele Familien die Existenzgrundlage. So ziehen die Männer auch heute noch ihre Kutschen durch die Innenstadt Kolkatas. Gerade im Monsun, wenn schlammiges Wasser kniehoch in den Gassen steht, sind sie oft die zuverlässigsten Transportmittel.

Kolkata ist ein Drecksloch. Schon Günter Grass bezeichnete die Stadt literarisch anspruchslos als »Scheißhaufen Gottes«. Auch Mutter Teresa trug mit ihren Armen- und Waisenhäusern wesentlich zu Kolkatas Ruf einer Elendsmetropole bei. Etwa jeder dritte Einwohner lebt heute in einem Slum. Die Zahlen sind offiziell, erhoben in registrierten Armenvierteln. Wahrscheinlich sind es noch viel mehr, die ihre spärlichen Behausungen irgendwo zwischen dunkle Hauswände quetschen oder entlang der Bahngleise errichten. Hier drängen sich Wellblechbaracken und windschiefe Dächer eng zusammen. Fließendes Wasser gibt es nicht und oft auch keinen Strom. Der Müll in den Gassen verströmt einen beißenden Geruch. Meist sind es Migranten aus dem nahen Bangladesch, die seit mehr als 30 Jahren in illegalen Slums hausen. Sie träumen von einem besseren Leben, vom Glück, das in der großen Stadt auf sie wartet. Als Tagelöhner verdingen sie sich mit dem, was ihnen gerade angeboten wird. Vier von fünf Arbeitern in Kolkata sind ohne Festanstellung. Manchmal verdienen sie etwas Geld, oft nicht.

Hinter den illegalen Baracken erheben sich die vielstöckigen Wohnhäuser der bessergestellten Gated Communities, eingezäunte Gebäudekomplexe mit Stacheldraht und Wachpersonal. Wer hoch genug wohnt, blickt vom Balkon mit Blumentöpfen über eine Betonmauer auf die Stelzenhäuser der Mittellosen. Zwei Welten berühren sich und sind doch weit voneinander entfernt. Dazu kommen die emotional aufgeladenen Geschichten über die Müllkippen der Stadt und die dort lebenden Kinder. Kolkata ist der vorweggenommene Weltuntergang. Doch sosehr die Stadt erschreckt, so sehr fasziniert sie auch. Tatsächlich sind Leid und Not hier nicht größer als in anderen Metropolen des Subkontinents. Kolkata ist mehr als blankes Elend. Die Stadt gehört zum Triumvirat der großen indischen Ballungszentren. Neu-Delhi, Mumbai, Kolkata – Politik, Wirtschaft, Kultur.

Kolkata ist das intellektuelle Zentrum des Landes. Seine Filmszene versteht sich als künstlerisch anspruchsvoll. Sie verweigert sich dem Kitsch Bollywoods und verzichtet sogar auf die so beliebten choreografierten Tanzeinlagen. Stattdessen richtet sie einen kritischen Blick auf das Land, auf die Politik und die Umstände gesellschaftlichen Lebens. Zwei Dutzend Theaterbühnen werden regelmäßig in Kolkata bespielt, und noch mehr Museen zeigen historische und zeitgenössische Schätze. Hochschulen und Kunstakademien sind hier beheimatet. Auch das geschriebene Wort gehört unbedingt zur Stadt. Kolkata beherbergt die größte Bibliothek des Landes mit einer Gesamtregallänge von über 45 Kilometern. Nirgendwo in Indien gibt es so viele Verlage wie hier. In der College Street nahe der Universität von Kolkata stapeln sich in Dutzenden kleinen Läden die Bücher vom Boden bis unter die Decke. Mitten auf dem Bürgersteig befindet sich der größte nicht überdachte Buchmarkt der Welt. Hunderttausende, vielleicht sogar

Millionen Bücher lagern hier. Der Buchmarkt ist thematisch in Gassen gegliedert. Da ist die Gasse für Mathematik, für Biologie, für Literatur. In einer weiteren Gasse liegen Tausende Biografien nebeneinander. Vor allem gebrauchte Bücher wechseln von einer Hand in die nächste. Die Studenten der Stadt bekommen hier ihre Lehrbücher, aber auch Romane, Lyrik und Sachbücher, die weit über die Grenzen der akademischen Wissenswelt hinausreichen.

In der College Street sind wir mit Ravi verabredet, den wir über die Couchsurfing-Plattform kennengelernt haben. Der junge Mann ist ein Kind der Stadt, sein Herz schlägt im Rhythmus der Metropole. Mit ihm schlendern wir entlang des Buchmarktes, bis er uns hinter den Bücherstapeln in den versteckten Eingang eines kolonialen Gebäudes führt. Das Treppenhaus ist eine Zumutung. Rostrote Betelsaftflecken sprenkeln schmutzig grüne Wände, es riecht unangenehm nach Abfall. Ein Bettler hockt auf den ausgetretenen Steinstufen. Im ersten Stock öffnet sich eine Halle. Riesige Rotorblätter schwirren unter der hohen Decke. Wir stehen mitten im Indian Coffee House, einem alten Kaffeehaus aus der britischen Kolonialzeit. Es sieht noch so aus wie vor mehr als 70 Jahren, als die indische Künstler- und Intellektuellenszene, die Bohemiens der 1940er-Jahre und Revolutionäre hier ihren Kaffee tranken. Im Schutz dichter Rauchschwaden diskutierten sie damals darüber, die verhassten britischen Besatzer aus dem Land zu werfen. Hier trafen sich die führenden Köpfe der indischen Unabhängigkeitsbewegung. Nationalisten und Kommunisten schmiedeten gemeinsam Pläne gegen die Kolonialherren.

Heute wie damals sitzen Studenten und Professoren an den eng beisammenstehenden Tischen in dem theatergroßen Saal. Lautstark besprechen sie Neuigkeiten und Skandale aus Wirtschaft und Politik. Die hohen, kahlen Wände sind mittlerweile vergilbt. Ein übergroßes Gemälde hängt an der Wand. Es zeigt den Schriftsteller Rabindranath Tagore, den ersten Nobelpreisträger Asiens, der sowohl für Indien als auch für Bangladesch die Nationalhymnen schrieb. Heute wie damals tragen die Kellner klassisch weiße Hosen, Hemden und Kappen. Sie balancieren verbeulte Tabletts durch die Reihen, auf denen Tee und Kaffee in Porzellantassen schwappen. Ganz hinten links im Saal ist ein letzter Tisch frei. Auf dem Weg dorthin sausen hundert Gesprächsfetzen an uns vorbei. Geschirr klappert und klirrt. Es ist so verdammt laut, dass wir unsere eigenen Worte kaum verstehen. Die Revolution ist schwerhörig geworden.

Das Indian Coffee House schmückt sich mit dem Glanz der Vergangenheit. Der Ruhm zurückliegender Tage ziert viele Ecken Kolkatas. Aus ihm zieht die Stadt bis heute ein unerschütterliches Selbstbewusstsein. Hier war das Machtzentrum des britischen Kolonialreiches, und hier balgte sich die indische Elite in den Jahren der Unabhängigkeitsbewegung. Dabei ist die Stadt noch so jung, dass sie kaum mehr als einen Wimpernschlag der jahrtausendealten Geschichte des Subkontinents miterlebt hat.

1690 suchte die britische East India Company einen geeigneten Ort für eine Niederlassung im westlichen Gangesdelta. Am Ufer des Hooghly, einem Mündungsarm des Ganges, errichtete sie nahe dem Dorf Kalikata ihre Handelssiedlung. Aus Kalikata wurde bald schon Kalkutta. Die Siedlung florierte dank der Nähe zum Meer und wuchs innerhalb weniger Jahre zu einer bedeutenden Handelsstadt. Nach Londoner Vorbild entstanden eindrucksvolle Villen, englische Kirchen, Prachtstraßen, Parkanlagen. Kalkutta entwickelte sich zum wirtschaftlichen und politischen Zentrum der britischen East India Company und wurde Hauptstadt ihres riesigen Einflussgebietes. Knapp 140 Jahre genoss Kalkutta den Platz an der Sonne. Doch 1911 wechselte die Administration nach Neu-Delhi, und auch wirtschaftlich verlor Kalkutta an Bedeutung. Der Hooghly verschlammte und war für die großen Handelsschiffe nicht mehr befahrbar. Dafür spülte die Landflucht immer mehr hoffnungsvolle Menschen in die Stadt.

Wirklich schwer traf Kalkutta die Unabhängigkeit Indiens und die damit einhergehende Teilung von Britisch-Indien in Indien und West- und Ostpakistan. Plötzlich lag die Stadt nur noch am östlichen Rand Indiens. Millionen Religionsflüchtlinge aus dem nahen Ostpakistan drängten nun zusätzlich in die Stadt und brachten die Armensiedlungen Kalkuttas zum Bersten. Unter dem plötzlichen Andrang brach die Lebensmittelversorgung zusammen. Menschen verhungerten auf der Straße: Der Ruf einer Elendsmetropole war geboren. Gerade als sich die Situation besserte und die Neuankömmlinge nach Jahren ihren Platz in der Stadt fanden, brach Krieg zwischen Indien und Pakistan aus. In der Folge wurde Ostpakistan zu Bangladesch, und wieder einmal flohen Hunderttausende nach Kalkutta. In 50 Jahren wuchs die Bevölkerung von 4,5 Millionen auf 13 Millionen Menschen. Diesem gewaltigen Anstieg hielt die Infrastruktur Kalkuttas nicht stand.

Mittlerweile leben offiziell rund 15 Millionen Menschen im Ballungsgebiet der Stadt. Die Pendler, die jeden Tag aus dem Umland kommen, sind nicht mitgezählt, ebenso wenig die Menschen, die wie in der Sudder Street unter Planen wohnen. Sie haben oft nicht einmal Papiere, die ihre Existenz bescheinigen. Niemand weiß genau, wie viele Menschen hier unterwegs sind.

Kalkutta heißt heute Kolkata, und Indiens wirtschaftlicher Aufschwung des zurückliegenden Jahrzehnts dringt auch in die Straßen der einstigen Elendsmetropole. Rund um den Maidan, die grüne Lunge der Stadt, wirkt Kolkata aufgeräumt. Hier kann man frei atmen, ein Gefühl, das in anderen indischen Großstädten durchaus verloren gehen kann. Eine aufstrebende Mittelschicht flaniert durch Einkaufszentren und Geschäftsviertel, trinkt Kaffee in den Filialen globaler Franchiseunternehmen, die aus jedem Heißgetränk einen Lifestyle machen.

Abseits der großen Einkaufsstraßen essen wir mit Ravi und seinen Freunden in einem bengalischen Restaurant Aloo Posto – Kartoffeln mit Opiumsamen in Senfsoße. Alle Tische sind besetzt, dabei ist es noch viel zu früh fürs Abendessen. »Kolkata«, erzählt Ravi, »ist entspannter als der Rest des Landes. Wir haben immer genug Zeit, um in einem Restaurant zu sitzen.« Die Menschen hier sind für ihre Gastfreundschaft berühmt, für ihre bejahende Einstellung zum Leben und für gutes Essen. Kati Rolls, frittierte, mit Ei ummantelte und mit scharfem Hühnchenfleisch oder Paneer gefüllte Wraps, sind der Inbegriff der Snackkultur in Kolkata.

Seit Jahrhunderten ziehen Menschen aus nah und fern in die Stadt. Sie bringen ihre Traditionen mit und tragen zur vielfältigen Küche Kolkatas bei, die über die Landesgrenzen hinaus ihresgleichen sucht. Chinesen, Europäer und Muslime sorgen für Abwechslung. Dazu kommen die verschiedenen indischen Einflüsse vom Punjab bis Tamil Nadu und natürlich die lokale bengalische Küche. In Kolkata gibt es Restaurants, die legal Rindfleisch servieren. In der mehrheitlich hinduistischen Stadt ist Rindfleisch nicht nur toleriert, es ist beliebt. Ravi, selbst leidenschaftlich gern in anderen Ländern unterwegs, kehrt für das Essen immer wieder nach Kolkata zurück. »So eine kulinarische Vielfalt wie in meiner Stadt«, sagt er, »habe ich noch nirgendwo anders erlebt.«

So spannend wie das kulinarische Angebot sind auch die Bräuche, Traditionen und Glaubenssätze in Kolkata. Kali, die schwarze Göttin, ist die Schutzpatronin der Stadt. Sie ist der personifizierte Zorn, die dunkle Seite der Macht, die weibliche Energie des Zerstörers Shiva. Überall in der Stadt sind ihr Tempel geweiht. Der Kalighat-Tempel gehört zu den wichtigsten Kali-Tempeln in ganz Indien und ist für die Hindus der heiligste Ort in Kolkata. Er befindet sich, umgeben von schmalen Gassen und Märkten, mitten in einem Wohngebiet. Bettler und Prostituierte sind mit Vorliebe in dieser Gegend zugange, die räumliche Nähe zu Kali soll ihnen Glück bringen. Täglich pilgern die Gläubigen zum Tempel, um der dunklen Göttin die Ehre zu erweisen. Dabei ist Kali ein schreckliches Wesen. Sie zeigt sich mit grimmiger Fratze und ausgestreckter, bluttriefender Zunge. Abgeschlagene Köpfe baumeln um ihren Hals. Dass Kolkata nicht schon lange untergegangen ist, liegt auch an ihr. Niemand wagt es, sich mit Kali anzulegen. Um ihren Blutdurst zu stillen, werden ihr gelegentlich schwarze Ziegen geopfert. Doch die Hindus verehren ihre dunkle Göttin nicht aus Furcht, sondern aus Dankbarkeit. Ihre zerstörerische Kraft, so glauben sie, ist die Voraussetzung für jeden Neuanfang. Ohne Kali gäbe es keine Zukunft.

Der hinduistische Aberglaube findet nicht nur in den Tempeln statt, sondern auch auf der Straße. Das größte Fest der Stadt, die Durga Puja, ehrt die Muttergöttin Durga in prächtigen Prozessionen. Eine Woche lang feiern Hindus, Sikhs, Muslime und Christen zusammen. Sie schmücken gemeinsam Paradewagen und Altäre, die sie in der Nachbarschaft errichten. Jede Gemeinschaft trägt ihren Teil zum Straßenfest bei. Schon Tage im Voraus werden die leckersten Speisen vorbereitet. Die Durga Puja ist ein soziales Ereignis, das die Menschen über die Grenzen der Religionen zusammenbringt. Während des Festes werden riesige Lehmfiguren der Göttin durch die Stadt getragen. Die meisten von ihnen stammen aus dem Viertel Kumartuli, dem Viertel der Kunsthandwerker und Bildhauer.

Flussaufwärts vom Stadtzentrum befinden sich ihre Werkstätten. Am Fähranleger Baghbazar wirkt Kolkata plötzlich kleinstädtisch, beinahe ländlich. In der heißen Mittagssonne spazieren wir durch menschenleere, verwinkelte Gassen. Ein paar Hunde dösen im Schatten eines Baumes. Enge Pfade führen zwischen Häusern entlang. Sie sind gerade breit genug, um einer Person den Durchgang zu gewähren.

Hinter halb geöffneten Flügeltüren stehen plumpe Strohpuppen in dunklen Werkstätten. Es dauert eine Weile, bis sich die Augen an das wenige Licht gewöhnen. Drinnen ist es angenehm kühl. Große und kleine Figuren lehnen an den Wänden. Sie bilden die Gerüste der Prozessionsfiguren. Handwerker modellieren mit Lehm die Außenhüllen. Sie verwandeln die klobigen Strohbündel in hübsche Wesen mit runden Bäuchen, zarten Gliedern und ausdrucksstarken Gesichtern. Dabei beschränken sich die Handwerker nicht nur auf Durga oder Kali. Das gesamte hinduistische Pantheon wird hier geformt: Shiva, Ganesha, Krishna – selbst Ikonen wie Mahatma Gandhi. Die Figuren dienen je nach Größe für den Hausgebrauch oder werden für Paraden, öffentliche Plätze und Museen angefertigt. Die Bildhauer arbeiten das ganze Jahr, doch ab August, wenn die Durga Puja näher rückt, sind sie besonders eifrig. Dann werden die Götterfiguren nicht nur geformt, sondern auch bunt bemalt und in festliche Kleider gehüllt.

Das Rohmaterial holen die Handwerker aus dem Hooghly. Mit schwerfälligen Frachtkähnen werden Stroh und Schlamm aus dem Flussbett nach Kumartuli gebracht. Auf dem Höhepunkt der Durga Puja werden die Figuren wieder im Hooghly versenkt. Ein ewiger Kreislauf. Für die Bildhauer in Kumartuli gehört Handarbeit zum täglichen Geschäft. Das ganze Viertel ist eine Manufaktur. Die Schneider, Barbiere und Schuster arbeiten hier noch wie ihre Väter und Großväter. Ein Scherenschleifer klappert mit seinem Fahrrad und zwei Dutzend Scheren durch die Gassen. Er radelt an einem jungen Mann vorbei, der Zuckerrohrstangen durch eine mechanische Presse drückt. Hirten treiben eine Ziegenherde am Ufer entlang. Jugendliche baden im Fluss. Sie schwimmen hinaus bis zu den Fähren, die im regelmäßigen Takt den Hooghly befahren, und lassen sich an herabhängenden Reifen durchs Wasser ziehen. Manche Wagemutige klettern hinauf auf die Boote, um mit einem Salto zurück in die Fluten zu springen.

An Bord einer dieser Fähren fahren wir flussabwärts. Die Ufer des Flusses sind geschäftig. An den Ghats waschen die Bewohner der Stadt erst sich selbst und dann ihre Kleider. Nach zwei Kilometern passieren wir die Howrahbrücke. Sie ist Kolkatas Wahrzeichen und eine der verkehrsreichsten Brücken der Welt. Stahl und Abgase gehören hier unweigerlich zusammen. Etwa eine Million Menschen passieren täglich die Brücke. Sie wechseln zwischen Kolkata und der Schwesterstadt Howrah am gegenüberliegenden Ufer hin und her. Klapprige Linienbusse, Lastwagen, hupende Autos und Taxis schieben sich gemächlich über die Brücke. Aber auch Fußgänger sind unentwegt auf ihr unterwegs. Für Zehntausende Pendler, die in katastrophal überfüllten Zügen täglich den Bahnhof Howrah erreichen, ist die Brücke das Tor nach Kolkata.

Nicht weit entfernt, am südöstlichen Ende der Howrahbrücke, befindet sich der Blumenmarkt am Mullick Ghat. Rund um die Uhr werden hier Blumen im großen Stil verkauft. Lastenträger schultern Tausende Blüten und Knospen in gigantischen Körben. Das Gedränge ist riesig. Wer auch immer in Kolkata Blumen braucht, kommt hierher. Das gilt für Hotel-

und Restaurantbesitzer ebenso wie für Veranstalter von Konferenzen oder Hochzeitsfeiern. Täglich werden orangefarbene und gelbe Ringelblumenblüten zu langen Tempelgirlanden gebunden und Gestecke für religiöse Zeremonien arrangiert.

Abends sitzen wir mit Ravi und ein paar Freunden in einem Wohnzimmer, irgendwo in der Megametropole. Eine Flasche Old Monk – süßer indischer Rum – steht auf dem Tisch, dazu eine Wasserpfeife. Wir quatschen über Indien, Korruption auf allen Ebenen und darüber, dass nur zwei Prozent der Einkommen im Land versteuert werden. Ravi kennt sich aus, spürt er doch für die Regierung Steuerhinterziehung auf. Wir sprechen aber auch über die in den letzten Jahren erstarkende hindunationalistische Bewegung unter Premierminister Modi. Darüber, dass die Politik im Land unter religiösen Einfluss gerät. Das liberale Indien, das in den 1970er-Jahren Ziel vieler Hippies und Aussteiger war, gibt es heute nicht mehr.

Einer der Freunde in unserem Kreis ist Rahul. Ein gutmütiger junger Mann, der beim Lächeln den linken Mundwinkel lässig nach oben zieht. Doch wenn er über den Istzustand Indiens spricht, verschwindet die Milde aus seinem Blick. Der wachsende Nationalismus macht ihm Angst. Er fürchtet sich vor dem immer heftiger propagierten Hinduismus als einzigem Weg Indiens. In seiner Fantasie entwickelt sich das Land in 20 Jahren zu einem System, wie es heute im Iran herrscht. Ravi geht es nicht anders. Die beiden Freunde halten wenig von ihrem Premierminister und dessen Politik. Doch politischen Unmut in der Öffentlichkeit auszudrücken wird immer unangenehmer. Ravi fürchtet um seinen Job, wenn er sich kritisch positioniert. Schon ein Gespräch mit Fremden kann gefährlich werden. Immer wieder kommt es zu Gewalt, weil radikale Hindus, ermutigt durch die gegenwärtige politische Linie, weder Kritik noch Vielfalt dulden.

Auch wir erleben während unserer Zeit in Indien den wachsenden Hindunationalismus. In einem Land, das seit Jahrhunderten von religiöser Vielfalt geprägt ist, werden öffentliche Äußerungen gegen Minderheiten immer populistischer und radikaler. Hinduistische Bürgerwehren attackieren christliche und muslimische Einrichtungen. Indien ist mit mehr als 1,3 Milliarden Einwohnern natürlich viel zu gigantisch und kulturell verschieden, als dass eine Entwicklung nicht auch Gegenbewegungen mit sich ziehen würde. Doch die indische Gesellschaft ist roh. Im überbevölkerten Land herrscht ein ständiger Überlebenskampf. Es gibt keine Rücksicht auf Geschlecht oder Alter. Wir haben gesehen, wie ältere Frauen von Männern aus der vollen U-Bahn gedrückt wurden, weil diese selbst noch hineinwollten. Wir haben gesehen, wie Wortgefechte in Sekunden zu Schlägereien wurden und Menschen mit Holzlatten aufeinander losgingen. »Das Ego«, erzählt Rahul, »ist das Wichtigste in Indien. *Money matters*, danach kommt die Familie und dann alles andere.« Das romantische, verspielte Bild, das Bollywood von Indien zeichnet, rauscht kolossal an der Wirklichkeit vorbei.

Jemand rollt einen Joint. Das Gras stammt aus eigenem Anbau, die Samen aus dem Himalaja. »Zum Glück gibt es Kolkata«, lächelt Ravi. Hier hatten die Kommunisten lange eine Hochburg, verwalteten 34 Jahre lang ununterbrochen die Stadt und die umliegende Provinz Westbengalen. Weltweit hielt sich weder davor noch danach eine demokratisch gewählte kommunistische Regierung so lange im Amt. Wenn Ravi über seine Heimatstadt spricht, interpretiert er sie gern als Gegenpol zu Neu-Delhi und Mumbai. In Kolkata laufen die Dinge einfach anders. Die Menschen sind hier kulturell näher an Europa. Sie geben ihre Einkommen eher für Bücher und Reisen aus als für Autos und die neueste Technik. Außerdem sind die Menschen lieber angestellt als unternehmerisch tätig. Die meisten großen Firmen in der Stadt werden deshalb von Zugezogenen geleitet.

Fußball ist in Kolkata wesentlich beliebter als Indiens Nationalsport Kricket. Die Premier League und La Liga sind ständige Gesprächsthemen. Die Nationalmannschaften von Argentinien und Brasilien haben hier große Fanlager. Mit Stolz erzählen Rahul und Ravi, dass Oliver Kahn sein letztes Spiel für die Bayern gegen ihren Verein Mohun Bagan in Kolkata spielte. Gemeinsam haben die Freunde einen Förderverein gegründet: *FIIOB – Football Is In Our Blood.* Sie wollen mit dem Fußball die Gleichberechtigung zwischen Jungen und Mädchen voranbringen, aber auch das Bewusstsein für Umweltschutz und Müllvermeidung stärken.

Was wäre Kolkata in einem Wort, wollen wir wissen. Die Antwort kommt überzeugend schnell: Solidarität. Das ist es, was die Stadt zusammenhält. »Kolkata«, so sagt Ravi, »ist die Stadt, in der Hindus zu Weihnachten Schlange stehen, um in einer jüdischen Bäckerei von Muslimen gebackenen Kuchen zu kaufen.« Was nach utopischer Religionsverständigung klingt, passiert tatsächlich. Weihnachten ist nach der Durga Puja das zweitgrößte Fest der Stadt, obwohl nur ein Prozent der Bevölkerung Christen sind. Dann sind die Straßen überall in Kolkata beleuchtet, die Menschen feiern, treffen sich mit Freunden, essen und trinken gemeinsam. Die berühmteste Bäckerei Kolkatas ist die jüdische Bäckerei Nahoum and Sons. Während der Weihnachtsfeiertage stehen hier Hunderte Menschen Schlange und warten oft stundenlang auf den besten Kuchen der Stadt. Die meisten von ihnen sind Hindus. Die Mitarbeiter der Bäckerei sind Muslime.

Zwei Kilometer von der Bäckerei entfernt befindet sich die Synagoge von Kolkata. Sie wird seit Generationen von muslimischen Hauswarten und Verwaltern betreut. Die jüdische Gemeinde umfasste in der ersten Hälfte des 20. Jahrhunderts noch 4000 bis 6000 Mitglieder. Heute sind es weniger als 30, aber noch immer erfüllen die muslimischen Angestellten ihren Dienst. Juden und Muslime sind in Kolkata freundschaftlich miteinander verbunden. »Kolkata hat nicht viele Sehenswürdigkeiten. Es sind die Menschen, die der Stadt die Seele geben«, erzählt Ravi zum Abschluss. Wir prosten uns mit Old Monk zu. Kolkata begegnet jedem mit entwaffnender Menschlichkeit. Über der Stadt liegt ein atmosphärisches Netz aus Widersprüchen, hier tanzt jeder auf seine eigene Weise. Kolkata kann man nicht besuchen, man muss die Stadt fühlen.

ZWISCHENSPIEL BANGLADESCH

MORTEN

In Kolkata ist es wieder einmal so weit. Unsere Visa laufen aus, und wir beschließen, das Nachbarland Bangladesch zu besuchen. Es ist ein Katzensprung. Bangladesch, so hören wir von Ravi, sei wie Indien vor 30 Jahren. Er meint es mit vollem Respekt, obwohl er selbst nicht alt genug ist, um sich an ein Indien von vor 30 Jahren zu erinnern.

Dhaka, die Hauptstadt des Landes, ist eine wilde, vollgestopfte Stadt. Fahrräder und Elektrorikschas drängen durch die Straßen und in die Nähe des Stadtviertels Sadarghat am Ufer des Burigangas. Aus einem schaukelnden Boot heraus verkaufen zwei Männer Kaffee, Kekse und lauwarme Erfrischungsgetränke. Mit ausgestreckten Armen reichen sie die Waren hinauf auf die Pontons. Vor allem Tagelöhner gehören zu ihren Kunden. Sie bilden die Schar der Träger, die vom frühen Morgen bis zum späten Abend Waren mit Muskelkraft verladen. Hier gönnen sie sich eine kurze Pause, erfrischen sich mit süßem Milchtee, rauchen Zigaretten.

Wir besteigen einen rostenden orangefarbenen Koloss, 60 Meter lang und acht Meter hoch. Es ist ein Schaufelraddampfer, der sich bereits knapp 100 Jahre über die Flüsse des Landes schleppt. Der verbeulte Metallkörper über dem niedrigen Kiel hat die besten Tage fürwahr hinter sich. Der Anblick ist charmant morbide, erinnert an eine längst vergangene Zeit. Mit ihm tuckern wir hinein in das Geflecht aus 700 Flüssen, das Bangladesch durchzieht.

Wir kommen nach Kushtia, nach Khulna, nach Bogra und lernen die kulturellen und natürlichen Schätze des Landes kennen. Wir kaufen uns T-Shirts, die zu den hochwertigsten Kleidungsstücken gehören, die wir je getragen haben, werden Zeugen, wie Schiffsriesen mehr oder weniger legal abgewrackt werden, erleben Überschwemmungen in Chittagong und einheimischen Strandurlaub in Cox's Bazar. Bangladesch fasziniert uns mit einer Fülle an undurchdringlicher Vegetation und herzlichen wie angenehm zurückhaltenden Menschen.

Dann kehren wir zurück nach Indien, schlürfen Tee in Darjeeling und lassen uns in den feuchten Wäldern von Sikkim von Dutzenden Blutegeln anzapfen. Wir sind wieder in den Bergen, wieder im Himalaja, diesmal in einer anderen Ecke. Ein schmaler Korridor führt zwischen Bhutan und Bangladesch in den Nordosten Indiens. Er dient als Schleuse in eine andere Welt. Hier fließt der Brahmaputra, Indiens einziger männlicher Fluss, durch die Ebene von Assam. Er kommt aus dem Hochgebirge, und dorthin kehren wir zurück.

IN KONGTHONG PFEIFT MAN JING-WAI-JAU-BEY

MORTEN

Langsam buckelt der massige Geländewagen über die stark beanspruchte Piste mitten durch die Wälder der östlichen Khasiberge. Hier im fernen indischen Bundesstaat Meghalaya, einem der sieben Bundesstaaten, die zusammen den abgelegenen Nordosten Indiens bilden, reisen nur ein paar Dorfbewohner mit uns. Tiefe Furchen zeichnen ihre wettergegerbte Haut, vom Betelsaft rotfleckige Zähne leuchten zwischen ihren Lippen. Mandelförmige Augen schauen müde aus dem Fenster. Die Gesichtszüge Südostasiens sind hier im Nordosten Indiens bereits weitverbreitet. Die Fahrt gleicht einem Rodeoritt. Jeder Stoß lässt die Insassen von ihren Sitzen aufspringen. Immer wieder gerät der Wagen in tiefe Schlaglöcher, aus denen sich der Fahrer nur mühsam befreien kann. Entlang einer steil abfallenden Wand schlängelt sich die Straße, die erst vor wenigen Jahren in den Fels geschlagen wurde. Dennoch mutet sie wie ein lange vergessenes Überbleibsel an. Für die Kartografen von Google-Maps existiert die Straße nicht.

Ab und an passieren wir winzige Siedlungen. Gedrungene, windschief gemauerte Baracken und leichte Holzhütten schieben sich über den Abhang. Passagiere steigen aus, niemand steigt ein. Nach zwei Stunden, in denen das Gefährt gerade einmal 24 Kilometer zurücklegt, endet die holprige Fahrt auf einem Hügelkamm. Das letzte Dorf, eine Sackgasse. Nur noch der Fahrer sitzt mit uns im Auto. Wir sind in Kongthong. Das Handy zeigt keinen Empfang an.

Auf der Dorfstraße vergnügen sich Kinder mit Hüpfspielen und selbst gebastelten Gewehren. Ihr Lachen weht mit dem Wind über den Hügel hinaus. Doch außer ihnen scheint das Dorf menschenleer. In meiner Hand halte ich einen Zettel. »Pynshai« steht darauf geschrieben. Eine Adresse fehlt, denn in Kongthong gibt es weder Straßennamen noch Hausnummern.

Da wir niemanden nach dem Weg fragen können, ziehen wir einfach los. Etwa 100 Familien leben im Ort, arbeiten auf den Feldern entlang der Hänge. Mit trockenen Palmenwedeln überdachte Holzhütten stehen neben einfachen Häusern, deren verputzte Wände rostige Wellblechdächer tragen. Feuerholz stapelt sich vor den Behausungen. Dazwischen wuchert üppiges Grün. Mangobäume wachsen neben ausladenden Bananenpflanzen. An Wäscheleinen tropft bunte Kleidung. Drei Brunnen versorgen das Dorf.

Zehn Minuten später stehen wir auf einer Terrasse und überblicken Ananas- und Tigergrasplantagen. Dahinter ragen die umliegenden, von wildem Bambus und Flechten bewachsenen Berge empor, und selbst die Ebene von Bangladesch ist

287

in der Ferne sichtbar. Pynshai steht neben uns, reicht uns zwei Tassen süßlich duftenden Tee.

Erst vor wenigen Tagen hatten wir uns in Guwahati, der Hauptstadt des Nachbarstaates Assam und Drehkreuz des indischen Nordostens, das wir mehrfach ansteuerten, kennengelernt. In einem Café kamen wir ins Gespräch, und Pynshai lud uns ein, sein Heimatdorf und das Haus seiner Familie zu besuchen. Der junge Mann, gerade 21 Jahre alt, ist ein Schlaks mit wachen Augen und einem fröhlichen, zufriedenen Wesen. Er legt den Finger an seinen Mund und deutet mit der anderen Hand auf sein Ohr. Aus den weitläufigen Feldern dringen Pfiffe und Laute zu uns herauf. Mehrsilbig klingen sie durch die Plantage, fliegen die Hänge entlang. Es ist Erntesaison, und fast alle Dorfbewohner sind auf den Feldern im Einsatz. Pynshai stößt einen Ruf aus, der wie »*Wuhu Wu*« klingt. Und aus dem Feld ertönt eine gepfiffene Antwort. In Kongthong kommunizieren die Menschen mit solchen Tönen, Pfiffen und Gesängen. *Jing-wai-jau-bey* nennen sie die Pfeifgeräusche in ihrer eigenen Sprache Khasi. Zudem erhält jedes Kind, das in Kongthong geboren wird, von der Mutter eine unverwechselbare Melodie, die bereits während der Schwangerschaft immer und immer wieder gesummt wird.

Die etwa 500 Einwohner des Dorfes rufen sich untereinander nur mit diesen Tonfolgen. Dabei gleicht kein Ton dem anderen, auch wenn sie für Außenstehende wie uns oft zum Verwechseln ähnlich klingen. Die Dorfbewohner können jeden einzelnen Ruf unterscheiden. Pynshai kennt etwa 40 Töne, mit denen er seine Familie, Freunde und Nachbarn ruft. Früher, lange bevor er zum Studium in die Stadt zog, war sein Repertoire noch viel umfangreicher. Natürlich hat auch der angehende Ingenieur seinen eigenen Ton, ebenso wie seine Schwester, die er nun weiter unten im Dorf anpfeift. Wie alle Frauen in Kongthong trägt sie ein langes, über einer Schulter geknotetes Tuch, das bis weit über die Knie reicht. Wir fragen Pynshai nach ihrem offiziellen Namen, dem Namen, der auf den indischen Personalausweis gedruckt wird. Pynshai überlegt, lässt sich mit der Antwort Zeit und zuckt letztendlich die Schultern. Den Namen seiner Schwester habe er noch nie benutzt.

Über den Ursprung dieser Pfiffe und Rufe wird viel spekuliert. Genaue Antworten gibt es nicht. Vielleicht übermittelten sich einst heimliche Liebespaare Nachrichten, indem sie von einem Berg zum anderen pfiffen. Heute sind die Rufe Teil der Identität der Dorfbewohner. Für sie sind ihre Töne so wichtig und bedeutend, so allgegenwärtig, wie es Namen für uns sind. Mütter pfeifen wie selbstverständlich nach ihren Kindern, wenn es Zeit ist, nach Hause zu kommen, und jede Bekanntschaft wird schon aus der Ferne mit ihrem eigenen Ton gegrüßt.

In den Ausläufern des südlichen Himalajas schallen die Rufe über die Hänge. Immer wieder sind sie aus dem dichten Buschwerk zu hören. Bis in die späten Abendstunden dringen sie zu uns empor. Pfiffe erklingen aus der Nähe. Über größere Entfernungen werden sie zu Lauten, zu Rufen. Mit ihren höheren Frequenzen reisen die Töne viel weiter entlang der Hänge und über die Täler, als es der Klang eines herkömmlichen Namens vermag. So kommunizieren die Bewohner Kongthongs im

Dickicht des umliegenden Waldes und der hoch aufragenden Tigergrasplantagen miteinander. Ohne einander zu sehen, wissen sie, wer in ihrer Nähe oder in den benachbarten Feldern arbeitet.

Erst nach Sonnenuntergang kehren die meisten Dorfbewohner von den Feldern zurück. Dann ertönen nicht nur Pfiffe und Rufe, sondern auch die Klänge der Trommeln und der Tangmuri, einer Spielart der Oboe, im Dorf. Stumme Blitze zucken über den nächtlichen Himmel, erleuchten die Berge für Sekundenbruchteile. Dann beginnt der Regen. Ein paar Tage verbringen wir mit Pynshai in Kongthong, lernen die Bewohner kennen. Mehrmals täglich kehren wir im einzigen Teehaus des Ortes ein. In der winzigen, grob gezimmerten Hütte ist gerade einmal Platz für sechs oder sieben Gäste. Das schmale Angebot umfasst Tee und trockene Kekse. Überhaupt gibt es in ganz Kongthong nur ein Geschäft, in dem Zigaretten, Erdnüsse und Betel verkauft werden. Was nicht selbst im Dorf produziert wird, besorgen die Bewohner kilometerweit aus anderen Gemeinden. Bis vor einigen Jahren bedeutete das einen eintägigen Fußmarsch. Mittlerweile fährt jeden Morgen ein Geländewagen zu den nächstgelegenen Märkten. Es ist das einzige Fahrzeug, das Kongthong verlässt.

Auf unseren Streifzügen zeigt uns Pynshai auch die kleine Kirche, die von etwa 15 christlichen Familien in Kongthong genutzt wird. Die überwiegende Mehrheit der Dorfbewohner sind jedoch Animisten. Sie glauben an Geister und die Beseeltheit der Natur, die sie mit Ehrfurcht und Respekt behandeln. Kongthongs Bewohner, deren Ahnen einst aus dem heutigen

Myanmar und Thailand kamen, sind ausgesprochen zurückhaltend. Auf Fremde reagieren sie schüchtern. Viele Frauen im Ort verbergen lachend ihr Gesicht, wenn wir versuchen, sie anzusprechen, kleine Kinder verstecken sich hinter größeren, andere verschwinden blitzschnell in ihren Hütten. Doch mit Pynshai an unserer Seite haben wir die Möglichkeit, am Dorfleben teilzunehmen und etwas mehr über Kongthong zu erfahren. In einem konservativen Land wie Indien, das seit jeher patriarchal beherrscht wird, folgt die Gemeinschaft in Kongthong einem matrilinearen System. Kinder nehmen den Nachnamen der Mutter an, Frauen verwalten Geld und Eigentum, wenn ein Paar heiratet, zieht der Ehemann zur Familie seiner Frau.

Unsere Spaziergänge durch Kongthong werden häufig von Pfiffen und Tönen aus der Umgebung begleitet. Das »Wuhu Wu« gelingt auch uns mittlerweile ganz gut. Es bedeutet »Wer ist da?« und ist ein immer wiederkehrendes Geräusch draußen in den Feldern und Plantagen. In anderen Siedlungen der östlichen Khasiberge wurde in der Vergangenheit ebenfalls auf diese Weise kommuniziert. Doch mit der Erschließung der Region durch Straßen und Mobilfunknetze stirbt die Tradition langsam aus. Nur die Einwohner Kongthongs bewahren bis heute diesen wohl jahrhundertealten Brauch.

KURIOSES AUS INDIEN: SURVIVAL OF THE FITTEST

Indien ist ein gnadenlos überbevölkertes Land, und der Alltag gleicht einem Kampf ums Überleben. Es wird geschubst und gedrängelt, mit Ellenbogen der Weg freigeräumt. Da werden Menschen in großen Städten mit voller Wucht gegen Wände gestoßen, und sie blicken dabei nicht einmal von ihren Handys auf. Wo sich bei uns geordnete Schlangen bilden, entsteht in Indien eine homogene, aufgeregte, drängelnde Masse. Hier gilt der darwinsche Grundsatz: »*Survival of the Fittest*«. Der Stärkere gewinnt. Es gibt kein Pardon. Zeitdruck ist ein weiterer Faktor. Man muss immer als Erstes irgendwo rein oder wieder raus. Sei es im Kino, im Straßenverkehr oder im Restaurant. Das Gefühl des Getriebenseins ist ein Dauerzustand. Die Phänomene verstärken sich proportional zur Einwohnerzahl einer Stadt und finden ihren Höhepunkt in Metropolen wie Neu-Delhi, Mumbai oder Chennai.

TEER – INDIENS SKURRILES GLÜCKSSPIEL IN SHILLONG

MORTEN

In einer grob gehauenen Hütte hockt ein Mann in staubigen Hosen. Er hantiert mit Hunderten gesplitterten Pfeilen. In seiner Nähe riecht es nach billigem Whiskey und schlechtem Bier; ein Geruch, der sich in den rohen Mauern der Hütte festgesetzt zu haben scheint. Sonnenlicht blinzelt durch die niedrige Türöffnung und wirft meinen Schatten ganz in seine Nähe. Ich trete ein, verschmelze mit dem Halbdunkel. Erst jetzt hebt der Mann den Kopf. Ein schmales Lächeln, dann beugt er sich wieder wortlos über seine Arbeit. Er ist der Doktor der Geschosse. Seine Patienten sind gebrochen und unbrauchbar. Jetzt flickt er sie, behandelt ihre schmalen Körper mit Klebstoff, fixiert Brüche mit Bindfäden. In Windeseile umwickelt er Schaft für Schaft und schichtet sie zu einem spitzzackigen Gebirge auf.

In diesem Moment gehört er zu den wichtigsten Männern in Shillong, der Hauptstadt des indischen Bundesstaates Meghalaya, den die Briten einst aufgrund der hügeligen grünen Landschaft und des kaum enden wollenden Regens als »Schottland

293

des Ostens« betitelten. Hier treffen die Kulturen des Subkontinents und Südostasiens aufeinander und gehen betörende, skurrile und manchmal kaum zu glaubende Verbindungen ein. Der Nordosten Indiens ist auf der Landkarte der meisten Reisenden noch immer ein weißer Fleck, eine Region, über die wenig, aber dafür Fantastisches berichtet wird. Nach ein paar Minuten ist die Arbeit des Doktors getan. Bandagiert und fast geheilt gelangen die Pfeile aus der Hütte wieder hinaus ins Tageslicht des späten Nachmittags, wo sie von etwa 30 Bogenschützen und einem großen Publikum erwartet werden.

Hier, hinter dem städtischen Polofeld in Shillong und versteckt hinter hohen Mauern, findet ein Wettbewerb statt, der die Menschen weit über die Stadtgrenzen hinaus in Atem hält. Teer nennen sie ihr Spiel, eine Bogenschusslotterie, der Tausende verfallen sind. Dabei schießen Bogenschützen Hunderte Pfeile auf einen mit Stroh gefüllten, einen Meter hohen Zylinder. Buchmacher nehmen Wetten entgegen, wie viele Pfeile wohl treffen; wie viele Pfeile danebengehen. Die Gewinnzahl ergibt sich aus den letzten beiden Ziffern der Menge der ins Ziel eingeschlagenen Pfeile. Treffen zum Beispiel 498 Pfeile den Strohzylinder, dann gewinnt die 98, treffen 812 Pfeile, lautet die Gewinnzahl 12. Es ist ein Glücksspiel sondergleichen, und um es noch ein wenig interessanter zu machen, wird das Ganze mit einer Prise Magie verfeinert. Vor jedem Wetteinsatz ziehen die Buchmacher die Träume der Glücksritter zurate. Dabei schlagen sie in einem eigens dafür zusammengestellten Katalog zu jedem Traum die passende Zahl nach. Wer etwa von einer Kuh, einer Ziege oder einem Büffel geträumt hat, dem raten die Buchmacher gleich mehrere Ziffern, auf die zu wetten sei. Hat man im Schlaf mit Geistern gesprochen, empfehlen die Buchmacher ein paar andere Nummern. Wer in seinem Traum dagegen mit einer Handpumpe, einem Schneidewerkzeug oder einem Hammer hantiert hat oder aber einem aus Ziegelsteinen gelegten Pfad gefolgt ist, setzt sein Geld am besten auf die 71. Selbst die geträumte Bratpfanne hat ihre eigene Nummer.

An kleinen Büdchen und in lockeren Verschlägen, die überall in der Stadt verstreut sind, erliegen vor allem Männer der Verheißung des Glücksspiels. Hier setzen sie Bares in freudiger Hoffnung; manch einer vielleicht auch in stiller Not. Die Beträge reichen gewöhnlich bis zu 100 Rupien – etwas mehr als einem Euro und viel Geld in diesem Teil der Welt. Auf dem Schießplatz hinter dem Polofeld werden an sechs Tagen in der Woche in zwei Runden jeweils bis zu 1000 Pfeile verschossen. Nur am Sonntag bleibt der Schießplatz im christlich geprägten Meghalaya leer. Dann nämlich sitzen die Männer beim Gottesdienst in der Kirche und waschen anschließend hingebungsvoll ihre Autos.

Doch nun drängen sich die Schaulustigen unter einem leicht bewölkten Himmel um die Schützen. Dahinter sitzen die Buchmacher in improvisierten Bambusverschlägen. Ein Dach, ein Tisch, ein Stuhl, mehrere Telefone. Jeder der rund zwei Dutzend Buchmacher bietet eine verlockende Quote: 1:60! Vor ihnen scharen sich die Bewohner der Stadt; die Arbeiter, Tagelöhner, Geschäftsmänner, Bauern.

Gerade bereiten sich die Schützen auf die zweite Runde der Lotterie vor. Im Halbkreis hocken sie um das mit Stroh

295

gestopfte Ziel. Dahinter ragt ein Erdwall einen halben Meter in die Höhe. Die Männer spannen ihre Bögen, schießen Probepfeile auf alte Maiskolben, ziehen an Zigaretten, kauen ihr Kwai, in Betelblätter gewickelte Arekanüsse, mit rostroten Zähnen. Es sind alte und junge, dicke und dürre, faltige, glatte, haarige, glatzköpfige. Was sie eint, sind die vom Leben gezeichneten Gesichter. Whiskeyflaschen wandern durch die Reihen der Schützen und Zuschauer; von einer Hand zur anderen. Aus dem Hintergrund brüllt eine kehlige Stimme über die Köpfe der anderen hinweg. Pfeile werden verteilt. Vor jedem Schützen liegen etwa 25 Geschosse. Wetten werden gesetzt, immer hektischer. Ein letztes Schulterklopfen. Das Adrenalin steigt. Plötzlich taucht eine schmale Gestalt an meiner Seite auf, die mir gerade bis zur Brust reicht. Glasige Augen schauen mich aus einem runzligen Gesicht an. Der Whiskeygeruch aus der Hütte des Doktors steigt mir erneut in die Nase. Das schüttere Haar des Mannes bedeckt ein alter, schief sitzender Trilby – jener kleine energische Hut für lange Feste und ausschweifende Feiern, der überall in Indien mit Stolz getragen wird. Gemeinsam lehnen wir an einem Pfosten. Er selbst spiele ja selten, erzählt mir der Alte mit vom Kwai rot gefärbten Zähnen. Vielleicht ein- oder zweimal im Monat. Vor einiger Zeit habe er von einem Tiger geträumt und sei am nächsten Tag sofort zu einem Buchmacher gelaufen. Er habe auf die 99 gesetzt, die Zahl des Tigers, sei so sicher gewesen und habe dennoch verloren – 100 Rupien auf und davon.

»Gambling«, so sagt er, »ist nur etwas für Geschäftsmänner, nicht für die einfachen Leute.« Dann berichtet er von den

Anzugträgern aus den Casinos, die im feinen Zwirn horrende Summen setzen. Seine Stimme klingt nach Abscheu, seine Augen glitzern vor Bewunderung. Teer ist lukrativ. Nach oben gibt es keine Grenze. Gelegentlich setzen Glücksritter mehrere Hunderttausend Rupien auf eine einzige Nummer. Sogar aus dem 3000 Kilometer entfernten Mumbai trudeln Wetteinsätze per Telefon ein. Millionen Rupien werden jeden Tag verspielt. Die letzten Sekunden bis zum ersten Schuss der zweiten Runde verstreichen ebenso wie die Chance auf eine allerletzte Wette. Auf ein Signal, das ich verpasst habe, schwirren plötzlich Dutzende Pfeile durch die Luft. Die meisten schlagen ins Ziel, andere in den Erdwall dahinter.

Ununterbrochen feuern die Schützen, nur gelegentlich innehaltend, um das Ziel neu zu fokussieren. Der Bogenschütze vor uns, ein kleiner, breitschultriger Mann mit gutmütigen Zügen, kommt aus dem Rhythmus. Während seine ersten Pfeile allesamt das Ziel treffen, verschießt er nun ausnahmslos. Erst zwei, dann drei, dann fünf Pfeile. In dieser Schwächephase hilft nur noch absetzen, durchatmen, neu starten. Und tatsächlich trifft er danach regelmäßiger. Aus Dutzenden Pfeilen werden Hunderte, und noch immer zischen die Geschosse dem Ziel entgegen, bohren sich rasend in den Zylinder. Die Anspannung im Halbrund ist greifbar. Niemand spricht, stattdessen starren alle Augenpaare angestrengt dem Ziel entgegen, Schweißperlen benetzen die Stirn, zusammengepresste Hände zerknittern Wettscheine. Das Spektakel dauert gerade einmal fünf Minuten. Dann schnellt ein Leinentuch in die Höhe, verdeckt das Ziel vor nachträglich abgefeuerten oder verirrten Pfeilen.

297

Fünf Offizielle übernehmen jetzt die Verantwortung. Sie zählen nacheinander die Pfeile, die das Ziel getroffen haben. Ganz nah um sie herum hocken die Schützen zusammen mit dem noch immer hoch konzentrierten Publikum. Gemeinsam verfolgen sie jede Bewegung der Punktrichter. Nach elend langen Minuten sind die Geschosse ausgezählt. Das Ergebnis steht fest: Glücklich, wer auf die 71 wettete. Wir können es dagegen nicht fassen. Es ist keine 20 Minuten her, da standen wir vor einem der Buchmacher und setzten mehr zum Spaß, aber dennoch siegesgewiss 50 Rupien auf die Zahl unseres Vertrauens: die 72. Es ist ein einziger Pfeil, der uns vom 60-fachen Gewinn trennt. 3000 Rupien! Was wir damit hätten anstellen können: zum Beispiel 40 Thalis essen oder 300 Chai trinken.

Die Bogenschusslotterie ist vorbei. Langsam verstreut sich die Menge, ohne weitere Worte zu verlieren. Kein Fluchen, keine Jubelschreie. Geisterhaft leert sich der Schießplatz. Still und unaufgeregt strömen die Männer zurück in die Stadt, zu ihrer Arbeit, zu ihren Familien, ins nächste Biergeschäft. Die Pfeile, bereits nach Farben sortiert, werden den entsprechenden Schützen und ihren Vereinen, die aus den umliegenden Dörfern anreisen, zurückgegeben. Jeder Schütze erhält 300 Rupien für den Tag. Aber schon morgen sind sie wieder da, bereit, den Träumen der Wagemutigen erneut ihren Dienst zu erweisen.

KURIOSES AUS INDIEN: ZWISCHEN CHINOOKS UND BLACK HAWKS — INDISCHE HELIKOPTERELTERN

Indische Eltern sind immer da. Sie bestimmen in der Regel, was ihre Kinder studieren, welchem Beruf sie nachgehen, wo sie wohnen und wen sie heiraten. Den Kindern kommt es gar nicht in den Sinn, ihren Eltern zu widersprechen, auch wenn sie sich ein ganz anderes Leben wünschen. Stattdessen arrangieren sie sich mit den Vorstellungen ihrer Eltern.

THEMBANG –
IN DEN BERGEN VON
ARUNACHAL PRADESH

ROCHSSARE

Zusammen mit Sonam sitzen wir in einem Pick-up. Sein fülliges Gesicht mit dem dunklen, gelfrisierten Schopf wechselt zwischen Fahrbahn und uns hin und her. Er ist Ingenieur, erzählt er uns, arbeitet für ein Telekommunikationsunternehmen in der Kleinstadt Bomdila. Dorthin nimmt er uns auf dem Weg nach Thembang mit. 100 Kilometer gemeinsamer Fahrt entlang gefährlicher Serpentinen liegen vor uns.

Die wuchtigen Gipfel des östlichen Himalajas sind ganz nah und doch so weit. In den gewaltigen und zerfurchten Ausläufern können wir das Hochgebirge nur erahnen. Wir sind in Arunachal Pradesh, dem nördlichsten der als *Sieben Schwestern* bekannten Bundesstaaten im Nordosten Indiens und eingekesselt zwischen Bhutan, China und Myanmar. Abrupt erheben sich die Berge aus der mit Palmen- und Bananenhainen bedeckten Ebene von Assam. Affen sitzen in den Wäldern am Straßenrand und warten darauf, irgendetwas unachtsam Weggeworfenes zu ergattern. Als die Straße ansteigt, bleiben sie zurück. Aus dem lückenlosen Asphalt wird bald eine schmale, löchrige Piste, die sich zwischen Felswand und Abgrund immer tiefer ins Gebirge windet. In den Schluchten und Tälern kommen wir nur langsam voran. Arunachal Pradesh zu bereisen ist nicht leicht. Die Straßen sind schmal und rutschig, biegen in Haarnadelkurven um schroffe Felswände. Ein Unfall wird hier schnell zur Katastrophe. Immer wieder stürzen Fahrzeuge in die Tiefe oder werden von Erdrutschen mitgerissen. Wer als Tourist nach Arunachal Pradesh kommt, benötigt eine spezielle Einreiseerlaubnis, das sogenannte Protected Areas Permit (PAP). Zwar ist Arunachal Pradesh eine friedliche Region, grenzt aber an den großen Nachbarn und Rivalen China, der Arunachal Pradesh nicht als Teil Indiens anerkennt. Immer wieder kommt es in den Bergen zu Scharmützeln. Der politische Frieden ist relativ.

Kulturell, sprachlich und religiös tauchen wir in Arunachal Pradesh in eine andere Welt. In den verstreuten Tälern leben etwa 100 verschiedene Ethnien, die mit mehreren Dutzend Klein- und Kleinstsprachen kommunizieren. Es sind Menschen des Waldes, Menschen der Berge. Sie gehören zu den Adi, Apatani, Memba, Monpa und vielen anderen ethnischen Gruppen, die einst aus Tibet und Myanmar einwanderten. Indien ist plötzlich verschwunden. Kolkata, Neu-Delhi oder Varanasi sind nicht nur geografisch, sondern auch kulturell weit weg.

Entlang der holprigen Straße wächst dichtes Grün an schwindelerregenden Hängen, die sich irgendwann zu den schneebedeckten Bergkuppen an der Grenze zu Tibet aufschwingen. Unter uns rauscht und gurgelt der Kemang aus den Bergen heraus. Bunte buddhistische Gebetsfahnen flattern entlang der Strecke im Wind. Jäh ragt massives Gestein über uns empor, und schon nach ein paar Kilometern sind wir zu einer ersten Pause gezwungen. Ein Erdrutsch blockiert die Straße. Nichts Ungewöhnliches hier. Bagger räumen riesige Felsbrocken aus dem Weg. Schweres Metall kratzt an hartem Gestein. Dann stürzen die Felsen tosend in den Abgrund.

Sonam betrachtet die Arbeiten ohne große Gefühlsregung. »Das passiert hier alle paar Tage«, lässt er uns wissen. Straßen im Himalaja sind immer für eine Überraschung gut. »Wer hier unachtsam ist, kommt nicht weit.«

Nach einer Stunde ist der Weg wieder frei, und Sonam lenkt seinen Pick-up wie einen Sportwagen über die mit losen Steinen übersäte Piste. Ganz lässig lehnt er sich mit hochgekrempelten Hemdsärmeln in den Fahrersitz, führt den Wagen wenige Zentimeter am Abgrund vorbei. Vor dem Sturz in die Tiefe hat er offensichtlich keine Angst. Was ihn beunruhigt, ist die Felswand. Immer wieder geht sein Blick hinauf ins Gestein. Sonam kontrolliert die Überhänge, die aufragenden Felsbrocken, sucht mit den Augen rollende Steine und rutschende Erde, um dann schnellstmöglich aus der Gefahrenzone zu preschen.

Im Inneren des Wagens schaukeln wir hin und her. Sonam kennt die Strecke, ist das Schlingern gewohnt. Für uns sind die endlosen Kurven zu viel. Übelkeit zieht vom Magen hoch bis in die Brust. Ich atme schwer. Die atemberaubende Landschaft hinter der Fensterscheibe rückt in weite Ferne. Kopfschmerzen kommen hinzu. Es fehlt ein weiter Horizont, an dem das Gehirn die beständige Bewegung ausgleichen könnte.

Dabei sind es nicht nur die Kurven: Die Straße ist über weite Strecken katastrophal, von Erdrutschen kaputt geschlagen und vom Regen ausgewaschen. Holprige Spurrillen, geformt vom schweren Lastentransport ins Gebirge, sind tief in den Untergrund graviert. Verbeulte Lkws und Sumos, die indischen Geländewagen und wichtigsten Transportfahrzeuge zwischen den rauen Tälern, quälen sich über die schmale, buckelige Fahrbahn.

Seit sieben Jahren wird an der Straße bereits gebaut, erzählt uns Sonam, und doch ist sie vollständig heruntergekommen. Frauen und Männer in einfacher Kleidung marschieren entlang des Abgrunds. Sie gehören zu den Arbeitskolonnen, die am Straßenrand Steine klopfen und lehmige Erde umlagern. Ihr Werk ist eine Sisyphusarbeit, die der nächste Erdrutsch wieder zunichtemacht. Ab und an passieren wir winzige Siedlungen. Oft nicht mehr als ein Dutzend Häuser, vor denen runzlige Frauen in robusten Stoffen sitzen. Sie verkaufen kleine, saure, saftige Bergäpfel an die wenigen Vorbeifahrenden.

Sechs Stunden schlängeln wir uns mit Sonam durch scharf zerklüftete Täler und Schluchten, bis wir Bomdila erreichen. Sechs Stunden für 100 Kilometer. Die kleine Stadt ist ein lang gezogener Ort am Hang, mit einem buddhistischen Kloster und niedrigen, rostigen Wellblechhütten am Stadtrand. Bezirksverwaltung. Durchgangsstation. Hier entspannt sich mein Magen wieder.

Am nächsten Morgen müssen wir nicht lange auf eine weitere Mitfahrgelegenheit warten und erreichen noch am Vormittag das kleine Dorf Munna. Hier wachsen Limetten und

Granatäpfel in den Gärten, die den Hang hinauf liegen. Auch Bananen und Erdnüsse gedeihen rund um die etwa 100 Wohnhäuser im Tal. Hinter Munna führt eine rumplige Seitenstraße steil bergauf. Zu steil fast, um sie mit unseren Rucksäcken zu bezwingen. Ein Pick-up brummt heran. Hinter dem Steuer sitzt ein junger Mann, der uns ohne viele Worte durch dichten Nebelwald weit hinauf in bergige Höhen bringt. Auf knapp 2200 Metern über dem Meeresspiegel erreichen wir unser Ziel: Thembang – ein winziges Dorf, bewohnt vom Stamm der Monpa. Devraj, ein Freund aus Guwahati, den wir noch besuchen werden, hatte uns von dieser kleinen Siedlung erzählt, von dem beschaulichen Leben und der beschwerlichen Anreise. 300 Kilometer liegen zwischen Guwahati, das direkt am Südufer des Brahmaputra liegt, und Thembang. Drei Tage waren wir unterwegs.

Thembang gehört zu den versteckten Schätzen in Arunachal Pradesh. Das ist nicht weiter erstaunlich, denn Arunachal Pradesh selbst ist noch weitgehend unerschlossen. Wir mieten uns im Bauernhaus eines älteren Ehepaares ein Zimmer am Rand des Dorfes. Öffnen wir die Fenster, so breitet sich ein vorzügliches Panorama vor uns aus. Der Blick fällt hinunter ins Tal. Wild wucherndes Grün steigt hinab und erklimmt auch auf der gegenüberliegenden Seite die Hänge. Dort verschwindet es in pummeligen Wolken, die an den Rändern der Berge rasten. Tiefe Schluchten durchschneiden die Gegend. Der Fluss Dirang sprudelt weit unter uns durch die Landschaft. In dieser fesselnden Kulisse erhebt sich Thembang auf dem Rücken eines Hügels.

Von der UNESCO geschützt, gehört Thembang zu jenen Orten, die mich aus der Wirklichkeit reißen. Hier scheint die Zeit Hunderte Jahre stehen geblieben zu sein. Eine gewaltige Steinmauer, erdig und grob gehauen, umschließt das winzige Dorf auf einer Fläche von nicht einmal zwei Fußballfeldern. Einer Festung gleich ragt sie monumental empor. Wir nähern uns über ausgetretene, ungleichmäßige Stufen, die hinauf zu einem turmhohen, knubbeligen Tor führen. Schlingpflanzen ranken darüber hinweg. Maisähren nicken schüchtern über die Mauern. Hier leben seit unzähligen Generationen die Monpas, eine von mehr als 100 verschiedenen indigenen Ethnien in Arunachal Pradesh. In dieser abgelegenen Ecke treffen Einflüsse aus Tibet und Bhutan auf das vielschichtige kulturelle Gemisch Nordostindiens und fusionieren in einem Schmelztiegel, der die Kulturen des indischen Subkontinents, Südostasiens und der Himalajaregion in sich eint.

In Thembang wirtschafteten die Monpas bereits im Mittelalter hinter den Mauern ihres Dorfes. Überhaupt zählt die Siedlung zu den ältesten in der Region, die nachweislich schon in der Jungsteinzeit bewohnt war. Hinter dem fünf Meter hohen Eingangstor führen enge Gassen vorbei an Fachwerkhäusern auf steinernen Fundamenten. Dunkle Wände, vom Ruß geschwärzt, stehen sich gegenüber, werfen ihre Schatten übereinander. Dorfbewohner sehen wir nicht, stattdessen umgibt uns eine merkwürdige Stille. Beinahe unheimlich wirkt das menschenleere Dorf. Als wären wir Eindringlinge an einem verbotenen Ort. Daran ändern auch die Hühner nichts, die kopfnickend mit ihren Küken über erdige Wege stolzieren. Graue Wolken ziehen am Himmel vorüber, verdecken die Sonne. Es schaudert mich, und ich kann nicht sagen, ob es nur an der plötzlichen Kälte liegt. Eine Katze schnurrt mit ihren Jungen unter einer Veranda.

Dann entdecken wir doch jemanden. Über einer offenen Feuerstelle, die aus nicht mehr als drei sich gegenüberstehenden unbehauenen Felsbrocken besteht, röstet eine ältere Frau Erdnüsse in einer eisernen Pfanne. Unseren Gruß erwidert sie nicht, scheint nicht einmal Notiz von uns zu nehmen. Es ist, als wären wir Geister, die durch einen fremden Ort schweben. An beinahe jedem Haus lehnt meterhoch gestapeltes Feuerholz. In den Ecken liegen leere Kanister, Baumaterial, Werkzeuge.

Ein paar Häuser weiter flickt ein Mann auf der Schwelle seiner Tür ein paar Schuhe. Maiskolben trocknen unter den Dächern, während bunte Wäsche im lauen Wind tänzelt. Mit Lehm verputzte Bambuswände sind zwischen stabilen Holzpfeilern eingelassen. Sie bilden die Außenwände vieler Häuser im Dorf. Andere Behausungen sind komplett aus Stein errichtet, reichen vier oder fünf Meter in die Höhe. Wieder andere sind aus bestem Kiefernholz gezimmert. Alle eint die hohe Türschwelle, die sowohl böse Geister als auch Ungeziefer aus dem Haus halten soll.

Die Häuser in Thembang werden noch immer nach jahrhundertealter Tradition errichtet. Die Handwerkskunst der Monpas geht von einer Generation zur nächsten über. Kein Beton, keine Lastenkräne, keine Helme, kein Arbeitsschutz. Stattdessen eine Dorfgemeinschaft, die zusammen ihr Leben gestaltet. Aus der Moderne kommend, wirkt Thembang wie eine Kulisse der Vergangenheit. Ganze 42 Häuser befinden sich in der Ummauerung Thembangs, die von den Monpas Dzong genannt wird. Dabei bezeichnet ein Dzong eigentlich eine buddhistische Klosterfestung, die vor allem im Nachbarland Bhutan, aber auch in Tibet aufgrund ihrer ausgereiften Architektur berühmt ist. Doch die Festungsanlage in Thembang ist viel älter als vergleichbare Klöster in Bhutan und Tibet. Bereits im 10. Jahrhundert sollen die Mauern errichtet worden sein und dienten möglicherweise als Vorläufer für die architektonische Entwicklung in den benachbarten Regionen.

Wir schlendern immer weiter zwischen den Häusern umher. Eine mittelalterliche Atmosphäre liegt über dem Dorf. Ab und an linst ein Knirps aus der Entfernung in unsere Richtung. Die übrigen Dorfbewohner zeigen sich zurückhaltend. Gebetsfahnen flattern zwischen den Häusern. Halbierte Plastikkanister dienen als Blumentöpfe. Solarzellen fangen die Kraft der Höhensonne und erleichtern das althergebrachte Leben mit moderner Technik.

Zwei junge Männer zerstoßen in einem riesigen hölzernen Mörser Reiskörner. Dabei wuchten sie immer wieder zwei massive Stößel in das Gefäß. Ihre Bewegungen sind routiniert. Beinahe mechanisch funktionieren die beiden im Takt. Puffend gehen die Stößel nieder, zerreiben mit leisem Knirschen den Reis. Alte Männer stecken rauchend die Köpfe zusammen. Poppiger Hindi Rap dringt aus einem der Häuser mitten in Thembang. Davor lehnt ein junger Mann am Geländer eines Balkons. Sein Blick schweift gedankenverloren über den Hof unter ihm. Ein winziges Geschäft verkauft eine geradezu rührend wirkende Auswahl an Chips, Instantnudeln und Zigaretten. Auf niedrigen Dächern trocknen Chilischoten in der Sonne. Jemand schwenkt Reis in einem breiten, geflochtenen Teller und trennt so die letzten Hülsen von den Körnern. Unaufgeregtes Leben herrscht in Thembang, einfach in seiner Gesamtheit. Wer die große Abwechslung sucht, wird sie hier nicht finden, und doch ist der Blick in dieses uralte Dorf in den Bergen spannend.

Ein paar Gärten und Felder schmiegen sich um Thembang. Hier wachsen Mais und Bohnen, Kalebassen, Kohl und Chilis. Lustig angezogene Vogelscheuchen stehen steif in der Gegend herum. Das alles gehört der Gemeinschaft. Grund und Boden sind in Thembang in öffentlicher Hand.

Auf der anderen Seite des Dorfes stehen wir vor einem zweiten Tor. Nicht ganz so wuchtig wie das Eingangstor dient es als Ausgang aus der Festung. Steile Stufen führen hinab. Hier treiben Hirten ihre Tiere hinaus auf die Weiden.

Hinter Thembang erhebt sich ein steiler, grün bewachsener Hügel. Wild wuchernde Gärten säumen die schmalen Stufen. Auf etwa halber Höhe sitzt ein Mann vor seinem Haus, murmelt Mantras und zählt die Glieder seiner Gebetskette. Oben auf dem Hügel befindet sich die Gompa Thembangs, die buddhistische Versammlungshalle. Davor, zu unserer Rechten, ragt ein weißer Stupa empor. Die buddhistischen Augen der Weisheit schauen von ihm in nepalesischer Tradition in alle vier Himmelsrichtungen. Eine Manisteinmauer mit in Stein gemeißelten buddhistischen Mantras umschließt ihn.

Ganz in der Nähe schleppt ein krummer Mann ein schweres Bündel Feuerholz. Mühsam stützt er sich auf einen langen Stock. Ein Beil baumelt an seiner Hüfte. Als er uns sieht, bricht ein ulkiges Kichern aus ihm heraus. Vielleicht hat er nicht mehr alle beisammen, denke ich noch, da streckt uns die Gestalt auch schon strahlend die Hände entgegen und schüttelt unsere enthusiastisch. Er brabbelt ein paar Worte, die er mit seinem Glucksen unterlegt, dann buckelt er das schwere Holz die Stufen hinab nach Thembang. Eine Gestalt, der Gegenwart entrückt, so wie Thembang selbst.

Die Gompa ist ein einfaches, weiß getünchtes Gebäude im tibetischen Stil. Eine große Gebetsmühle steht neben dem dunkelroten Eingangstor. Sie ist bis zum Rand mit aufgeschriebenen Mantras und der Lehre Buddhas gefüllt. Tausendfach wiederholen sich die heiligen Schriften in ihrem Inneren. Es heißt, jede Umdrehung einer Gebetsmühle aktiviert alle in ihr enthaltenen Mantras und Sätze. Schon eine leichte Bewegung entfesselt ihre spirituelle Kraft. Sie strömt hinaus in die Welt und verteilt großflächig Karmapunkte. Für die Buddhisten im Himalaja sind Gebetsmühlen uralte Triebwerke des Glücks und Wegweiser ins Nirwana. Sie zu drehen gehört zur täglichen religiösen Praxis. Hier oben vom Hügel hat man den besten Blick auf Thembang und die Berge der Umgebung. Nicht weit entfernt sitzen ein junger buddhistischer Mönch und ein vielleicht fünfjähriger Junge am Rand des Hügels, unterhalten sich mit einem fantastischen Blick hinab ins Tal.

Wenig später sitzen wir in der geräumigen Küche unserer Unterkunft. Es ist mit Abstand der größte Raum im Haus und düster wie eine Höhle. Töpfe und Pfannen hängen an einer

rußgeschwärzten Wand. Eine Feuerstelle befindet sich dane-
ben. Über den Flammen köchelt duftendes Curry in einem
Kessel vor sich hin. Eine einsame Glühbirne hängt von der
Decke, taucht die fensterlose Kochstube in schummriges Licht.
Wer durch die abgelegene Bergwelt von Arunachal Pradesh
reist, landet früher oder später genau hier – in der Küche einer
Privatunterkunft. Sie ist der einzige Ort, der warmes, deftiges
Essen garantiert. In Thembang und all den anderen kleinen
Dörfern der Region leben die Menschen als Bauern und Selbst-
versorger. Es gibt keine nennenswerten Geschäfte, keine Res-
taurants oder Cafés, in denen Reisende eine warme Mahlzeit
ordern könnten. Wir schlürfen heißen Tee, lassen uns anschließend Reis und Kohl schmecken. In der Küche ist es frisch, die
Portionen sind einfach, aber reichhaltig – wunderbare Bedingungen, um sich satt zu essen.

Nach Sonnenuntergang wird es in wenigen Augenbli-
cken kalt. Die dicken Wolldecken auf unseren Betten reichen
gerade so gegen die Kälte. In Thembang ist es still. Ein paar
Sterne funkeln weit über der Festung des Dorfes. Das tägliche
Leben folgt dem Stand der Sonne. So kommt es, dass wir am
nächsten Morgen gegen 5:30 Uhr auch schon wieder wach sind.
Das Geplauder der Frauen vor unserem Fenster ist ein unfrei-
williger Wecker. Aber sie sind nicht die Einzigen. Die ersten
Bewohner verlassen die Mauern Thembangs, machen sich auf
den Weg zu den Feldern und in den Wald, schlendern vorbei
an wassergetriebenen Gebetsmühlen und Manisteinmauern.
Sie dreschen ihre Ernten, sammeln heilende Kräuter – folgen
den Lebensweisen ihrer Ahnen.

Wir verlassen Thembang, wie wir gekommen sind. Die schmale Straße führt hinab ins Tal. 14 Kilometer sind es bis nach Munna, von denen wir knapp die Hälfte laufen, bevor uns ein Lkw des indischen Militärs auf seiner Ladefläche mitnimmt. Gemeinsam mit ein paar Soldaten rumpeln wir bis an die Hauptstraße. Die Männer in Olivgrün halten gerade eine Truppenübung in den abgelegenen Bergen ab. Sie proben den Ernstfall. Vom Rivalen China trennen sie nur ein paar Bergrücken. Auch wir kommen dem Reich der Mitte noch etwas näher, denn unsere Reise durch Arunachal Pradesh hat gerade erst begonnen.

MECHUKA, DAS VERBORGENE TAL

MORTEN

Auf dem Weg nach Mechuka machen wir auf weichen grauen Kissen in der Wohnung unseres Couchsurfing-Gastgebers Devraj in Guwahati Station. Tenzin knurrt uns mürrisch an. Benannt nach Seiner Heiligkeit Dalai Lama XIV. ist der Hund fast genauso alt, aber nicht annähernd so ausgeglichen wie das spirituelle Oberhaupt der Tibeter. Tenzin hört schwer und sieht auch nicht mehr besonders gut. In unserer Gegenwart ist Tenzin immer ein bisschen misstrauisch, und selbst in seinen entspannten Momenten fletscht er die Zähne, wenn wir ihm zu nah kommen. Tenzin gehört zu Devraj. Der Mann Anfang 30 ist Tourguide und freischaffender Fotograf für Indiens große Tageszeitungen und internationale Reisemagazine. Devraj ist ein angenehmer Kerl, ganz anders als sein Hund. Mit ihm verbringen wir stickig heiße Julitage in der Ebene von Assam im Nordosten Indiens. Vergnügliches Nichtstun verbindet uns. Chai dampft in Gläsern. Zigarettenrauch wabert durch die schwere Luft. Devraj liebt die Natur, gegrilltes Schweinefleisch und Marihuana. Wenn es die Trägheit des Tages erlaubt, sitzen wir deshalb oft im Burgerladen eines Freundes, der uns wahnsinnige Triple-Pork-Burger serviert und anschließend von seinem selbst gezüchteten Gras schwärmt.

Später treffen wir Jubi, die verkatert in ihrem Outdoor- und Trekkinggeschäft versucht, den Tag zu überstehen. Die letzte Nacht verlief wild. Die wenigen Kunden, die heute vorbeikommen, sind allesamt befreundet. Bierflaschen klirren, denn zu Jubis Ausrüstungsgeschäft gehört auch ein Restaurant, das ehrlicherweise eine Bar ist. Am Abend sind wir immer noch hier. Mittlerweile ist ein ausgedehnter Freundeskreis eingetroffen. Tourguides, Freiberufler, Musiker, Visagisten, ein Ex-Junkie, der in Guwahati ein Entzugszentrum leitet, ein Schauspieler, der gerade seine erste Kinoproduktion in Mumbai abgedreht hat. Auch Jubis Freund Godzi ist dabei, ein Typ, groß wie ein Bär, der gerade eine zehntägige Schweigemeditation beendet hat und seine Rückkehr nun mit einem ordentlichen Rausch feiert. Devraj und seine Freunde sind die hedonistische Speerspitze der Stadt und weit entfernt davon, sich um materielle Dinge sorgen zu müssen. Guwahati ist klein und die Zerstreuungsmöglichkeiten sind überschaubar. Jubis Lokal ist eine der wenigen Konstanten im darbenden Vergnügungsbetrieb. Hier beginnen und enden zahlreiche Anekdoten. Jeden Abend treffen wir bekannte Gesichter, trinken, lassen es uns gut gehen.

An den heißen Nachmittagen, die Guwahati in einen Brutkasten verwandeln, liegen wir auf den weichen grauen Kissen unter einem brummenden Deckenventilator. Tenzin atmet schwer. Devraj erzählt vom Nordosten Indiens. Seine Leidenschaft sind die Berge und die darin versteckten abgelegenen Täler. Besonders die Region Arunachal Pradesh hat es ihm angetan. Ginge es nach Devraj, könnten wir Monate dort verbringen. Da wir aber Arunachal nur mit einer 30-tägigen Sondererlaubnis bereisen dürfen, müssen wir aussieben. Das ist gar nicht so leicht, denn Devraj wirft mit Superlativen um sich. Begeistert erzählt er von zauberhaften Seitentälern, von spektakulären Bergpässen, von schneebedeckten Gipfeln, bewaldeten Hängen, freundlichen Menschen und den Traditionen der unterschiedlichen Ethnien. Sangti, Tawang, Ziro, Tuting – Informationsüberflutung. In all seinen Ausschweifungen taucht ein Name immer wieder auf: Mechuka. Mittendrin in Arunachal Pradesh und weniger als 30 Kilometer von der Grenze zu China entfernt, befindet sich das abgelegene Tal. Atemberaubend sei es, erklärt Devraj mit leuchtenden Augen. Er spricht von eisigen Flüssen, grünen Weiden, dunklen Wäldern, herzlichen Menschen und einer Kultur, die Tibet näher ist als Indien. Noch vor zwei Jahrzehnten war Mechuka vom Rest des Landes abgeschnitten und nur mit einer Propellermaschine zu erreichen. Erst zu Beginn der 2000er-Jahre wurde auf militärisches Drängen hin eine Straße durch die Berge geschlagen, die Mechuka an das indische Verkehrsnetz anschloss.

Von Guwahati folgen wir dem Brahmaputra stromaufwärts bis Dibrugarh. Der wasserreiche Fluss speist die fruchtbare, tropische Ebene Assams. Hier gedeihen Reisfelder und Bananenplantagen, Papayas wachsen am Straßenrand. Berühmt ist Assam aber für den herben Tee, der hier angebaut wird und fast die Hälfte der indischen Teeproduktion ausmacht. Bei

Dibrugarh biegen wir ans Ufer des Brahmaputra ab. Ein junger Mann winkt uns. Auf der Frontscheibe seines Kleinwagens klebt ein großes rotes L. Es steht für »Learning Licence« und ist das Grundübel des indischen Verkehrs. Sobald die theoretische Fahrprüfung bestanden ist, darf man in Indien für drei bis sechs Monate als Fahranfänger auf eigene Faust am Straßenverkehr teilnehmen. Danach folgt die praktische Prüfung, und weil niemand verbindliche Regeln lernt, herrscht auf Indiens Straßen ein unbeschreibliches Chaos.

Hinter dem Brahmaputra erreichen wir Pasighat in Arunachal Pradesh. Die Straße wird holprig. Schlaglöcher reihen sich aneinander, Staubwolken wirbeln hinter den wenigen vorbeifahrenden Autos auf. In ihrem Inneren erhöht sich das Verletzungsrisiko bei einer Geschwindigkeit von 20 Kilometer pro Stunde exponentiell. Blaue Flecken gehören in den Bergen dazu. Auf der Rückbank eines Pkws schaukeln wir auf und ab. Mein Kopf klatscht mehrfach gegen die Seitenscheibe. Der Wagen ächzt. Um uns herum erhebt sich majestätischer Urwald in sattem Grün. Wir folgen dem Brahmaputra und anschließend dem Fluss Siyom, bis wir in der beginnenden Dämmerung Kamba erreichen. Unsere Mitfahrgelegenheit ist das letzte Auto auf der Straße. Im schummrigen Licht des ausgehenden Tages rollen lediglich eine Handvoll Mopeds mit hustendem Auspuff durch das Dorf.

Am Ortsausgang warten wir neben einem Schulinternat. Aus dem oberen der drei Stockwerke winken uns Dutzende Kinder aufgeregt zu. »*Are you foreigner?*«, wollen sie wissen, und als wir ihre Frage bejahen, flippen sie völlig aus. Wir sind die ersten Ausländer, die sie zu Gesicht bekommen. Unsere Ankunft spricht sich schnell herum. Männer und Frauen versammeln sich um uns. Zwei Stimmen sprechen uns neugierig, aber höflich an, stellen Fragen, übersetzen unsere Antworten für die Umstehenden. Dann laden sie uns ein, in der Versammlungshalle des Dorfes zu übernachten. Wir lehnen ab, wollen niemandem Umstände bereiten. Stattdessen bauen wir unser Zelt in der einbrechenden Dunkelheit auf einer Wiese neben dem Internat auf, und als unsere Zuschauer merken, dass es nichts mehr zu besprechen gibt, ziehen sie sich nach und nach zurück.

Im Schutz der Nacht schlendern vier junge Männer heran. Wiegender Schritt. Sie beobachten uns, ohne dass klar wird, was sie eigentlich wollen. Es bleibt nicht der letzte Besuch. Erst kommen zwei jugendliche Pärchen, die im Dunkeln mit uns Selfies machen wollen, und als wir schon im Zelt liegen und schlafen, klopfen plötzlich Männer an die Zeltplane, mit denen wir jedoch keine gemeinsame Sprache finden. Was sie wollen, verstehen wir nicht, und auch sie verschwinden irgendwann.

Am nächsten Morgen bringen wir etwas mehr Aufregung ins Dorf, als uns lieb ist. Jeder unserer Schritte wird beobachtet. Sprechen wir eine Person an, reagiert sie mit verlegenem Kichern. Die Einwohner Kambas gehören zur Ethnie der Adi, die in mehreren Tälern Arunachal Pradeshs beheimatet ist. Ihre traditionellen Häuser gehören zu den schönsten, die wir in Indien gesehen haben. Auf Dutzenden Stelzen erhebt sich ein riesiges Gebäude aus Bambus und Holz einige Meter über dem Boden. Mehrere Generationen leben hier zusammen. Getrocknete Wedel der Palmyrapalme bilden das Dach. Aber das Beste ist die umlaufende Terrasse, die als Lager und Trockenplatz dient, zudem auch ein Ort für soziales Miteinander ist. Hier sitzen die Alten und Jungen, erledigen Hausarbeit, essen gemeinsam, hier spielen die Kleinkinder, hier werden Nachbarn und Freunde zum gemütlichen Beisammensein empfangen. Mit einer Handvoll frittierter Bananen, die wir an einer Bambushütte am Straßenrand gekauft haben, stehen wir dort und warten. Und warten. Erst nach fünf Stunden hält ein klappriger Geländewagen. Zwei ältere Männer fahren mit uns in Richtung Tato, etwa 100 Kilometer von Kamba entfernt. Die Straße bleibt rumpelig. Fünf ermüdende Stunden holpern wir durch die Berge. Lediglich die hübsch bewaldeten Hänge schmeicheln unseren Augen.

Etwa 15 Kilometer vor Tato erreichen unsere Fahrer ihr Ziel: sechs Häuser in einer Kurve am Abhang. Kein Ort, an dem wir bleiben wollen. Stattdessen schultern wir unsere Rucksäcke und marschieren los. Dunkle Wolken hängen am Himmel. In den letzten Stunden fiel Regen, nicht heftig, aber ausreichend, um die einsame Piste matschig und rutschig werden zu lassen. Ein angeschwollener Bergbach rauscht über die Straße und versperrt uns den Weg. Zu Fuß kommen wir nicht weiter. Nach etwa einer Stunde nähert sich ein Sumo. Darin sitzen drei Männer aus Kerala; christliche Missionare, die vom Priester in Tato eingeladen wurden, um in den Bergen Animisten zu bekehren. Unter der Bezeichnung Donyi-Polo, Sonne und Mond, werden Natur- und Geisterglaube sowie Schamanenkult in Arunachal Pradesh zusammengefasst. Sie alle entstammen tibetobirmanischen Kulturen. Die Donyi-Polo-Bewegung versucht, dem kulturellen Mosaik der indigenen Bevölkerung eine einheitliche Identität zu geben, um sie weniger angreifbar für christliche, aber auch hinduistische Missionierungsversuche zu machen.

Als wir Tato erreichen, ist es bereits dunkel. Eine Straßenlaterne erleuchtet einen Teil des Ortes. Wenige Menschen sind noch unterwegs, die uns, die Fremden, in ihrem kleinen Dorf willkommen heißen. In der beginnenden, kühlen Nacht drückt uns eine ältere Frau zwei Tassen Chai in die Hände, die sie aus ihrem Haus am Hang herausbalanciert. Zwei junge Mädchen begleiten uns auf der Suche nach einem Schlafplatz durch das Dorf. Sie schlagen vor, dass wir in der Kirche übernachten. Uns ist das eigene Zelt jedoch lieber, und so regeln die beiden in kurzer Zeit, dass wir auf dem Schulhof am Ortsende zelten dürfen.

Als die Mädchen sicher sind, dass wir nichts weiter benötigen, ziehen sie sich zurück. Dafür besucht uns der Dorfpfarrer mit seiner Entourage. Auch die drei Missionare aus Kerala gehören dazu. Wir unterhalten uns freundlich und werden eingeladen, im Schulgebäude zu übernachten. Die Nacht wird sehr kalt, versichert der Pfarrer. Wir ziehen es vor, im Zelt zu bleiben. Unter der Plane kennen wir uns aus. Es ist ein kleines Zuhause, und wenn es wirklich kalt werden sollte, haben wir es dort sicher wärmer als in den hohen und weiten Schul- oder Kirchengemäuern. Allein die Hoffnung reicht nicht aus. Die Nacht wird tatsächlich kalt, bitterkalt. Wir tragen die komplette Kleidung aus unseren Rucksäcken und bekommen trotz-

dem vor lauter Zittern kein Auge zu. Als die ersten Sonnenstrahlen über die umliegenden Gipfel fallen, kriechen wir aus
dem Zelt, packen mit steifen Gliedern zusammen und stehen
bald darauf wieder am Straßenrand. Der klare Morgen hüllt
Tato in ein geschmeidig warmes Licht. Auch hier stehen die
Häuser auf Stelzen, sind aber weniger ausladend als in Kamba.
An den Hang gebaut, ragen die Stelzen dafür etwa fünf bis
sechs Meter empor.

In Tato beginnt der Tag mit dem Sonnenaufgang. Kinder
basteln Propeller, indem sie zwei Pappstreifen im 90-Grad-
Winkel auf einem Stock befestigen und mit ihm über steinige
Pfade laufen. Hühner, Schweine, Hunde und Katzen wackeln
entlang der einzigen Straße. Ein Mädchen aus dem Haus
gegenüber spielt mit einer Maus in der Hand.

Die ältere Frau, die uns gestern Abend schon mit zwei
Bechern Chai beschenkte, reicht uns zum Frühstück eine
gewaltige Gurke, die so lang und dick ist wie mein Unterarm.
Auch die beiden Mädchen, die uns auf dem Schulhof einquar-
tierten, schauen noch einmal vorbei und bringen uns einen
Beutel voller Guaven. Doch nicht alle Dorfbewohner begegnen uns so vertrauensvoll. Besonders den Jüngsten sind wir
suspekt. Die meisten Kinder wagen sich nur rennend an uns
vorbei. Dabei verliert ein Mädchen ihren Schuh. Nach einigem
Zögern kommt sie mit langsamen Schritten und tapferem Herzen zurück. Ohne uns aus den Augen zu lassen, sammelt sie
ihren Schuh ein und ist flink wie der Wind verschwunden.

Eine Handvoll Militär-Lkws donnern durch den beschaulichen Ort. Es ist Zeit für Truppenübungen, mal wieder. In

den Bergen Arunachal Pradeshs probt die indische Armee den Ernstfall. Die Region ist politisch umkämpft. Sie gehörte einst zum südlichen Teil Tibets, doch dann einigten sich britische und tibetische Diplomaten auf eine Grenze entlang der knapp 900 Kilometer langen McMahon-Linie, die über den Gipfelkamm des östlichen Himalajas von Bhutan bis zum Brahmaputra führt. China erkennt diese Grenze allerdings nicht an, weshalb es nach einem kurzen Krieg 1962 bis heute immer wieder zu Provokationen entlang der Grenzlinie kommt. Auch deshalb ist das indische Militär regelmäßig in den Bergen präsent.

Die Sonne steht mittlerweile weit über den umliegenden Bergen, und wir warten noch immer am Straßenrand. Die meisten Dorfbewohner haben sich an unseren Anblick gewöhnt. Nur ab und zu fliegt noch ein neugieriger Blick zu uns herüber. Neben der Straße steht ein Haus auf einer Anhöhe. Wilde Blumen und Ranken wachsen im Garten hinter einem verwitternden Holzzaun. Eine Frau sitzt davor, die zwischen 30 und 50 Jahren jedes Alter haben könnte. Sie sei Krankenschwester, erzählt sie, und wenn wir am Abend noch immer hier warten würden, könnten wir in ihrem Haus die kommende Nacht verbringen. Es ist ein großzügiges Angebot, von dem wir hoffen, dass wir es nicht annehmen müssen. Noch bleibt uns viel Zeit. Doch als gegen zehn Uhr ein Hühnertransporter durch Tato bollert und uns nicht mitnehmen möchte, obwohl er nach Mechuka fährt, schwindet unsere Hoffnung drastisch. Seit wir am Vorabend in Tato angekommen sind, ist dieser Transporter das erste nichtmilitärische Fahrzeug, das sich auf den Weg nach Mechuka macht. Vielleicht war das gerade unsere einzige Chance.

Stunden vergehen, jetzt aber immer langsamer. Die Sonne steht an ihrem höchsten Punkt, und bis auf ein paar Hühner, die ahnungslos in der Gegend herumpicken, ist niemand zu sehen. Zwei weitere Pkws rumpeln durch Tato in Richtung Mechuka. Beide sind bis auf den letzten freien Zentimeter belegt. Aber dann, es ist bereits 15 Uhr, juckelt ein Sumo mit quietschenden Stoßdämpfern heran. Zusammen mit der Krankenschwester, die an unserem Schicksal unerwartet großen Anteil nimmt, beschwören wir den Fahrer. Und tatsächlich dürfen wir einsteigen. Überglücklich schwingen wir uns samt Gepäck auf die Rückbank. 20 Stunden haben wir in Tato ausgeharrt. Zum Abschied winken wir unserer freundlichen Helferin, bis wir nach kurzer Zeit hinter einer Kurve verschwinden. Es liegen noch 47 Kilometer bis nach Mechuka vor uns. Mit dem Auto etwa zweieinhalb Stunden.

Und dann endlich öffnet sich das Mechuka-Tal vor uns. Hügel schwingen sanft daraus hervor. Trockene Gräser und dürres Gestrüpp kleiden sie in ein Gewand, das mal beige, mal sandfarben, mal braun und mal gelblich leuchtet. Ganz im Gegensatz dazu tragen die Kiefern, die in Gruppen zusammenstehen, ein dunkles, kräftiges Grün. Die schneebedeckten Gipfel des Hochgebirges rahmen das lang gestreckte Tal.

Schlaglöcher malträtieren die Radaufhängung unseres Sumos. Die buckelige Piste führt ins Dorf Mechuka auf über 1800 Höhenmetern. Es besteht aus einer Handvoll Straßen, die um einen großen weißen Stupa in der Ortsmitte führen. Buddhistische Gebetsfahnen wehen vor den hölzernen Wohnhäusern. Bunte Wellblechdächer schmücken den Ort. Blau, Grau, Rot, Rost. Feuerholz ist meterhoch an Hauswände gestapelt. Wir finden ein Gästezimmer im Haus einer hier lebenden Familie. Einfach ist es, gemütlich. Wände, Böden, Decken, alles besteht aus Holz. Die Küche ist das Zentrum. In der Mitte des Raumes köchelt Chai über rauchigen Flammen. Hier versammeln sich die Familienmitglieder, essen gemeinsam, wärmen sich am Feuer.

Der Himmel über Mechuka ist weit. Nur ein paar luftige Wolken schweben gemächlich darüber hinweg. Entlang der staubigen Straßen spazieren wir zum Fluss; der Siyom heißt hier in der lokalen Sprache Yargab Chu. Auf den Wiesen hinter den letzten Häusern des Dorfes rupfen magere Pferde die wenigen grünen Grashalme zwischen umherliegenden Steinen.

Bevor Mechuka kurz nach der Jahrtausendwende durch eine Straße mit dem Rest des Landes verbunden wurde, waren Pferde die einzigen Transportmittel in der Region. Auf ihren Rücken wurde alles bewegt, was irgendwie ins Tal gelangte. Damals bestellten die Menschen Felder, hielten Vieh und sicherten so ihr Überleben. Über Jahrhunderte waren die wirtschaftlichen, sozialen und kulturellen Beziehungen zu Tibet und China viel ausgeprägter als zum Subkontinent Indien. Erst als das indische Militär eine Landebahn in Mechuka etablierte und nach dem einmonatigen Grenzkrieg 1962 die Grenze zu China schloss, war es überhaupt möglich, größere Warenmengen aus Indien ins Tal zu befördern.

Bis heute sind die Einflüsse der tibetischen Kultur in Mechuka deutlich. Die hier lebenden Memba teilen die gleichen Traditionen, feiern die gleichen Feste, erfreuen sich an den gleichen Speisen. Momos, Thukpa und gebratene Nudeln gehören fest zum Speiseplan.

Zwischen den Wiesen rauscht der Siyom in seinem steinigen Bett. Frauen sitzen am Ufer und waschen Wäsche im eisigen Wasser, das irgendwo weit im Westen aus den Gletschern des Himalajas fließt. Eine wackelige Hängebrücke führt über den breiten Fluss. Die hölzernen Planken knarren unter unseren Schritten, dazwischen klaffen Lücken, so groß, dass mindestens ein Bein bei einem unachtsamen Schritt darin verschwinden könnte. Unter uns zieht das glasklare Wasser eilig dahin.

Zwei Frauen kommen uns entgegen. In gebückter Haltung tragen sie voll beladene, geflochtene Körbe auf ihrem Rücken. Lediglich ein über der Stirn laufender Riemen sichert die Last, die allein mit der Kraft der Nackenmuskulatur gehalten wird. Es ist die Tragetechnik des Himalajas, die uns schon in Nepal und Pakistan begegnete. Schulterriemen und Hüftgurte, so wie sie unsere Rucksäcke auszeichnen, sind den Menschen hier eher lästig als hilfreich.

Auf der anderen Seite des Flusses wandern wir zwischen dem Blau des Himmels und den sandfarbenen Hügeln. Vereinzelt stehen Wohnhäuser zwischen trockenen Ackerflächen. Von den Bewohnern fehlt jede Spur. Unser Blick schweift durch das Tal. Mechuka ist rau. Die Infrastruktur am Rand des Himalajas lässt nichts anderes zu. Die bergige Landschaft führt unsere Blicke, rückt das Tal in den Fokus. Ein leichter Wind streicht über dürre Gräser. Weideflächen und Felder schmiegen sich an die Flussufer. Im Süden und Westen klettern bewaldete Hänge aus dem Tal. Dunkle Kiefern trotzen mit erhobenen Häuptern der Höhenlage. In der Ferne verläuft die Grenze zu China entlang der schneebedeckten Gipfel. Hier unten im Tal ist es angenehm warm, doch sobald die Sonne hinter einer Wolke verschwindet, kriecht die Kälte aus dem Boden.

Mechuka ist ein gemächlicher Ort, ohne Überschwang. Das gilt für Mensch und Natur. Beide halten sich zurück. Die Bewohner sind still, die Felder karg. Was hier aus dem Boden kommt, meint es ernst, birgt eine Entschlossenheit, lässt sich weder von Frost noch Trockenheit beeindrucken. Mehr als das Notwendige wächst hier nicht. Der Fokus liegt auf dem Wesentlichen. Mechukas Abgeschiedenheit ist keine Idylle. Die Menschen entscheiden sich nicht für ein einfaches, naturzugewandtes Leben. Es gibt nur dieses eine. Vor allem im Winter, wenn kalt zu eisig wird, ist es hart.

Unser Blick ist ein anderer. Mit jedem Atemzug versuchen wir, das Tal in uns einzusaugen. Die sanfte Natur streichelt unsere Sinne. Farben und Klänge sind wohltuend mild. Ohne Widerstand gelangen sie in Kopf und Körper, und mit ihnen breitet sich Gutmütigkeit aus. Plötzlich ist da Ruhe. Kein Nachdenken, kein Handeln wollen, kein Planen. Stattdessen sitzen wir am Ufer des Flusses und schauen durch ein Tal, das uns mit einfacher, natürlicher Schönheit beglückt. Die hochstehenden Wolken ziehen an der Sonne vorbei, ihr Schatten wandert durch die Landschaft. Obwohl die Mehrheit der

Memba Buddhisten sind, leben noch immer Animisten in und um Mechuka. Stolz lassen sie die Donyi-Polo-Flagge, eine rote Sonne auf weißem Grund, vor ihren Häusern wehen. Sie glauben an die Geister der Elemente und des Waldes, denen sie ehrfürchtig Respekt zollen. In ihrer Vorstellung schützen und schaden Geister gleichermaßen. Um sie versöhnlich zu stimmen, helfen Schamanen, die mit der Welt des Übersinnlichen in Kontakt treten.

Von Mechuka führt eine Straße nach Westen, wo die Samten Yongcha Gompa auf einer Hügelkuppe über das Tal hinausragt. Ein steiler, von Gebetsfahnen gesäumter Bergpfad führt hinter einer wackeligen Hängebrücke hinauf. Oben angekommen kümmern sich Mönche um den Erhalt des buddhistischen Lebens. Seit 400 Jahren haben sie von ihrem kleinen Kloster aus das Tal im Blick. Es ist eine herrliche Aussicht. Unter dem wolkigen Himmel zieht der geschwungene Fluss an Feldern und Weiden vorbei. Vereinzelte Bäume wachsen dazwischen. Häuser stehen in großen und kleinen Gruppen zusammen. Mechuka ist nicht nur ein Ort, es wird immer mehr zu einem Gefühl. Es ist der Geruch von Gras und Bäumen, der schnelle Wechsel von warm zu kalt, die trockene Haut in der kühlen Luft, die Abgeschiedenheit. Eine alte Frau öffnet uns die hölzerne Gompa. Wie sie ist auch das Gebäude von der Zeit gezeichnet. Die bunten Farben der knarrenden Tür sind bereits lange verblichen. Im Inneren fletscht ein blauer Dämon zornig die Zähne. Es ist Vajrapani, der Wächter der Geheimnisse und einer der acht wichtigsten Bodhisattvas im tibetischen Mahayana-Buddhismus.

Am Abend sind wir zurück in Mechuka. Es ist durchdringend kalt. Mit rauchigem Chai sitzen wir am Küchenfeuer. Noch gibt es kaum Touristen in Mechuka. Aber das wird sich ändern. Die Straße durch die Berge hat die Möglichkeiten im Tal verändert. Die jahrhundertelange Abhängigkeit von der Landwirtschaft ist gebrochen. Jetzt werden Lebensmittel geliefert, die oft günstiger sind als die unter harschen Bedingungen selbst eingebrachte Ernte. Viele Landwirte satteln um, versprechen sich ein höheres Einkommen vom Tourismus. Doch im ohnehin schwer zu bereisenden Arunachal Pradesh ist Mechuka noch immer eines der verstecktesten Täler. Nichtsdestotrotz: Der Charme der alten Tage geht nach und nach verloren. Ob es sich lohnt, darüber zu trauern, entscheiden allein die Menschen in Mechuka.

KURIOSES AUS INDIEN: HOCH LEBE DIE ARMEE

Der Großteil der indischen Bevölkerung hat eine beängstigende Affinität zu Waffen, Krieg und der Armee. Ist irgendwo im öffentlichen Raum ein Panzer oder gar ein Kampfflugzeug ausgestellt, versammeln sich die Einheimischen in Scharen und berühren das Kriegsgerät ehrfürchtig. Dutzende Fotos werden geschossen und sofort online gestellt. Offiziere und Soldaten der indischen Armee genießen ungebrochenen Rückhalt in der Bevölkerung und werden mit Respekt überhäuft. Das großflächige Propagandaprogramm der Regierung trägt seinen Teil dazu bei, mit kitschigen, übergroßen Plakaten, die besonders in den Grenzgebieten des Landes zu finden sind. Sie zeigen etwa die Silhouetten bewaffneter Soldaten vor einem Sonnenuntergang, über denen in großen Lettern die Worte »*Our heros*« prangen.

DER NORDOSTEN UND DAS PRIVILEG DES KULTURELLEN MITEINANDERS

MORTEN

Der Nordosten Indiens ist eine der faszinierendsten und schönsten Regionen des Landes. Wild, unnahbar und zugleich träumerisch und geheimnisvoll. Vom öl- und teereichen Bundesstaat Assam und der tropischen Flussebene des Brahmaputras reicht er bis hinauf in die kühle Bergwelt von Arunachal Pradesh, Mizoram, Nagaland und Meghalaya. Manipur und Tripura vervollständigen die bereits genannten, als *sieben Schwestern* bekannten indischen Bundesstaaten, die, eingeklemmt zwischen China, Myanmar, Bangladesch und Bhutan, bis in die jüngere Vergangenheit von der Außenwelt isoliert waren. Nur ein schmaler Landstrich verbindet den Nordosten mit dem Rest des Landes. Es gibt wenig Austausch mit der Region, die beinahe wie eine Insel vom indischen »Festland« abgetrennt ist. Lediglich eine Handvoll Züge und noch weniger Linienflüge reichen von den Metropolen der indischen Ebene hierher.

In der öffentlichen Wahrnehmung Indiens ist der Nordosten ein unbeschriebenes Blatt. Allein der schwelende Grenzkonflikt mit China, der in Arunachal Pradesh immer wieder in größeren und kleineren Scharmützeln ausbricht, taucht in der medialen Berichterstattung auf. Dazu kommen separatistische Unruhen, ethnische Auseinandersetzungen und eine Vielzahl Einwanderer aus dem benachbarten Bangladesch.

Noch immer zählt der Nordosten zu den wenigen unberührten Landstrichen Indiens. Die gesamte Region bietet spektakuläre Landschaften und eine Tier- und Pflanzenwelt, zu der die Hälfte aller in Indien vorkommenden Arten zählen. Das indische Panzernashorn, dessen Lebensraum sich einst vom Indus über die gesamte nordindische Ebene erstreckte, ist heute fast ausschließlich im Kaziranga-Nationalpark in Assam beheimatet.

Darüber hinaus ist der Nordosten Indiens ein Schmelztiegel. Zwischen zerklüfteten Bergen, Gletscherzonen und subtropischen Wäldern leben etwa 200 verschiedene indigene Ethnien. Sie sind Christen, Animisten, Buddhisten, Hindus und Muslime. Viele von ihnen sind matriarchalisch organisiert. Hier begegnen sich Süd- und Südostasiaten mit tibetobirmanischen Sprachangehörigen aus dem Himalaja. Hier gehen Gesichtszüge und Hautfarben ineinander über. Hier vollzieht sich der Wandel von der oft forschen indischen Wirklichkeit zu den eher zurückhaltend wirkenden Kulturen Südostasiens.

Hier läuft alles ein bisschen anders, gediegener, entspannter. Das mag auch an der Ruhe in den Bergen liegen oder an den rumpeligen Schotterpisten, die mitten durch sie hindurchführen. Auf den Straßen, gezeichnet von Erdrutschen und Steinschlägen, kommen wir häufig nur im Schritttempo vorwärts.

Der Nordosten lehrt Geduld und Gelassenheit auf eine ganz eigene Art. Die Grenze zu China ist sensibel, die Wege weit und viele der unzähligen Schlaglöcher so tief, dass wir uns selbst hervorragend in ihnen verstecken könnten. Reisen durch den Nordosten Indiens ist ein zähes und langwieriges Unterfangen.

In Arunachal Pradesh im gebirgigen Norden, dort, wo Chortens und Manisteinmauern am Wegrand stehen, ist das Leben geprägt vom tibetischen Buddhismus. Weit abgelegen im Grenzstädtchen Tawang steht die zweitgrößte buddhistische Klosteranlage der Welt. Noch vor Sonnenaufgang versammeln sich die Novizen, manche kaum älter als fünf Jahre, und murmeln gemeinsam uralte Mantras. Auch wir sind dabei, obwohl halb vier am Morgen nicht unsere beliebteste Zeit zum Aufstehen ist. Während die Sonne ihre ersten Strahlen über die umliegenden Gipfel schickt, teilen wir gemeinsam mit etwa 100 Klosterschülern salzigen, penetrant schmeckenden Buttertee. Mit hohem Fettgehalt ist das Heißgetränk ein über Jahrhunderte bewährter Energielieferant im Hochgebirge, und während die Kinder in dunkelroten Roben offenbar großen Gefallen an dem eigenwilligen Getränk finden, rumort es schon bald in unseren Mägen. Der hohe und schwer verdauliche Fettgehalt des Buttertees ist nichts für Weicheier.

Abseits der buddhistischen Klöster existieren immer noch Geisterglaube und Okkultismus. Im 500 Kilometer und mindestens zwei Tagesreisen entfernten Ziro-Tal schmücken sich die Frauen der Apatani mit Gesichtstätowierungen und massiven Holzplättchen, die in durchlöcherte Nasenflügel geschoben werden. Einst, so heißt es in ihren Legenden, waren die Frauen der Apatani so hübsch, dass sie regelmäßig von Kriegern anderer Stämme entführt wurden. Erst mit der Verfremdung des Gesichts verloren die Entführer den Gefallen an den Apatani-Frauen. Bis heute tragen vor allem die Alten ihre markanten Nasenplättchen und Tätowierungen als Zeichen der Schönheit.

Zwischen Reisfeldern und Kiwiplantagen kauern ein paar Siedlungen im Ziro-Tal. Hong ist das größte Apatani-Dorf. Bambushütten und Tümpel, in denen Frösche herumhüpfen, prägen den Ort. Ein einsamer Hahn stolziert über eine staubige Straße. Auf den Terrassen und Dächern trocknet Getreide. Mit Eierschalen und Federn geschmückte Bambusstangen sind vor den Häusern in den Boden geschlagen. Sie schützen die Bewohner vor bösen Geistern. Überhaupt ist die Achtung des Übernatürlichen ein wesentlicher Bestandteil des gemeinschaftlichen Lebens.

Zwei junge Männer laden uns in ihr Haus im Dorf ein. Beide sind leicht angetrunken, fröhlich und redselig. Es ist Samstagnachmittag. Im Hinterhof grunzt ein todgeweihtes Schwein. Nebenan ist der Schamane des Dorfes mitten in einer Opferzeremonie. Er beschwört die Geister und liest aus zerbrochenen Eierschalen ihren guten Willen und die notwendigen Opfergaben ab. Ohne Rituale gibt es keine Schlachtung. Sobald das Tier zerlegt ist, erfahren wir von den beiden jungen Männern mit lallenden Zungen, wird das Fleisch unter den Nachbarn verteilt. Jeder Haushalt bekommt ein Stück. Alle partizipieren an der Gemeinschaft.

331

In Meghalaya, dem hügeligen Bundesstaat zwischen der Ebene von Assam und Bangladesch, befinden sich die regenreichsten Orte der Welt, und auch wir stapfen zehn Tage durch nicht endenden Niederschlag. In unseren Rucksäcken bleibt nichts trocken, und doch schlendern wir immer weiter durch das »Land der Regenwolken« mit den geschwungenen Hügeln, den Nebelbänken und modderigen Pisten, die durch üppige Wälder mit herrlichen Orchideen zu zahlreichen Seen führen.

Gewaltige Wasserfälle rauschen über steile Klippen und spülen ihre Wassermassen unter lebenden Wurzelbrücken hindurch, die aussehen, als wären sie aus fantastischen Büchern herüber in die Wirklichkeit gewandert. Die knorrigen, verwachsenen Wurzeln des Gummibaums überspannen zahlreiche Flüsse und ersetzen traditionell Holzbrücken, die im immer feuchten Klima Meghalayas schnell verrotten würden. Hier gedeihen die besten Ananas in ganz Indien, doch viel lieber verzehren die Einheimischen frisch gekochte oder frittierte Seidenraupen.

Gleich nebenan in Nagaland werden Hunde auf den Märkten verkauft – gehäutet und geviertelt. In den grünen Bergen, die bereits an Myanmar grenzen, verwischen die Spuren des Gewohnten. Die Naga sind für ihren immer wiederkehrenden Drang nach Unabhängigkeit berüchtigt. Erst im Jahr 2000 wurde die Region für den Tourismus geöffnet und gilt seitdem vielen Reisenden als der schönste Bundesstaat Indiens. Mehr als ein Dutzend Ethnien sind hier beheimatet, die ihre Traditionen mit Musik, Tanz und Kunst pflegen. Landschaftlich ragt die Grenzregion zu Myanmar sowieso heraus: ob bei einer Wanderung durch das Dzukou-Tal oder einem Besuch der schwimmenden Inseln auf dem Loktak-See in Manipur. Hier tanzt das Leben schon nach südostasiatischen Melodien. Auch in Manipur herrscht, ähnlich wie bei den Khasi in Meghalaya, das Matriarchat. Frauen treiben Handel auf den Märkten, stärken die Wirtschaft, engagieren sich vermehrt in der Politik.

Allerdings, auch das gehört zur Region, brechen in Manipur immer wieder Unruhen und Konflikte zwischen verschiedenen Splittergruppen aus. Drogen- und Waffengeschäfte in der Grenzregion zu Myanmar sind seit Jahrzehnten bekannt.

Mehr als zwei Monate tingeln wir durch den Nordosten Indiens und haben doch nur an der Oberfläche gekratzt. Wo die Kulturen ineinander übergehen, wo sich Ethnien treffen, wo verschiedene Traditionen und Bräuche zusammenkommen, entsteht ein faszinierendes Gesellschaftsgeflecht in einer atemberaubenden Landschaft.

Hier, wo Indien schon lange nicht mehr Indien ist, endet unsere Reise durch den asiatischen Süden. Nach gut zweieinhalb Jahren verlassen wir den indischen Subkontinent.

EPILOG

MORTEN

Knapp zwei Jahre sind wir allein durch Indien getrampt, durchquerten das Land mit 269 Mitfahrgelegenheiten von Norden nach Süden und umgekehrt und legten dabei 21 206 Kilometer zurück. Wir begegneten dem Rummel der Großstädte und der Idylle der Berge, erlebten den hektischen Alltag in den Straßen, den spirituellen Geist in den Tempeln und die Schwerelosigkeit des Reisens in einem Land, in dem alles möglich und unmöglich zugleich scheint. Indien formte und belehrte uns. Jeder Eindruck öffnete eine neue Welt und blieb ausdrücklich subjektiv. Indien kennt keine Verallgemeinerung. Jede noch so skurrile Begebenheit wird von einem Gegenbeispiel gekontert, und unser Bild von Indien wurde jeden Tag aufs Neue zerstört und wieder neu aufgebaut.

Es gibt so viele Gegensätze im Land, wie es Götter, Dämonen und Fabelwesen in der indischen Mythologie gibt. Sie alle haben Fehler und Schwächen, tragen das Chaos in sich, das auch ein fester Bestandteil des indischen Subkontinents ist. In diesem Durcheinander ist das Leben wie ein Tanz. Auch Shiva tanzt; weit weg im Universum und in jedem Menschen. Seine Bewegung, so heißt es, offenbart das Geheimnis des Lebens, ist Anfang und Ende. Solange Shiva tanzt, bleibt das Universum bestehen und mit ihm die Welt in ihrer Schönheit und Vielfalt.

Immer der Neugier nach

Hier reinlesen!

Morten Hübbe /
Rochssare Neromand-Soma

**Per Anhalter
nach Indien**

Auf dem Landweg durch
die Türkei, den Iran und Pakistan

NG Taschenbuch, 320 Seiten
€ 16,00 [D], € 16,50 [A]*
ISBN 978-3-492-40484-6

Einmal infiziert, lässt sie das Fernweh nicht mehr los. Auf einem packenden Roadtrip durch die Türkei, den Iran und Pakistan erfahren Morten Hübbe und Rochssare Neromand-Soma überwältigende Gastfreundschaft, feiern illegale Partys und werden von Sandstürmen heimgesucht. Sie erzählen von riskanten Etappen, besonderen Begegnungen und beeindruckenden Landschaften – ein großartiger Reisebericht über teils kaum bereiste Gegenden.

NATIONAL GEOGRAPHIC   **MALIK**